검정고시 모의고사

제1회

성명		수험번호	

- 답안지의 해당란에 성명과 과목명, 수험번호를 정확히 기재하세요.
- 이 시험지는 1교시 국어 / 2교시 수학 / 3교시 영어 / 4교시 사회 / 5교시 과학 / 6교시 도덕 (선택1)으로 구성되어 있습니다.

구분	과목	시험시간
1교시	국어	09:00～09:40(40분)
2교시	수학	10:00～10:40(40분)
3교시	영어	11:00～11:40(40분)
4교시	사회	12:00～12:30(30분)
중식(12:30～13:30)		
5교시	과학	13:40～14:10(30분)
6교시	도덕(선택1)	14:30～15:00(30분)

※ 이 시험지는 중학교 졸업학력 검정고시를 대비하기 위한 실전용 모의고사입니다. 실제 시험 방식과는 다소 차이가 있을 수 있습니다.

중졸

제 ① 교시　　국　어

수험번호 (　　　　　　　　)　　성　명 (　　　　　　　　　)

※ 다음 물음에 대한 가장 옳은 답을 하나만 골라, OMR 답안지에 정확히 표기하시오.

01. 다음 표현이 지닌 언어의 기능에 대한 설명으로 적절한 것은?

> (식사를 다 마치고 시끄럽게 떠드는 사람들에게)
> 밥 좀 먹읍시다.

① 상대방의 처지를 이해하며 공감하는 기능이다.
② 듣는 이와 관계를 유지하는 친교적 기능이다.
③ 대상을 지시하거나 표시하는 지시적 기능이다.
④ 듣는 이의 행동을 요구하는 명령적 기능이다.

02. 다음에서 건의하는 내용으로 적절한 것은?

> 존경하는 교장 선생님!
> 　저는 1학년 2반 ○○○입니다. 우리 학생들을 위해 애쓰시는 교장 선생님께 항상 고마움을 느끼고 있습니다.
> 　요즘 너무 덥습니다. 지난주부터 춘추복을 입어야 하는 기간으로 정해져서 하복을 입고 등교하면 선생님들께서는 지적을 하십니다.
> 　하복과 춘추복의 혼용 기간을 두신 것은 좋습니다만, 기간도 너무 짧고 그나마도 그 기간이 끝나면 더위를 많이 타는 저 같은 학생들은 의무적으로 춘추복을 입어야만 해서 힘듭니다.
> 　그러니까 혼용 기간이 아니더라도 계절과 상관없이 자기 체질에 맞게 교복을 입을 수 있게 해 주시든가, 교복혼용 기간을 더 늘려서 하복을 더 오래 입고 다닐 수 있게 허락해 주십시오.
> 　　　　　　　　　　○○○○년 ○월 ○일
> 　　　　　　　　　　○○중학교 ○○○ 올림

① 새로운 하복 구매
② 교복의 디자인 변경
③ 교복 혼용 기간 연장
④ 교복 물려주기 활성화

03. 다음의 밑줄 친 단어와 품사가 <u>다른</u> 하나는?

> 그는 걸음이 매우 <u>느리다</u>.

① 꽃이 <u>아름답다</u>.
② 음식이 <u>맵다</u>.
③ 약이 <u>쓰다</u>.
④ 꽃에 물을 <u>주다</u>.

04. 다음에서 설명하는 음운의 변동 현상이 나타나는 단어로 적절하지 <u>않은</u> 것은?

> 두 음운이 합쳐져서 하나의 음운으로 줄어 발음되는 현상이다.

① 좋고　　　　　　　② 급행열차
③ 한여름　　　　　　④ 뽑히다

05. 다음 중 합성어의 예가 <u>아닌</u> 것은?
① 군소리　　　　　　② 군밤
③ 불장난　　　　　　④ 날짐승

중학교 졸업학력 검정고시 모의고사

06. 다음의 설명에 해당하는 낱말은?

> 두 음운이 만나서 한 음운이 탈락하여 아예 발음 되지 않는 경우

① 따님　　　　　② 국화
③ 국민　　　　　④ 해돋이

07. 밑줄 친 부분의 예로 적절하지 <u>않은</u> 것은?

> 주어가 다른 대상에 의해서 동작이나 행동을 당하는 것을 피동이라 하고, 이를 나타내는 문장을 <u>피동문</u>이라고 한다.

① 할아버지가 할머니에게 손녀를 업혔다.
② 도둑이 경찰에게 잡혔다.
③ 그 문제가 곧 해결된다.
④ 나무꾼이 사슴을 나무 뒤에 숨겼다.

[08~09] 다음 글을 읽고 물음에 답하시오.

> 제목 : ______
>
> 　안녕하세요. ○○ 중학교 학생회입니다.
> 　밝고 명랑한 학교 분위기를 조성하고자 갈등해결 매니저를 모집합니다.
> 　갈등 해결 매니저는 학생들 사이의 갈등을 대화로 해결할 수 있게 도와주는 ㉠ 일입니다.
> 　우리들은 학교생활을 하면서 ㉡ <u>친구들 사이에서 많은 갈등</u>을 겪기도 합니다. ㉢ 이 외에도 우리가 겪는 갈등에는 부모님과의 갈등, 선생님과의 갈등 등이 있습니다. 이때 도움을 줄 수 있는 사람들은 많습니다. ㉣ 왜냐하면 우리들을 같은 눈높이로 바라봐 주는 사람은 옆에 있는 친구들일 것입니다. 바로 여러분이 갈등을 겪고 있는 친구들을 도울 수 있습니다. 친구들에 대해 관심과 배려가 깊은 학생들의 지원을 기다리겠습니다.

08. 다음 글을 고쳐 쓰기 위한 방안으로 적절하지 <u>않은</u> 것은?

① ㉠은 문장성분 간의 호응을 고려하여 '일을 합니다.'로 고친다.
② ㉡은 수식 관계가 불분명하므로 '많은 친구들 사이의 갈등'으로 고친다.
③ ㉢은 논지에서 벗어난 내용이므로 삭제한다.
④ ㉣은 문장 간의 연결 관계를 고려하여 '하지만'으로 고친다.

09. 글의 전체 내용을 고려할 때 ______ 에 들어갈 제목으로 가장 적절한 것은?

① 원만한 갈등해결 방법
② 갈등의 발생원인
③ 친목 도모 회원 모집
④ 갈등 해결 매니저 모집

10. 다음 문장의 밑줄 친 문장 성분이 <u>다른</u> 하나는?

> 바람에 연이 펄펄 <u>날린다</u>.

① 10월의 가을 하늘은 <u>높다</u>.
② 조금 전까지 눈이 <u>내렸었다</u>.
③ 꽃이 활짝 핀 자태를 <u>뽐냈다</u>.
④ 정답이 틀린 걸 <u>알아차렸다</u>.

[11~13] 다음 글을 읽고 물음에 답하시오.

> 내 고장 칠월은
> 청포도가 익어 가는 시절.
>
> 이 마을 전설이 주저리주저리 열리고
> 먼 데 하늘이 꿈꾸며 알알이 들어와 박혀,
>
> 하늘 밑 푸른 바다가 가슴을 열고
> 흰 돛단배가 곱게 밀려서 오면,
>
> 내가 바라는 손님은 고달픈 몸으로
> 청포를 입고 찾아온다고 했으니,
>
> 내 그를 맞아, 이 포도를 따 먹으면 두 손을 흠뿍 적셔도
> 좋으련.
>
> 아이야 우리 식탁엔 ㉠ 은쟁반에
> 하이얀 ㉡ 모시 수건을 마련해 두렴.
>
> — 이육사, 「청포도」 —

11. 윗글에 대한 설명으로 적절하지 <u>않은</u> 것은?

① 수미상관의 기법으로 운율을 형성하고 있다.
② 6연 2행으로 구성되어 있다.
③ 계절적 배경이 드러나 있다.
④ 시각적 이미지의 대비가 나타나 있다.

12. 이 시의 주제로 가장 적절한 것은?

① 과거에 대한 회고와 반성
② 유년 시절에 대한 그리움
③ 이념 극복과 인간애 회복
④ 풍요하고 평화로운 삶에 대한 소망

13. ㉠, ㉡의 공통된 성격으로 가장 적절한 것은?

① 순결함을 나타낸다.
② 암울한 시대를 표현한다.
③ 기다림의 대상이다.
④ 생명의 존엄성을 강조한다.

[14~16] 다음 글을 읽고 물음에 답하시오.

> 새침하게 흐린 품이 눈이 올 듯하더니, 눈은 아니 오고 얼다가 만 비가 추적추적 내리었다.
> 이 날이야말로 동소문 안에서 인력거꾼 노릇을 하는 김 첨지에게는 오래간만에도 닥친 운수 좋은 날이었다. 문안에(거기도 문밖은 아니지만) 들어간답시는 앞집 마나님을 전찻길까지 모셔다 드린 것을 비롯하여 행여나 손님이 있을까 하고 정류장에서 어정어정하며, 내리는 사람 하나하나에게 거의 비는 듯한 눈길을 보내고 있다가, 마침내 교원인 듯한 양복쟁이를 동광 학교(東光學敎)까지 태워다 주기로 되었다.
> 첫 번에 삼십 전, 둘째 번에 오십 전 — 아침 댓바람에 그리 흉하지 않은 일이었다. 그야말로 재수가 옴붙어서, 근 열흘 동안 돈 구경도 못한 김 첨지는 십 전짜리 백통화 서 푼, 또는 다섯 푼이 찰깍하고 손바닥에 떨어질 제 거의 눈물을 흘릴 만큼 기뻤었다. 더구나 이 날 이 때에 이 팔십 전이라는 돈이 그에게 얼마나 유용한지 몰랐다. 컬컬한 목에 모주 한 잔도 적실 수 있거니와, 그보다도 앓는 아내에게 설렁탕 한 그릇도 사다 줄 수 있음이다.
>
> (중략)
>
> 발로 차도 그 보람이 없는 걸 보자, 남편은 아내의 머리맡으로 달려들어 그야말로 까치집 같은 환자의 머리를 들어 흔들며,
> "이년아, 말을 해, 말을! 입이 붙었어?"
> "……."
> "으으, 이것 봐, 아무 말이 없네."
> "……."
> "이년아, 죽었단 말이냐. 왜 말이 없어?"

"……."

"응으, 또 대답이 없네. 정말 죽었나 보이."

이러다가, 누운 이의 흰 창이 검은 창을 덮은, 위로 치뜬 눈을 알아보자마자,

"이 눈깔! 이 눈깔! 왜 나를 바루 보지 못하고 천정만 보느냐, 응?"

하는 말끝엔 목이 메었다. 그러자, 산 사람의 눈에서 떨어진 닭똥 같은 눈물이 죽은 이의 뻣뻣한 얼굴을 어룽어룽 적신다. 문득 김 첨지는 미친 듯이 제 얼굴을 죽은 이의 얼굴에 한데 비비대며 중얼거렸다.

"설렁탕을 사다 놓았는데 왜 먹지를 못하니, 왜 먹지를 못하니……? 괴상하게도 오늘은 운수가 좋더니만……."

– 현진건, 「운수 좋은 날」 –

14. 이 글의 '김첨지'에 대한 설명으로 가장 적절한 것은?

① 어려운 상황 속에서도 긍정적인 사고를 지니고 있다.

② 아픈 아내에게 욕을 하고, 심지어 때리기까지 하는 매정한 사람이다.

③ 열심히 일하면 누구든지 성공할 수 있다는 희망을 보여준다.

④ 겉으로는 무뚝뚝해 보이지만 마음 속 깊이 아내를 사랑하고 있다.

15. 글의 제목에 대한 설명이다. ( ) 안에 들어갈 말로 가장 적절한 것은?

> 제목 '운수 좋은 날'은 가장 비극적인 날을 ( )으로 표현한 것이다. 작품의 제목은 '운수 좋은 날'이지만, 그 내용은 가장 운수가 나쁜 날이다. 이것은 외면적 행운 뒤에 비극적 결말이 준비되어 있다는 모순된 현실을 극적으로 제시한다.

① 객관적　　　　　② 반어적

③ 설득적　　　　　④ 체험적

16. 이 소설에 대한 설명으로 알맞지 <u>않은</u> 것은?

① 전지적 작가 시점의 소설로 서술자의 개입이 드러난다.

② 현진건의 작품으로 1920년대 사실주의 소설을 대표한다.

③ 전체적으로 밝고 가벼운 느낌의 분위기로 전개되고 있다.

④ 비속어를 통해 빈곤한 하층민의 삶을 생생히 전달한다.

[17~19] 다음 글을 읽고 물음에 답하시오.

> "이 바보."
>
> Ⓐ 조약돌이 날아왔다.
>
> 소년은 저도 모르게 벌떡 일어섰다.
>
> 단발머리를 나풀거리며 소녀가 막 달린다. 갈밭 사잇길로 들어섰다. 뒤에는 청량한 가을 햇살 아래 빛나는 Ⓑ 갈꽃뿐.
>
> 이제 저쯤 갈밭머리로 소녀가 나타나리라. 꽤 오랜 시간이 지났다고 생각됐다. 그런데도 소녀는 나타나지 않는다. 발돋움을 했다. 그러고도 상당한 시간이 지났다고 생각했다.
>
> 저 쪽 갈밭머리에서 갈꽃이 한 움큼 움직였다. 소녀가 갈꽃을 안고 있었다. 그리고 이제는 천천한 걸음이었다. 유난히 맑은 Ⓒ 가을 햇살이 소녀의 갈꽃머리에서 반짝거렸다. 소녀 아닌 갈꽃이 Ⓓ 들길을 걸어가는 것만 같았다. <u>㉠ 소년은 이 갈꽃이 아주 뵈지 않게 되기까지 그대로 서 있었다.</u> 문득, 소녀가 던진 조약돌을 내려다보았다. 물기가 걷혀 있었다. 소년은 조약돌을 집어 주머니에 넣었다.
>
> – 황순원, 「소나기」 –

17. 위 글에 대한 설명으로 적절하지 <u>않은</u> 것은?

① 계절적 배경은 가을이다.

② 서술자는 작품 속 인물이다.

③ 향토적 분위기를 잘 살리고 있다.

④ 비교적 간결한 문장으로 표현했다.

18. ㉠으로 짐작할 수 있는 소년의 마음은?

① 아쉬움 ② 지루함
③ 두려움 ④ 무서움

19. Ⓐ~Ⓓ 중 〈보기〉의 의미를 담고 있는 것은?

───〈 보기 〉───
인물의 마음을 표현한 상징물이면서 인물간의 순진무구한 사랑의 의미를 나타내는 매개체

① Ⓐ ② Ⓑ
③ Ⓒ ④ Ⓓ

[20~22] 다음 글을 읽고 물음에 답하시오.

텔레비전은 직접 경험하기 어려운 다양한 사회적 관계를 경험하게 해 주고 일깨워 주는 좋은 인간관계의 장이다. 현대 사회는 다양한 사람들과 관계들이 얽혀 돌아가는 복잡성 때문에, 이에 대한 적절한 ㉠ 대비나 교육 없이는 올바른 사회생활을 기대할 수 없다. 그런데 텔레비전에 등장하는 여러 가지 인간형과 인간관계를 통해서 시청자는 올바른 사회관계의 방향과 실천 과제를 익힐 수 있다.

텔레비전은 올바른 정치적 판단을 할 수 있도록 도와주는 역할을 할 수도 있기 때문에 올바른 민주 시민으로서의 자질과 ㉡ 안목을 기르는 데 도움을 주기도 한다. 전자 민주주의라는 말이 나올 만큼 오늘날의 정치는 텔레비전을 비롯한 각종 대중 매체를 이용하여 이루어진다. (   ) 방송 특히 텔레비전을 잘 활용할 경우에 참다운 민주주의를 ㉢ 실현할 수 있게 된다. 각종 선거 때마다 방송을 통해 입후보자의 면면을 미리 알려 준다든지 갖가지 정치적 화제들에 대한 정보와 국회의원들의 활동 상황을 ㉣ 제공하기도 한다. 이와 같이 텔레비전은 시청자가 올바른 정치적 입장과 이념을 정립하는 데 도움을 주는 수단이라고 할 수 있다.

— 김기태, 「우리의 친구, 텔레비전」 —

20. (   ) 안에 들어갈 알맞은 말은?

① 비록 ② 따라서
③ 그러나 ④ 하지만

21. 위 글에서 텔레비전을 대하는 글쓴이의 태도는?

① 반어적 ② 긍정적
③ 비판적 ④ 풍자적

22. ㉠~㉣의 뜻풀이로 옳지 않은 것은?

① ㉠ 대비 : 앞으로 있을 일에 대하여 준비하는 것
② ㉡ 안목 : 사물의 가치를 판단하거나 분별하는 능력
③ ㉢ 실현 : 일이 잘못되어 뜻한 대로 되지 않는 상황
④ ㉣ 제공 : 무엇을 내주거나 가져다 바치는 것

[23~25] 다음 글을 읽고 물음에 답하시오.

배의 구조와 기능을 설명하는 글은 뱃사람에게는 쉽게 이해되지만, 다른 사람에게는 잘 이해되지 않을 것이다. 야구를 좋아하는 사람들은 야구 중계를 잘 이해하지만 야구에 관심이 없는 사람들은 그렇지 못하다. 또, 요리를 즐겨 하는 이들은 요리에 관한 글을 잘 이해하지만 요리에 관심이 없거나 요리를 해 보지 않은 이들은 이해하는 데 어려움을 느낄 수도 있다. 이런 여러 예들은 모두 배경지식이 글 내용 이해에 얼마나 중요하게 작용하는지를 잘 보여 준다.

글 읽기는 글쓴이와 읽는 이의 정신적 만남이다. 이 만남을 효율적으로 하기 위해서 읽는 이는 글쓴이의 생각과 느낌을 파악할 수 있어야 하고, 또한 자기의 생각과 느낌을 적극적으로 활용할 수 있어야 한다. 이런 점에서 글읽기는 ⓐ 상대를 알고 나를 아는 지피지기(知彼知己)이며,

더 나아가 이런 상황에서 최선의 전략을 선택하는 정신작용이라고 말할 수 있다.

– 최영환, 「읽기란 무엇인가」 –

23. 위와 같은 글을 읽는 방법으로 알맞은 것은?

① 글 속의 사건을 통해 감동을 느낀다.
② 글쓴이의 의도를 파악하고 비판적으로 읽는다.
③ 주장의 근거가 타당한지 판단하여 읽는다.
④ 정보를 정확히 파악하고 해석하며 읽는다.

24. 글에 주로 쓰인 설명 방법이 바르게 묶인 것은?

① 분류, 분석 　② 정의, 비교
③ 구분, 예시 　④ 예시, 대조

25. ⓐ가 의미하는 것은?

① 글쓴이와 읽는 이의 정신적 만남
② 글의 제재와 주제
③ 글쓴이의 생각과 느낌
④ 읽는 이의 지식과 경험

※ 확인사항
　답을 OMR 카드의 해당란에 정확히 표기하였는가?

중졸

제 ② 교시 수 학

수험번호 (　　　　　　)　　성 명 (　　　　　　)

※ 다음 물음에 대한 가장 옳은 답을 하나만 골라, OMR 답안지에 정확히 표기하시오.

01. 일차방정식 $4x+7=x+4$의 해는?

① $x=-1$　　　　② $x=-2$

③ $x=1$　　　　④ $x=2$

02. 다음 수를 큰 수부터 순서대로 나열할 때, 세 번째 수는?

$$-4, \ 2, \ 5, \ 12, \ -7$$

① -7　　　　② 5

③ 2　　　　④ -4

03. $x=3$일 때, $-2x+3$의 값은?

① -4　　　　② -3

③ -2　　　　④ -1

04. 오리와 돼지가 모두 합하여 26마리가 있다. 다리수의 합이 74개라고 할 때 오리는 모두 몇 마리인가?

① 12마리　　　　② 13마리

③ 14마리　　　　④ 15마리

05. 표는 20명의 학생이 하루 동안 컴퓨터를 사용한 시간을 조사하여 나타낸 도수분포표이다. A의 값은?

시간(분)	학생 수(명)
$0^{이상} \sim 30^{미만}$	2
$30 \sim 60$	5
$60 \sim 90$	8
$90 \sim 120$	A
$120 \sim 150$	1
합계	20

① 2　　　　② 4

③ 6　　　　④ 8

06. 다음 식을 전개한 것은?

$$(x+5)(x-5)$$

① $x^2+10x+25$

② x^2+25

③ $x^2-10x+25$

④ x^2-25

중학교 졸업학력 검정고시 모의고사

07. 다음 삼각형과 합동인 삼각형은?

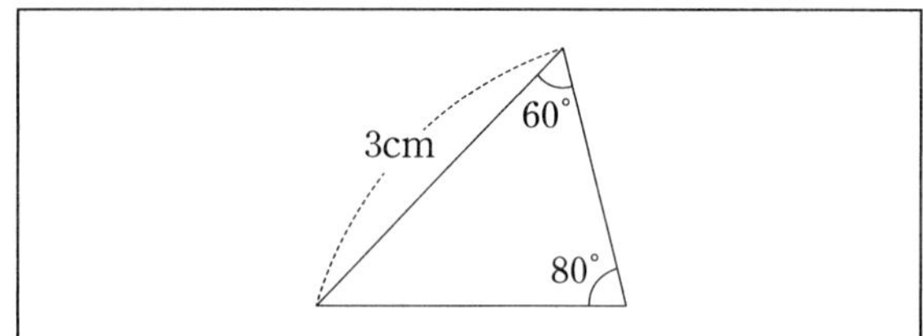

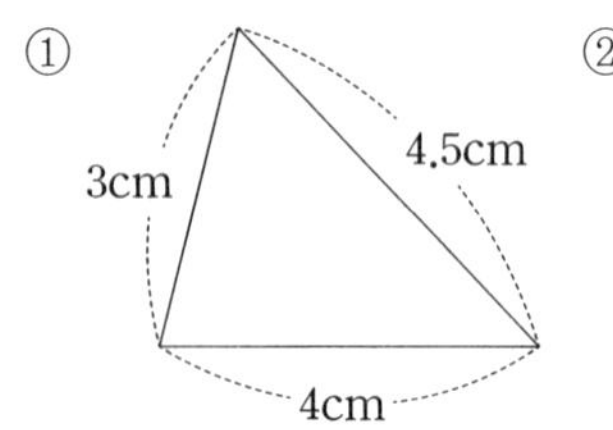
① ②

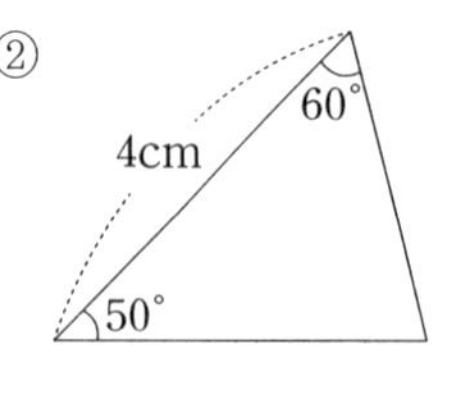

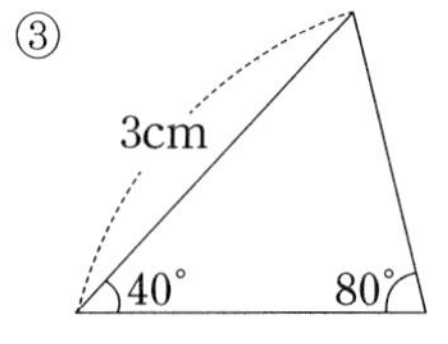
③ ④

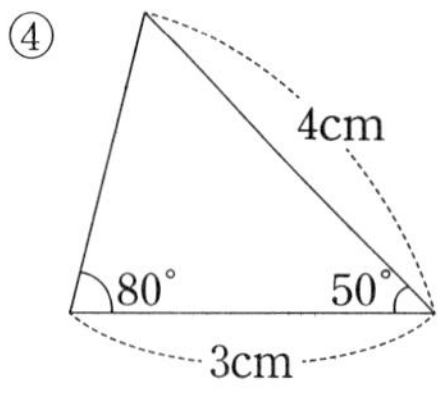

08. $5^2 \times 5^5 \div 5$을 간단히 한 것은?

① 5^7 ② 5^6

③ 5^5 ④ 5^4

09. 길이가 같은 빨대 **9**개로 그림과 같은 모양의 정삼각형을 만들었다. 이 때, 작은 정삼각형과 큰 정삼각형의 닮음비는? (단, 빨대의 굵기는 무시한다.)

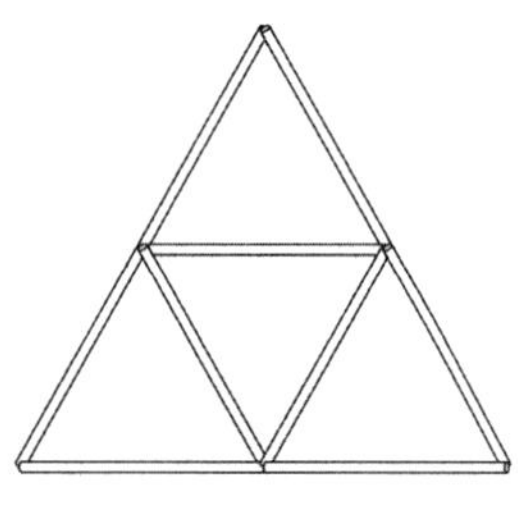

① $1 : 2$ ② $1 : 3$

③ $1 : 5$ ④ $1 : 9$

10. 일차부등식 $2x + 5 > 1$의 해를 수직선 위에 나타내면?

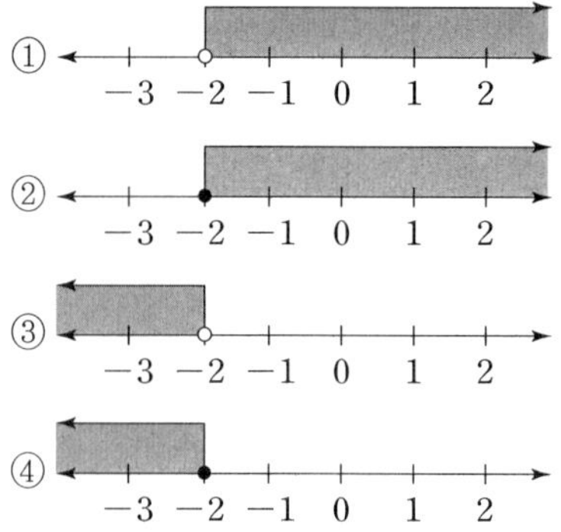

11. 다음 도형에서 $\angle BAC = \angle EDC$일 때, x의 길이를 구하면?

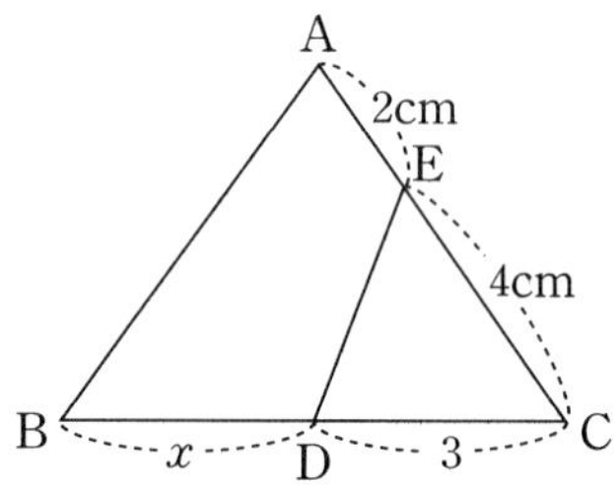

① 2cm   ② 3cm

③ 4cm   ④ 5cm

12. 철수에게 **4**종류의 상의와 **3**종류의 하의가 있을 때 상의와 하의를 각각 한 가지씩 고르는 모든 경우의 수를 구하면?

① 7   ② 9

③ 12   ④ 16

13. 그림과 같은 평행사변형 $ABCD$에서 $\angle x$의 크기는?

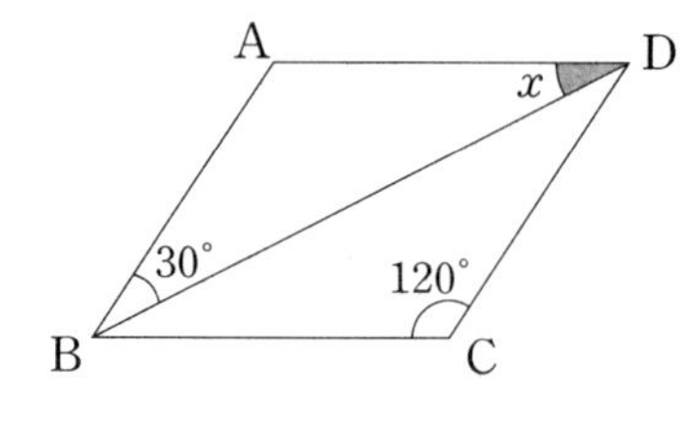

① $25°$ ② $30°$

③ $35°$ ④ $40°$

14. 다음 중 나머지 셋과 공통인수를 갖지 <u>않는</u> 것은?

① x^2+2x ② x^2+5x+6

③ x^2+3x+2 ④ x^2+2x-3

15. $\sqrt{48}=4\sqrt{a}$일 때, a의 값은?

① 2   ② 3

③ 4   ④ 5

16. 이차방정식 $(2x+3)(x-1)=0$의 두 근을 a, b 라 할 때, $a+b$의 값은?

① $\dfrac{1}{2}$ ② 0

③ $-\dfrac{1}{2}$ ④ -1

17. 이차함수 $y=-(x-1)^2+4$의 최댓값은?

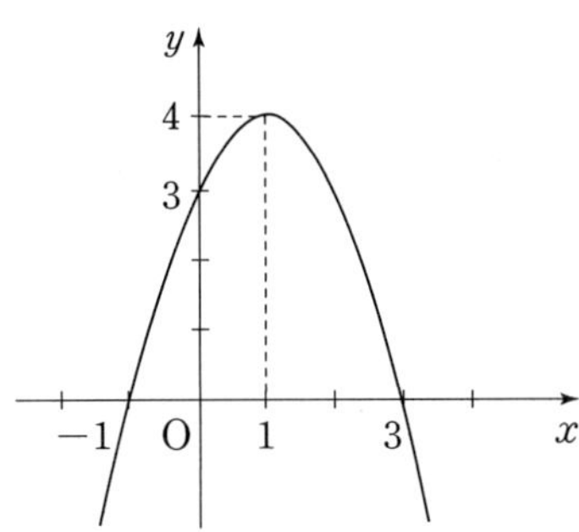

① 1   ② 2

③ 3   ④ 4

18. $(\sqrt{9})^3+\sqrt{(-5)^2}$을 간단히 하면?

① 14   ② 22

③ 32   ④ 36

19. $\angle C=90°$인 직각삼각형 ABC에서 $\cos B$의 값은?

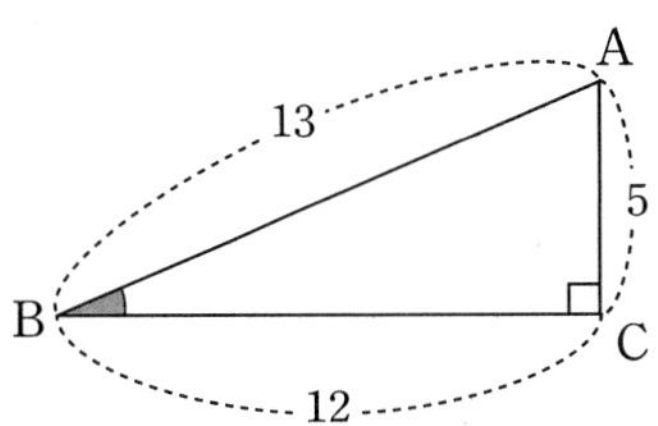

① $\dfrac{12}{5}$ ② $\dfrac{5}{12}$

③ $\dfrac{5}{13}$ ④ $\dfrac{12}{13}$

20. 그림과 같은 평행사변형 ABCD에서 $\overline{BC}$의 길이는?

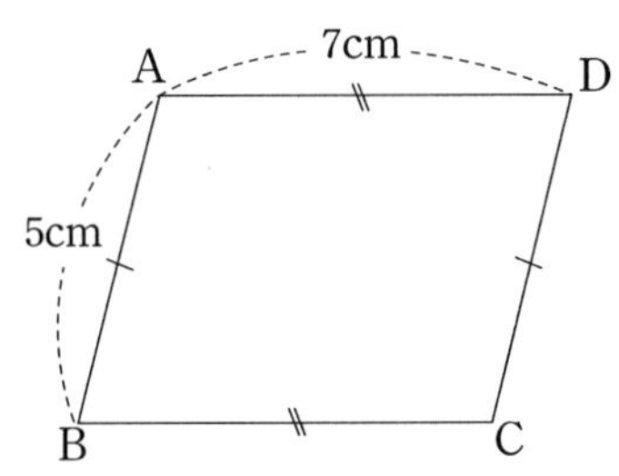

① 3cm   ② 5cm

③ 7cm   ④ 9cm

※ 확인사항
답을 OMR 카드의 해당란에 정확히 표기하였는가?

중졸

제 ③ 교시　　　영　　어

수험번호 (　　　　　　　　)　　　성　명 (　　　　　　　　)

※ 다음 물음에 대한 가장 옳은 답을 하나만 골라, OMR 답안지에 정확히 표기하시오.

01. 다음 단어들을 모두 포함하는 것은?

> waist, knee, hand, arm, head

① foot　　　　　② gesture
③ body　　　　　④ family

02. 두 단어의 관계가 나머지 셋과 <u>다른</u> 것은?

① fast − slow　　　　② begin − start
③ sleep − wake　　　④ positive − negative

03. 빈칸에 들어갈 단어로 알맞은 것은?

> A : Are you OK, Suji?
> B : No. I ______ not. I have a headache.

① do　　　　　② were
③ am　　　　　④ is

04. 다음 빈칸에 들어갈 수 있는 말로 적절한 것은?

> Sumin ______ fishing next weekday.

① go　　　　　② will go
③ goes　　　　④ went

05. 다음 낱말들을 배열하여 문장을 완성하면?

> If you (a) would you do? (b) my shoes, (c) what (d) were in

① (a) - (c) - (b) - (d)
② (b) - (c) - (a) - (d)
③ (c) - (d) - (b) - (a)
④ (d) - (b) - (c) - (a)

[06~07] 빈칸에 들어갈 알맞은 말을 고르시오.

06.

> A : I think you are sitting in my seat.
> B : Oh, That's right. I'm sorry. I'm in the ________ place.

① right　　　　② wrong
③ my　　　　　④ his

07.

> A : ________ are you from?
> B : I'm from Korea.

① Where　　　② What
③ When　　　④ Who

08. 빈칸에 공통으로 들어갈 알맞은 말은?

> • What are you looking _______?
> • Korea is famous _______ teakwondo*.
>
> *teakwondo : 태권도

① at
② to
③ for
④ from

09. 다음 대화에서 가리키고 있는 표지판은?

> A : What does the sign say?
> B : It says, "Do not smoke in this place."

①

②

③

④

[10~12] 대화의 빈칸에 들어갈 말로 가장 적절한 것을 고르시오.

10.

> A : What time will the bus arrive?
> B : _______________

① No thank you.
② For three days.
③ By bus
④ At two o'clock

11.

> A : _______________
> B : Because she sings very well.

① What is your hobby?
② When do you sing a song?
③ Why do you like the singer?
④ Who is your favorite singer?

12.

> A : Who's the man in the picture?
> B : He is my English teacher.
> A : What's he like?
> B : He is very kind. _______________

① He gives us a lot of homework.
② He is good at playing soccer.
③ He likes a polite student.
④ He always helps us.

13. 다음에서 'this'가 가리키는 것은?

> When we go somewhere, we us this.
> This is useful and convenient. Most people use this to travel. This can carry a lot of baggage. When you're driving this thing, you must fasten the seat belt.

① 사전
② 애완동물
③ 자동차
④ 집

14. 다음 대화에서 여자가 가려고 하는 곳은?

> Woman : Excuse me. Is there a Library nearby?
> Man : Yes. Go straight one blocks and turn right at post office. It's next to the bank

① 박물관　　　　② 은행
③ 우체국　　　　④ 도서관

15. 밑줄 친 말의 의도로 알맞은 것은?

> A : Please forgive me.
> B : What's wrong?
> A : I lost your note.
> B : No problem.

① 제안하기　　　② 부탁하기
③ 용서하기　　　④ 사과하기

16. 다음 글의 주제로 알맞은 것은?

> What do you do for your health? You should eat breakfast and exercise regularly. And you should get enough sleep every night.

① 효율적인 공부 방법　　② 바람직한 여가 활동
③ 이상적인 친구 관계　　④ 건강을 위한 생활 습관

17. 다음 글을 쓴 목적으로 알맞은 것은?

> Dear Sara,
> 　I just got your flower. Twenty red roses! What a wonderful birthday present and how nice of you to remember my birthday, even when you're on vacation.

① 축하　　　　② 감사
③ 사과　　　　④ 격려

18. 다음 I의 직업으로 알맞은 것은?

> I am a sports player. When I play this sport, I need a ball and a racket. I also need a table. Two or four people can play this sport together.

① 테니스선수　　　② 탁구선수
③ 축구선수　　　　④ 야구선수

19. 다음 글의 내용과 일치하지 <u>않는</u> 것은?

> I get up at 6 o'clock in the morning. I wear my school uniform and go to school at eight. I ride a bike. School starts at nine and finishes at 3:30.

① 나는 아침 6시에 일어난다.
② 나는 교복을 입고 학교에 간다.
③ 나는 자전거를 타고 등교한다.
④ 학교는 8시에 시작해서 3시 30분에 끝난다.

20. 밑줄 친 'this'가 공통으로 가리키는 것은?

> • We can't live without <u>this</u>.
> • We drink <u>this</u> everyday.
> • We take a shower with <u>this</u>.

① fire　　　　② money
③ water　　　④ shampoo

21. 다음 글의 내용과 어울리는 장소는?

> Ladies and gentlemen, Good evening. This is your captain speaking. Please fasten your seat belts. In fifteen minutes, we'll be arriving. We hope that you enjoyed your flight.

① 항구 ② 서점
③ 공항 ④ 공연장

22. 다음 글의 목적은?

> • Looking for an experienced* designer.
> • $ 3.50 for an hour.
> • Call Mr. Bob at 123-4567.
> *experienced : 경험 있는, 능숙한

① 구인구직 ② 초대장
③ 현상수배 ④ 신문 기사

23. 대화에서 **A**가 가려고 하는 곳의 위치는?

> A : Excuse me. Where is the bookstore?
> B : Go straight and then turn right at the first corner. It's on your right.

24. 다음 글의 내용과 일치하지 <u>않는</u> 것은?

> I visited my grandparents today. They grow rice and vegetables. After lunch, I worked in the field. It was hard work, but I learned a lot about farming.

① 오늘 나는 조부모님 댁을 방문했다.
② 조부모님은 쌀과 채소를 재배하신다.
③ 나는 점심을 먹고 들판에서 일을 했다.
④ 농사일이 나에게는 힘들지 않았다.

25. 다음 대화 내용과 관련 있는 속담은?

> A : Do you know a proverb, "There's no smoke without fire."?
> B : No. What does that mean?
> A : It means that everything has a reason or cause.

① 아니 땐 굴뚝에 연기 나랴.
② 반짝인다고 모두 금은 아니다.
③ 윗물이 맑아야 아랫물이 맑다.
④ 말 한 마디에 천 냥 빚을 갚는다.

> ※ 확인사항
> 답을 OMR 카드의 해당란에 정확히 표기하였는가?

제 1 회 중학교 졸업학력 검정고시 모의고사

제 ④ 교시　　사　　회

수험번호 (　　　　　　　　　)　　　성　　명 (　　　　　　　　　)

※ 다음 물음에 대한 가장 옳은 답을 하나만 골라, OMR 답안지에 정확히 표기하시오.

01. 다음 내용에 해당하는 현상은?

> 도시에 있던 사람들이 쾌적한 환경을 찾아 도시 외곽 지역이나 농촌으로 이동하는 현상.

① 도시화
② 인구 고령화
③ 역도시화(U턴 현상)
④ 도심의 인구 공동화

02. 다음에서 설명하는 지형은?

> • 하천과 바다가 만나는 곳에 형성된다.
> • 나일강, 메콩강, 낙동강 등의 하구에 발달한다.
> • 하천의 퇴적 작용에 의해 형성된 충적 평야이다.

① V자곡
② 삼각주
③ 피오르
④ 화구호

03. 다음과 같은 그래프가 나타나는 기후 지역은?

> • 세계 최대의 열대 밀림 지역
> • 최근 대규모 개발 사업으로 심각한 환경 문제 발생

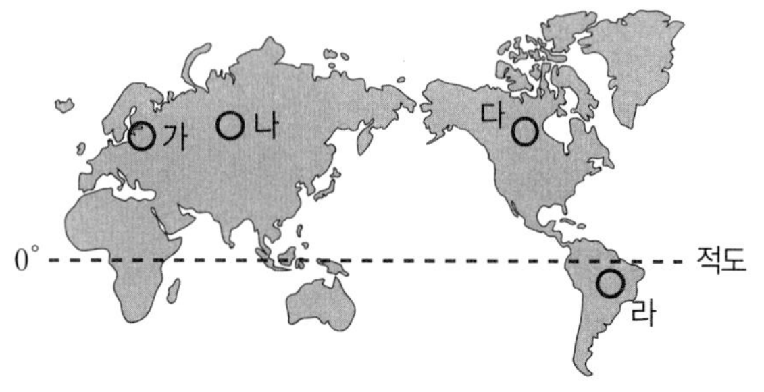

① 가
② 나
③ 다
④ 라

04. 다음에서 설명하고 있는 지형으로 적절한 것은?

> • 석회암 물이나 지하수, 빗물 등에 녹아서 형성된다.
> • 돌리네, 석회 동굴 등이 발달된다.

① 화산 지형
② 해안 지형
③ 카르스트 지형
④ 산지와 고원

05. 다음 빈칸에 들어갈 말로 가장 적절한 것은?

> ☐☐☐은/는 도시의 무질서한 팽창을 막고, 자연 녹지 보존과 환경 보존 기능을 위해 설정된다.

① 위성도시
② 도심
③ 그린벨트(개발제한구역)
④ 부도심

06. 다음 설명에 해당하는 공업 지역은?

> • 우리나라 대표적인 중화학 공업 지역
> • 부산, 울산, 포항 등을 중심으로 발달

① 호남 공업 지역
② 수도권 공업 지역
③ 태백산 공업 지역
④ 남동임해 공업 지역

07. 인구 분포에 영향을 주는 요인 중 성격이 <u>다른</u> 하나는?

① 식생   ② 경제
③ 종교   ④ 교통

08. 다음 설명에 해당하는 자원은?

> • 사우디아라비아, 이란, 쿠웨이트가 주요 생산국이다.
> • 페르시아만 주변 지역에 집중적으로 매장되어 있다.

① 석유   ② 구리
③ 석탄   ④ 철광석

09. 다음에서 설명하는 식량자원은?

> • 벼에 비해 재배 조건이 덜 까다로움
> • 소비가 증가하면서 연중 국제적 이동이 이루어지고 있음
> • 주요 수출국 : 미국, 오스트리아 등 신대륙

① 콩   ② 밀
③ 옥수수   ④ 커피

10. 다음 사건들의 특성으로 적절하지 <u>않은</u> 것은?

> • 영국의 명예혁명
> • 미국의 독립 혁명
> • 프랑스 대혁명

① 프랑스 대혁명은 절대왕정을 무너뜨렸다.
② 입헌주의와 국민 주권의 원리가 확립되었다.
③ 모든 계층의 정치적 자유를 보장하고자 하였다.
④ 시민의 자유와 권리를 보장받고자 하였다.

11. 다음에서 설명하는 내용은 민주 선거 4원칙의 어디에 해당하는 내용인가?

> • 모든 유권자에게 동등하게 1인 1표의 투표권을 인정한다.
> • 유권자 개개인의 투표권이 재산, 신분, 성별, 교육 정도, 종교, 문해 등의 영향을 받지 않는다.

① 평등 선거   ② 보통 선거
③ 직접 선거   ④ 비밀 선거

12. 다음에서 설명하는 민주정치의 기본 원리는?

> • 기본권을 보장하는 헌법을 만들고 그에 따라 통치되어야 한다.
> • 국가 권력의 남용을 방지하고 민주주의를 실현하기 위해 필요하다.

① 권력분립   ② 국민 주권
③ 국민 자치   ④ 입헌주의

13. 다음과 같은 제도적 장치를 두고 있는 목적으로 가장 적절한 것은?

> • 노동3권
> • 근로기준법
> • 노동조합 및 노동관계 조정법

① 소비자 권리 보호
② 기업의 경제 활동 제한
③ 국가 경제의 효율성 강화
④ 노동자 권리 보호

중학교 졸업학력 검정고시 모의고사

14. 다음 그림에서 (가), (나), (다) 각각에 알맞은 경제 주체를 바르게 연결한 것은?

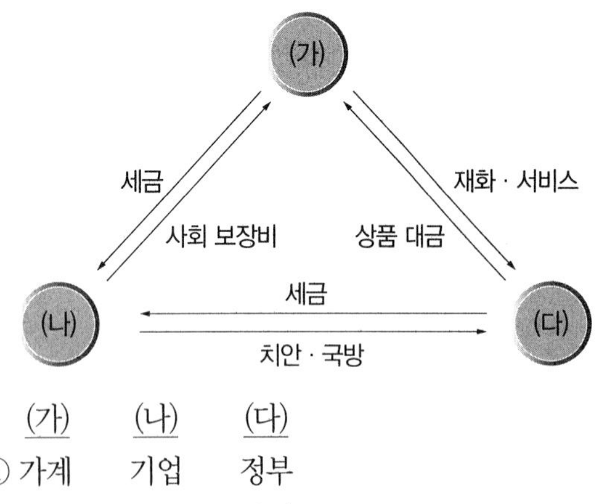

	(가)	(나)	(다)
①	가계	기업	정부
②	가계	정부	기업
③	기업	가계	정부
④	기업	정부	가계

15. 다음 중 공급에 대한 설명으로 적절한 것은?

① 상품을 팔고자 하는 욕구
② 상품을 구매하고자 하는 욕구
③ 상품 생산에 필요한 원료
④ 시장에서 형성되는 가격

16. 다음 빈칸에 들어갈 경제 용어는?

> 모든 경제활동에 반드시 [   ]이/가 발생하며, 하나의 선택에 따라 포기된 가치(재화 · 서비스) 중 경제적 가치가 가장 큰 것을 의미한다.

① 기회비용　　　② 국제 수지
③ 수요 법칙　　　④ 인플레이션

17. 다음 유적이 널리 만들어진 시대의 사회 모습은?

① 직립 보행 시작　　　② 불 사용법 발견
③ 지배 계급 등장　　　④ 철제 무기 사용

18. 다음 설명에 해당하는 조선의 제도는?

> • 조세 징수와 군역 부과에 활용
> • 오늘날 주민등록증과 같이 신분을 증명하던 제도

① 과전법　　　② 호패법
③ 직전법　　　④ 대동법

19. 다음과 같은 업적을 남긴 신라의 왕은?

> • 관료전 지급, 녹읍 폐지
> • 진골 귀족 세력의 반란 진압
> • 9주 5소경 체제의 지방 행정 조직 완비

① 무열왕　　　② 문무왕
③ 신문왕　　　④ 법흥왕

20. 다음 내용에서 설명하는 인물은?

> 거란의 3차 침입에 맞서 귀주에서 소배압이 이끄는 거란군을 크게 무찔렀고, 이후 북방 민족의 침입에 대비하고자 고려 정부에 건의하여 개경 주위에 나성을 쌓았다.

① 서희
② 이자겸
③ 최승로
④ 강감찬

21. 다음 밑줄 친 사건으로 알맞은 것을 고르면?

> 최근 전쟁과 침략을 통해 약탈한 문화재를 본국에 반환해야 한다는 의견이 국제 사회에서 제기되고 있다. 프랑스가 이 사건에서 강화도 외규장각에 있던 도서를 약탈해 갔는데 이에 우리나라가 반환을 요구하고 있다.

① 병인양요
② 강화도 조약
③ 흥선대원군의 하야
④ 제너럴셔먼호 사건

22. ㉠, ㉡에 들어갈 말을 순서대로 배열한 것은?

> 러·일 전쟁에서 승리한 일본은 고종의 반대에도 불구하고 (㉠)을 강제로 체결하여 대한제국의 (㉡)을 빼앗고 서울에 통감부를 설치하였다.

	㉠	㉡
①	을사 조약	외교권
②	톈진 조약	군사권
③	전주 화약	외교권
④	한성 조약	재정권

23. 다음 중 6·25전쟁 결과 가져온 사건이 <u>아닌</u> 것을 고르면?

① 수많은 고아와 이산가족이 발생하였다.
② 유신반대 운동이 일어났다.
③ 주택, 공장, 도로 등이 파괴되었다.
④ 남북한이 평화적인 통일보다는 대결의 국면으로 치닫는 민족의 비극이 확대되었다.

24. 다음에서 설명하는 역사적 사건은?

> • 고려시대 무신정권시기에 개경에서 일어난 노비 반란
> • 신분해방 운동
> • 무인정권의 강경한 진압에 의해 실패함

① 만적의 난
② 홍경래의 난
③ 진주 농민 봉기
④ 동학 농민 운동

25. 다음 내용과 관련된 국제회의로 적절한 것은?

> • 한반도에 임시 민주 정부의 수립을 돕기 위해 최대 5년간 신탁 통치를 실시한다.
> • 임시정부 수립을 위한 미·소 공동 위원회를 설치한다.

① 카이로 회담
② 포츠담 회담
③ 남북정상회담
④ 모스크바 3국 외상회의

> ※ 확인사항
> 답을 OMR 카드의 해당란에 정확히 표기하였는가?

제 1 회 중학교 졸업학력 검정고시 모의고사

제 ⑤ 교시　　과　　학

수험번호 (　　　　　　　　　)　　　성　명 (　　　　　　　　　)

※ 다음 물음에 대한 가장 옳은 답을 하나만 골라, OMR 답안지에 정확히 표기하시오.

01. 그래프는 직선 운동하는 물체 $A \sim C$의 시간에 따른 이동 거리를 나타낸 것이다. 이 중 속력이 가장 느린 것은?

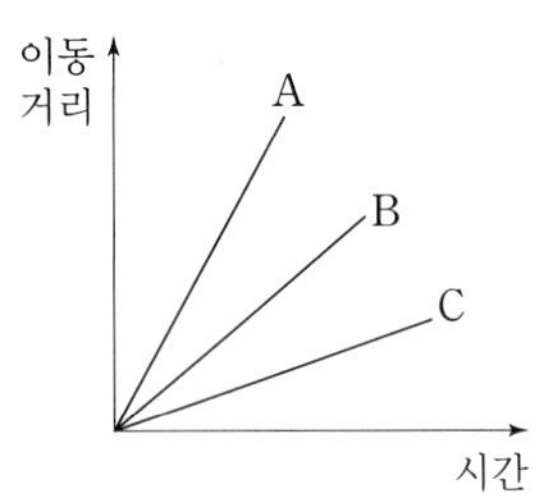

① A　　　　　　② B
③ C　　　　　　④ 알 수 없다.

02. 다음에서 설명하는 힘은?

- 자석과 자석 또는 자석과 금속 간에 발생하는 힘으로, 인력과 척력이 작용한다.
- 자기 부상 열차, 나침반 등으로 활용되는 힘이다.

① 중력　　　　　② 자기력
③ 전기력　　　　④ 탄성력

03. 무게가 20N인 상자를 높이가 1.5m인 탁자 위에 올려놓았다. 이때 한 일의 양으로 옳은 것은?

① 15J　　　　　② 20J
③ 25J　　　　　④ 30J

04. 다음 그림과 같은 파동의 종류에 속하는 것은?

① 소리　　　　　② 전파
③ 빛　　　　　　④ 물결파

05. 질량과 무게에 대한 설명으로 옳지 <u>않은</u> 것은?

① 질량의 단위로는 kg, N을 사용한다.
② 같은 장소에서 무게는 질량에 비례한다.
③ 같은 물체라도 장소에 따라 무게가 다르다.
④ 질량은 측정 장소에 따라 변하지 않고 일정하다.

06. 그림과 같이 질량이 같은 물체를 경사면 $A \sim C$를 따라 같은 높이까지 끌어올렸다. 일을 가장 많이 한 경우는? (단, 모든 마찰은 무시한다.)

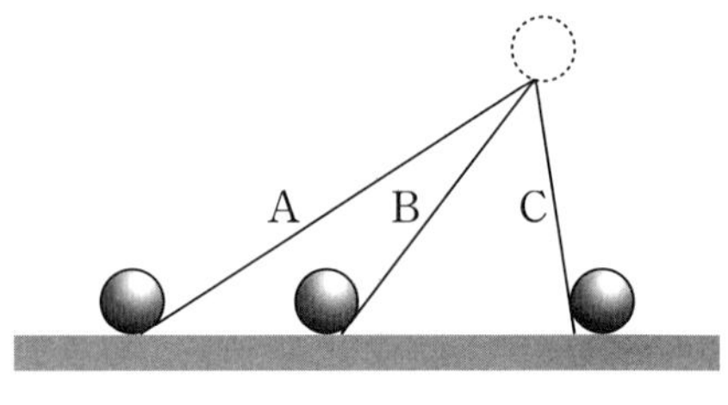

① A　　　　　　② B
③ C　　　　　　④ 모두 같다.

07. 어떤 니크롬선을 2V의 전지에 연결하였더니 0.5A의 전류가 흘렀다면 이 니크롬선의 저항은 얼마인가?

① 1Ω   ② 2Ω
③ 3Ω   ④ 4Ω

08. 다음 중 앙금이 생성되는 이온끼리 짝 짓지 <u>않은</u> 것은?

① Ag^+, SO_4^{2-} ② Ca^{2+}, SO_4^{2-}
③ Ca^{2+}, CO_3^{2-} ④ Mg^{2+}, Cl^-

09. 70℃의 물 300g에 질산나트륨을 녹여 포화용액을 만든 다음 20℃로 냉각하였다. 이때 석출되는 질산나트륨의 양을 구하면? (단, 70℃에서 질산나트륨의 용해도는 140, 20℃에서 질산나트륨 용해도는 90이다.)

① 120g   ② 150g
③ 180g   ④ 210g

10. 〈보기〉에서 순물질을 고른 것은?

〈 보기 〉
ㄱ. 구리   ㄴ. 공기
ㄷ. 설탕물   ㄹ. 염화 나트륨

① ㄱ, ㄷ   ② ㄱ, ㄹ
③ ㄴ, ㄷ   ④ ㄴ, ㄹ

11. 그림과 같이 소금물을 이용하여 좋은 볍씨를 골라낼 때 활용하는 물질의 특성은?

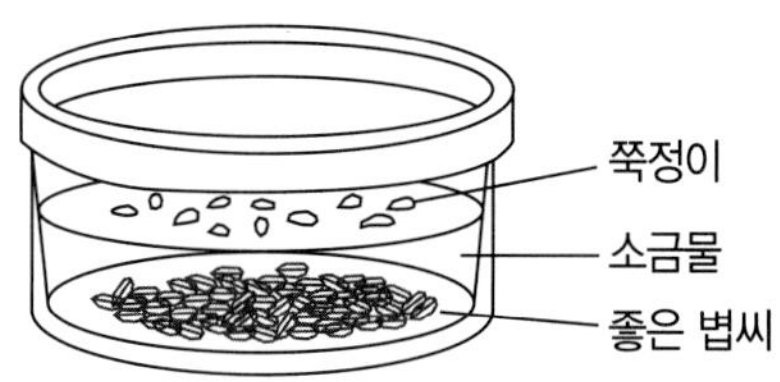

① 밀도의 차이   ② 끓는점의 차이
③ 녹는점의 차이   ④ 용해도의 차이

12. 다음과 같은 혼합물을 분리할 때 공통적으로 이용되는 물질의 특성은?

- 물에 녹차 잎을 넣으면 물이 녹색으로 변한다.
- 콩을 잘게 부순 다음 에테르를 용매로 사용하여 분리한다.
- 약탕기에 물과 한약 재료를 넣고 끓이면 한약 성분이 물에 녹아 나온다.

① 밀도   ② 분별결정
③ 추출   ④ 거름

13. 찌그러진 탁구공을 뜨거운 물에 넣으면 다시 펴지는 까닭을 옳게 설명한 것은?

① 탁구공의 질량이 늘어나기 때문이다.
② 탁구공 속 기체의 압력이 작아지기 때문이다.
③ 탁구공 속 기체의 온도가 낮아지기 때문이다.
④ 탁구공 속 기체 입자의 운동이 활발해지기 때문이다.

중학교 졸업학력 검정고시 모의고사

14. 다음 내용에 해당하는 줄기의 구조로 알맞은 것은?

> - 뿌리에서 흡수한 물과 무기 양분의 이동통로이다.
> - 관다발 안쪽에 위치하며 죽은 세포로 구성되어 있다.

① 표피 ② 체관
③ 형성층 ④ 물관

15. 다음 중 3대 영양소에 해당하지 <u>않는</u> 것은?

① 탄수화물 ② 단백질
③ 지방 ④ 비타민

16. 다음 설명에 해당하는 호르몬은?

> - 혈당량을 증가시킨다.
> - 심장박동을 촉진시키고 혈압상승을 일으킨다.

① 인슐린
② 티록신
③ 아드레날린
④ 에스트로젠(에스트로겐)

17. 다음 빈칸에 공통으로 들어갈 말로 알맞은 것은?

> - ( )는 뇌와 말초 신경의 연결 통로가 되는 긴 신경 다발이다.
> - 자극의 반응 경로는 '자극 → 감각 신경 → ( ) → 운동 신경 → 반응'이다.

① 대뇌 ② 간뇌
③ 연수 ④ 척수

18. 다음의 혈액을 나타낸 모식도에서 **A**에 대한 설명으로 옳은 것은?

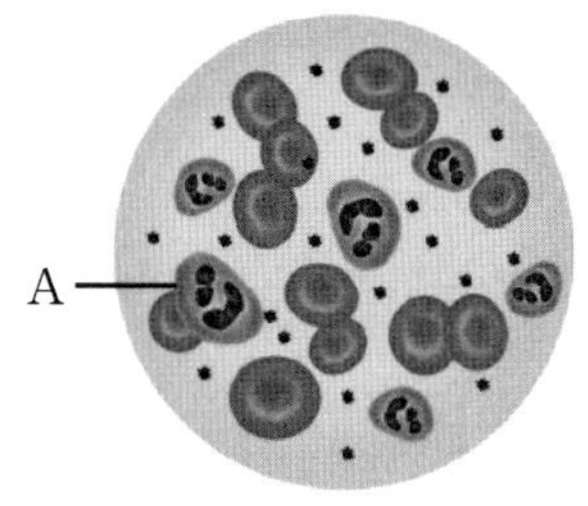

① 식균 작용을 한다.
② 산소 운반 작용을 한다.
③ 혈액 응고 작용을 한다.
④ 체온 유지와 양분 및 노폐물의 운반 작용을 한다.

19. 다음 ( ) 안에 알맞은 말을 바르게 짝지은 것은?

> 염색체의 종류에는 암수 공통으로 가지는 (㉠), 암수의 성을 결정하는 (㉡) 가 있다.

	㉠	㉡
①	염색 분체	상동 염색체
②	체세포	생식 세포
③	생식 세포	체세포
④	상염색체	성염색체

20. 사람의 생식 세포인 정자와 난자가 정상적으로 수정할 때 그 장소가 어디인지 다음 그림에서 찾으면?

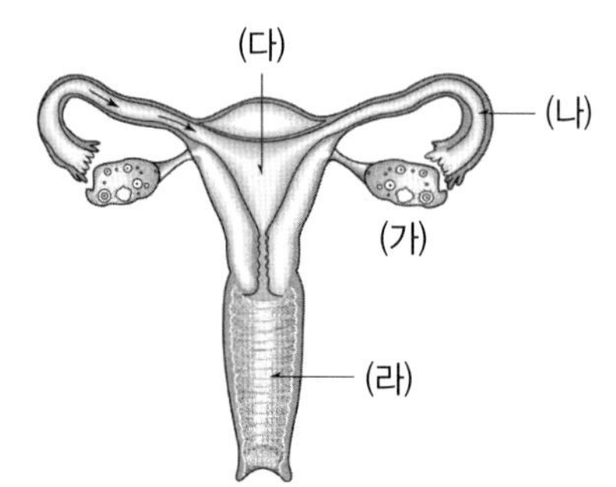

① (가)　　　　② (나)
③ (다)　　　　④ (라)

21. 다음 암석들의 공통점으로 옳지 <u>않은</u> 것은?

셰일　　사암　　석회암

① 층리가 잘 나타난다.
② 퇴적물이 쌓여 생성된 암석이다.
③ 다져짐과 굳어짐을 통해 생성된다.
④ 열과 압력을 받은 흔적이 뚜렷하게 나타난다.

22. 다음 설명에 해당하는 것은?

- 공기 덩어리가 상승할 때 주로 생성된다.
- 단열 팽창에 의해 공기 덩어리 안의 온도가 낮아져 수증기가 응결된 것이다.
- 모양에 따라 적운형, 층운형으로 분류된다.

① 구름　　　　② 성에
③ 이슬　　　　④ 서리

23. 다음 설명에 해당하는 암석으로 적절한 것은?

- 퇴적물이 바다나 호수 밑에 쌓인 후 굳어져서 형성된다.
- 층리와 화석이 있다는 특징이 있다.

① 화성암　　　　② 퇴적암
③ 변성암　　　　④ 편마암

24. 지구 대기권의 구조 중, 오존층이 있어서 태양으로부터 오는 자외선을 흡수하는 구간은?

① 열권　　　　② 대류권
③ 성층권　　　　④ 중간권

25. 다음의 설명에 해당하는 행성은?

- 태양계 행성 중 가장 크며, 수소와 헬륨으로 된 두꺼운 대기층이 있다.
- 적도 부근에서 붉은 반점이 관측된다.

① 화성　　　　② 목성
③ 토성　　　　④ 천왕성

※ 확인사항
　답을 OMR 카드의 해당란에 정확히 표기하였는가?

중졸

제 ⑥ 교시　　도　　덕

수험번호 (　　　　　　　)　　　성　명 (　　　　　　　　　)

※ 다음 물음에 대한 가장 옳은 답을 하나만 골라, OMR 답안지에 정확히 표기하시오.

01. 빈칸에 들어갈 내용으로 알맞은 것은?

> • 도덕 원리 : 다른 사람에게 피해를 주는 행동은 옳지 않다.
> • 사실 판단 : 수업 시간에 떠드는 것은 다른 사람에게 피해를 주는 행동이다.
> • 도덕 판단 : ＿＿＿＿＿＿＿＿＿

① 수업 중에 떠들면 선생님께 혼난다.
② 수업 시간에 떠드는 것은 옳지 않다.
③ 다른 사람이 싫어하는 행동을 하면 안 된다.
④ 수업 시간에 떠드는 것은 학교 규칙의 위반이다.

02. 다음에서 설명하는 용어는?

> 한 개인이 자신의 행위에 대해 옳고 그름, 선악을 분별하여 도덕적으로 올바른 행동을 하도록 유도하는 마음의 명령이다. 이는 옳은 행동을 했을 경우 떳떳함을 느끼게 하며, 그릇된 행동을 할 경우 부끄러움을 느끼게 한다.

① 예절　　　　　　② 양심
③ 진리　　　　　　④ 명상

03. 다음 글에서 알 수 있는 성찰의 필요성으로 가장 적절한 것은?

> 인간은 주로 자신의 처지에서 생각하고 행동한다. 그래서 다른 사람의 잘잘못을 철저히 따지는 사람도 자신의 말과 행동은 옳고 그름을 공정하게 판단하지 못하는 경우가 있다.

① 자기감정에 충실하기 위해
② 자신을 객관적으로 바라보기 위해
③ 자신의 욕구를 완전히 버리기 위해
④ 공동체를 위한 희생정신을 기르기 위해

04. 친구관계를 유지하는 바람직하지 않은 자세는?

① 신의(믿음)을 지키며 우정을 형성한다.
② 상호 간의 차이를 인정하는 관용의 자세를 지닌다.
③ 선의의 경쟁보다는 정당하지 않은 방법을 사용하여 결과만을 추구한다.
④ 친구의 잘못에 대해 진심을 담아 충고한다.

05. 다음과 같은 현상을 일컫는 용어는?

> 사람의 품성이나 능력보다도 그 사람이 지닌 외모가 중요한 평가의 대상이 되고 있다. 작고 예쁜 얼굴에 날씬한 몸매를 지닌 사람은 주목을 받을 뿐만 아니라 취업, 면접, 결혼과 같은 상황에서 남보다 좋은 평가를 받지만 능력이 있어도 외모가 훌륭하지 못하면 제대로 된 평가를 받지 못한다.

① 무한 이기주의　　　② 물질 만능주의
③ 인간 중심주의　　　④ 외모 지상주의

06. 청소년기 이성 교제의 장점이 <u>아닌</u> 것은?

① 성 역할에 대한 고정관념을 유지할 수 있다.
② 바람직한 이성관 형성에 도움을 준다.
③ 만남을 통해 삶의 활력과 즐거움을 누린다.
④ 장래 배우자 선택을 위한 안목을 키울 수 있다.

07. 사이버 공간에서 지켜야 할 '네티켓'에 대한 설명으로 옳지 <u>않은</u> 것은?

① 게시판에 글을 쓸 때는 내용을 이해하기 쉽고 간단 명료하게 작성한다.
② 공공시설의 컴퓨터를 사용할 때는 기본설정을 바꾸거나 기기를 파손하지 않도록 한다.
③ 음란물이나 폭력물 공유 및 판매를 금지한다.
④ 인터넷 게임을 즐기는 사람끼리는 함부로 말을 하고, 자기 자신의 감정을 가장 중요시 여기도록 한다.

08. 다음에서 설명하는 도덕이론으로 적절한 것은?

> 도덕 법칙 또는 명령에 따르는 것이 인간의 의무이며, 행위의 결과보다 행위의 동기나 의지를 중시하는 동기주의를 강조한다.

① 의무론적 윤리설
② 목적론적 윤리설
③ 이기주의 윤리론
④ 공리주의

09. 다음 (   ) 안에 들어갈 말로 적절한 것은?

> (   )은/는 통일을 달성하는 과정에서 필요한 유·무형의 비용을 말한다. 이러한 예로는 남북한 사회 제도의 통합 비용, 경제재건 비용 등이 있다.

① 평화 비용
② 분단 비용
③ 기회 비용
④ 통일 비용

10. 다음과 관련 있는 과학 기술의 특징은?

> 정보 통신 기술의 발달로 전 세계에서 일어나는 일들을 실시간으로 확인할 수 있게 되었다. 하지만 국가나 기업이 이런 정보를 활용하여 개인을 감시할 수 있다.

① 과학 기술 발달은 우리 인류의 삶을 풍요롭게 한다.
② 과학 기술 발달로 인해 발생하는 부작용은 국가의 책임이다.
③ 과학 기술 발달은 긍정적 측면, 부정적 측면을 모두 지니고 있다.
④ 과학 기술 발달로 삶에 끼치는 부정적 측면은 점점 사라질 것이다.

11. 다음 (   ) 안에 들어갈 말로 적절한 것은?

> (   )이란 남성과 여성이 각자의 성에 따라 사회가 바라는 기대에 맞추어 행동하는 것을 말한다. 예를 들어 "여자는 얌전해야 하고 남자는 씩씩해야 한다."는 어른들의 기대에 맞춰 행동한다면, 이는 (   )에 따라서 기대되는 행동을 한다고 할 수 있다.

① 가부장제
② 고정 관념
③ 성 역할
④ 현모양처

중학교 졸업학력 검정고시 모의고사

12. 다음 글이 의미하는 것은 무엇인가?

> 미국의 인류학자인 마거릿 미드는 유기니아의 세 원시 부족의 모습을 연구하였다. 연구 결과에 따르면 챔블리 족 여자들은 지배적이고 공격적이어서 주로 경제 활동을 하고, 남자들은 수동적이고 예술적이어서 몸치장을 하거나 이야기 나누는 것을 좋아한다고 한다. 이에 비해 아라페시 족은 남녀의 기질에 차이가 거의 없고, 남녀 모두 온화하고 협조적인 성격을 가지고 있으며, 서로 가정적이기를 기대한다는 것이다.

① 남자는 여자를 보호하기 위해 노력한다.
② 여자와 남자의 신체적 특징이 다름을 인정한다.
③ 성 역할이나 성 고정 관념은 처음부터 정해져 있는 것이 아니다.
④ 다른 사람의 삶의 모습을 이해하려고 노력한다.

13. 다음 중 자아발견을 위한 질문으로 가장 거리가 먼 것은?

① 나의 의무가 무엇인가?
② 나의 장래 희망은 무엇인가?
③ 나는 어떤 직업을 갖길 원하는가?
④ 친구 생일 선물로 무엇을 살 것인가?

14. 인간다운 삶의 모습으로 보기 어려운 것은?

① 인간으로서 훌륭한 성품을 갖춘 삶
② 자신의 본능적 욕구를 억제하고 조절하는 삶
③ 나의 좁은 시야에서 벗어나 모두를 행복하게 하는 삶
④ 옳고 그름을 알고 이를 실천하기 위해 높은 사회적 지위를 추구하는 삶

15. 다음 글에서 설명하고 있는 것을 형성하기 위한 바람직한 자세가 아닌 것은?

> '한날한시에 태어난 손가락도 그 길이가 다르다', '한 어미의 자식도 오롱이조롱이'라는 속담에서도 알 수 있듯이, 얼굴, 성격, 태도, 능력, 행동하는 방식이 모두 같은 사람은 단 한사람도 없다. 이처럼 사람들은 누구나 다른 사람과 구분할 수 있는 자기만의 특성을 가지고 있다.

① 아직은 어리므로 중요한 일의 결정은 주변의 결정을 따른다.
② 유행보다는 자신에게 어울리는 새로운 것을 찾는 노력을 해야 한다.
③ '나'에 대해 본격적으로 고민해 본다.
④ 독창적인 정보를 생산해서 새로운 디지털 문화를 만들어 낸다.

16. 바람직한 토론을 위해 필요한 자세로 바르지 않은 것은?

① 토론의 목적과 규칙에 관해 명확하게 이해하고, 주제와 관련된 지식을 갖춘다.
② 상대방의 의견을 잘 들으면서 그 사람의 주장을 파악하고 무조건적으로 순응한다.
③ 토론 참가자들이 자유롭고 솔직하게 서로의 의견을 교환하도록 한다.
④ 주제와 관계없거나 이미 논의한 사항을 반복하여 말하는 것은 방해가 되므로 삼간다.

17. 다양한 종교를 이해하는 데 필요한 자세로 옳지 <u>않은</u> 것은?

① 다른 종교의 장점도 수용하고 포용할 수 있어야 한다.

② 타종교가 가지고 있는 역사적 배경에 대하여 알려고 노력해야 한다.

③ 다른 종교의 고유한 특성을 인정한다.

④ '이것만이 진리'라고 믿는 태도를 가져야 한다.

18. 다음 중 인권에 대한 설명으로 적절하지 <u>않은</u> 것은?

① 인간다운 삶을 위해 보장되어야 하는 기본적 권리이다.

② 인종, 신분, 성별, 종교, 이념, 재산 등에 관계없이 누구나 동등하게 누릴 수 있다.

③ 태어난 이후 출생신고를 해야 비로소 생기는 권리이다.

④ 국가는 인권을 보장할 의무가 있다.

19. 양성평등에 대한 설명으로 가장 거리가 <u>먼</u> 것은?

① 남녀의 생물학적 차이를 인정하지 않는다.

② 인간의 존엄성이라는 측면에서 남녀가 서로 평등하다는 의미이다.

③ 성이 다르다는 이유로 개인이 가진 잠재력을 발휘할 수 있는 기회를 박탈하지 않는다.

④ 성에 근거하여 법률적, 사회적으로 차별하지 않는다.

20. 다음 글과 관련이 깊은 한국적 미의 특징은?

> 우리 조상들은 한옥을 지을 때 뒷산의 능선을 보고 지붕의 곡선을 정하였다. 그리고 원래 휘어져 있는 목재를 그대로 사용하였다.

① 해학미

② 현란한 기교

③ 자연과의 조화

④ 인위적인 아름다움

21. 다음과 같은 문화가 형성된 배경으로 옳은 것은?

> 티베트의 사람들은 사람이 죽으면 시체를 새가 먹게 산에 던진다. 티베트는 나무가 없어서 화장도 불가능하고, 물이 없어서 수장도 불가능하다. 그리고 추워서 땅을 파기가 불가능하다. 조장은 티베트 사람들이 시체를 처리할 수 있는 최상의 방법이다.

① 언어와 종교

② 자연 환경

③ 역사적 배경

④ 정치와 경제

22. 남북한이 상생의 공동체를 이루기 위하여 노력해야 할 것으로 옳지 <u>않은</u> 것은?

① 정기적으로 이산가족 상봉을 한다.

② 북한의 핵문제를 해결하기 위해 협상한다.

③ 빠른 속도로 경제 협력이 이루어지도록 한다.

④ 남북한의 대화를 위해 꾸준히 노력한다.

23. 다음에서 설명하는 이상사회로 적절한 것은?

> 이성과 지혜를 갖춘 철인이 통치하는 나라로, 통치자의 지혜와 이성, 수호자의 용기, 생산자의 절제가 갖춰진 이상사회

① 대동사회(大同社會)

② 소국과민(小國寡民)

③ 플라톤의 철인 국가

④ 토머스 모어의 유토피아

중학교 졸업학력 검정고시 모의고사

24. 다음 글에 해당하는 인간의 특징으로 옳은 것은?

> 사람은 누구나 다른 사람의 도움을 받아야만 살아갈 수 있다. 갓 태어났을 때, 혼자서는 먹지도 걷지도 못하며, 성인이 되어서도 다른 사람과 더불어 살아가야만 인간다운 삶을 살 수 있다.

① 인간은 사회를 떠나서 살 수 없는 사회적 존재이다.
② 인간은 공간의 제약을 받는 존재이다.
③ 인간은 시간적 제약을 받는 존재이다.
④ 인간이 가장 두려워하는 것은 죽음이다.

25. 현대사회에서 노인 문제 해결을 위한 노력으로 바람직하지 <u>않은</u> 것은?

① 일자리를 마련한다.
② 의료 복지비용을 축소한다.
③ 경로효진 문화를 적극 장려한다.
④ 여가 문화생활을 위한 시설을 확대한다.

※ 확인사항
　답을 OMR 카드의 해당란에 정확히 표기하였는가?

- 수고하셨습니다. -

Try not to become a man of success
but rather try to become a man of value.
성공한 사람이 아니라 가치 있는 사람이 되려고 힘써라.

– 앨버트 아인슈타인(Albert Einstein)

좋은 결과 있길 SISCOM이 응원합니다.

검정고시 모의고사

제2회

성명 [   ]   수험번호 [ ][ ][ ][ ][ ][ ]

- 답안지의 해당란에 성명과 과목명, 수험번호를 정확히 기재하세요.
- 이 시험지는 1교시 국어 / 2교시 수학 / 3교시 영어 / 4교시 사회 / 5교시 과학 / 6교시 도덕 (선택1)으로 구성되어 있습니다.

구분	과목	시험시간
1교시	국어	09:00～09:40(40분)
2교시	수학	10:00～10:40(40분)
3교시	영어	11:00～11:40(40분)
4교시	사회	12:00～12:30(30분)
중식(12:30～13:30)		
5교시	과학	13:40～14:10(30분)
6교시	도덕(선택1)	14:30～15:00(30분)

※ 이 시험지는 중학교 졸업학력 검정고시를 대비하기 위한 실전용 모의고사입니다. 실제 시험 방식과는 다소 차이가 있을 수 있습니다.

제 ① 교시　　국　　어

수험번호 (　　　　　　　　　　)　　　성　명 (　　　　　　　　　　)

※ 다음 물음에 대한 가장 옳은 답을 하나만 골라, OMR 답안지에 정확히 표기하시오.

01. 다음 대화의 상황에 나타난 의사소통의 목적으로 가장 적절한 것은?

> 재석 : 지현아! 정말 오래간만이야. 반가워.
> 지현 : 정말 오랜만이다. 우리 얼마 만에 만나는 거니?
> 재석 : 초등학교 졸업하고 3년만이네! 그동안 잘 지냈어?
> 지현 : 그럼, 잘 지냈지! 너는 어떻게 지냈어?

① 문제 해결　　　　② 협상
③ 위로하기　　　　④ 안부 묻기

02. 다음 대화의 밑줄 친 ㉠을 언어 예절에 맞게 고친 것은?

> 엄마 : 혜린아, 이번에 성적이 많이 올랐구나. 축하한다.
> 혜린 : 응, ㉠ 할아버지가 꾸준히 노력하면 반드시 좋은 결과를 얻을 수 있다고 했어. 그래서 꾸준히 노력했더니 정말로 성적이 올랐어.

① 할아버지가 꾸준히 노력하면 반드시 좋은 결과를 얻을 수 있다고 하셨어.
② 할아버께서 꾸준히 노력하시면 반드시 좋은 결과를 얻으실 수 있다고 했어요.
③ 할아버지께서 꾸준히 노력하시면 반드시 좋은 결과를 얻을 수 있다고 하셨어요.
④ 할아버지께서 꾸준히 노력하면 반드시 좋은 결과를 얻을 수 있다고 하셨어요.

03. 〈보기〉에서 밑줄 친 단어들의 공통된 특징으로 적절한 것은?

> ───〈 보기 〉───
> • 연이 높이 떴다.
> • 기차가 빠르게 달린다.
> • 꽃이 매우 아름답다.

① 사람이나 사물의 이름을 대신하여 나타낸다.
② 사람이나 사물의 움직임을 나타내는 단어이다.
③ 체언을 꾸미는 역할을 한다.
④ 주로 용언을 꾸며준다.

04. 다음 설명에 해당하는 음운 변동은?

> 두 자음이 만나 서로 같거나 닮은 소리로 변하는 음운 변동 현상으로 대표적으로 유음화와 비음화가 있다.

① 음운의 탈락
② 자음동화
③ 음절 끝소리 규칙
④ 음운의 축약

05. 다음 문장의 밑줄 친 품사와 다른 하나는?

> 밤하늘에 떠 있는 별이 아름답게 빛난다.

① 소녀의 얼굴은 매우 곱다.
② 진눈깨비가 바람에 흩날린다.
③ 10월의 가을 하늘은 높다.
④ 우리 학급의 반장은 행실이 바르다.

중학교 졸업학력 검정고시 모의고사

06. 밑줄 친 문장 성분 중, 주성분이 <u>아닌</u> 것은?

① <u>언니</u>는 새 옷을 입었다.

② <u>어머나</u>, 키가 많이 자랐구나.

③ 나는 도서관에서 <u>책을</u> 읽었다.

④ 작년 겨울에는 눈이 많이 <u>내렸다</u>.

07. 다음 문장을 형태소로 바르게 나눈 것은?

> 오늘은 나무를 심었다.

① 오늘은/나무를/심었다.

② 오늘/은/나무/를/심었다.

③ 오늘/은/나무/를/심/었/다.

④ 오늘/은/나/무/를/심/었다.

08. 다음은 글을 쓰기 위해 작성한 개요표이다. ㉠~㉣ 중 적절하지 <u>않은</u> 것은?

제목	도시 농업의 활성화 방안
처음	도시 농업의 긍정적 부분 언급
중간	• 도시 농업의 문제점 분석 　－ ㉠ 도시 농업에 필요한 경작 공간의 부족 　－ 도시 농업 관련 연구 및 기술 부족 　－ ㉡ 선진국의 도시 농업 성공사례 • ㉢ 도시 농업의 문제점 개선 방안 　－ 도심지 내 마을 텃밭 조성 　－ 도시 농업 전문 인력 양성 및 교육 　－ 도시 농업 관련 제도적 기반 구축
끝	㉣ 도시 농업에 대한 관심 촉구

① ㉠　　　　　　② ㉡

③ ㉢　　　　　　④ ㉣

09. 〈보기〉의 그림을 활용하여 '바람직한 인간관계'에 관한 글을 쓰고자 한다. 연상한 내용으로 가장 적절한 것은?

① 지나친 경쟁은 가급적 자제해야 한다.

② 상대방을 인격적으로 대우해 주어야 한다.

③ 전체를 위해 희생하는 자세를 가져야 한다.

④ 상대의 단점보다는 장점을 보기 위해 노력해야 한다.

10. 다음 글에서 말하고자 하는 바는?

> 오늘날 많은 가정에서 부모와 자식 간에 대화가 사라지고 있다. 부모는 일로, 자녀는 공부로 바빠서 서로 얼굴을 보기도 힘들기 때문이다. 그러나 가정에서 원만한 대화가 이루어져야 한다. 가족은 대화를 통해 서로의 지친 마음을 위로 할 수 있기 때문이다. 이제부터 가족이 함께하는 시간을 만들어 대화를 해보자.

① 개인 여가시간의 확보 방안

② 가족 간 대화의 필요성

③ 가족 봉사활동의 의의

④ 이웃 간 의사소통의 중요성

[11~13] 다음 글을 읽고 물음에 답하시오.

> ㉠ 돌담에 속삭이는 햇발같이
> 풀 아래 웃음 짓는 샘물같이
> 내 마음 고요히 고운 봄 길 위에
> 오늘 하루 하늘을 우러르고 싶다.
>
> 새악시 볼에 떠오는 부끄럼같이
> 시의 가슴에 살포시 젖는 물결같이
> 보드레한 에메랄드 얇게 흐르는
> 실비단 하늘을 바라보고 싶다.
>
> – 김영랑, 「돌담에 속삭이는 햇발」 –

11. 위 시에 대한 이해로 적절하지 <u>않은</u> 것은?

① 시적 화자가 표면에 드러나 있다.
② 대구법을 통해 운율을 형성하고 있다.
③ 계절적 배경이 나타나 있다.
④ 대화체를 사용하여 신선한 느낌을 준다.

12. ㉠과 같은 표현 방법이 사용된 예로 가장 적절한 것은?

① 내 마음은 호수요.
② 너는 태양처럼 빛난다.
③ 영희야, 집에 가자.
④ 노오란 배추꽃 이랑을.

13. 위 시에서 〈보기〉에 해당하는 시어로 적절한 것은?

〈 보기 〉
시적화자가 동경하는 대상으로서 시상이 집약되어있는 시어

① 하늘
② 풀
③ 물결
④ 하루

[14~16] 다음 글을 읽고 물음에 답하시오.

(가) "소인이 대감의 정기를 받아 태어났으니 어찌 낳고 길러 주신 부모의 은혜를 잊겠습니까. 하오나 소인이 서러워하는 것은…… 서러워하는 것은…… 아버지를 '아버지'라고 부르지 못하고 형을 '형'이라고 못하오니 이 어찌 사람이라 하오리까?"
어느새 길동의 목이 메었다. 홍 판서가 그 말을 들으니 불쌍한 생각이 들었다. 그러나 만일 그 마음을 달래 주면 제멋대로 될까 염려하여 일부러 크게 꾸짖었다.
"양반 집안에 첩이나 종의 자식이 너뿐만이 아니거늘, 조그만 아이가 어찌 이리도 방자하냐? 앞으로 또 그런 말을 하면 다시는 너를 보지 않으리라!"
홍 판서가 그렇게 다그치는 바람에 길동은 감히 한마디도 더 하지 못하고 고개를 푹 떨구었다. 조금 있다 홍 판서가 물러가라고 하자 길동은 제 방으로 돌아와 그만 참았던 눈물을 주르르 흘리고 말았다.

(나) 이 때 길동은 도적들을 다 모아 놓고 말하였다.
"여러분은 이제 조선 팔도를 다니며, 백성을 괴롭히는 벼슬아치나 양반들을 다스리시오. 저들이 백성을 괴롭히며 빼앗은 재물은 가난하고 의지할 데 없는 백성에게 되돌려 주어 이제부터 우리는 활빈당이 될 것이오."
도적들은 저마다 "㉠ 활빈당 ? 활빈당!"하고 되뇌다가 머리를 끄덕였다. 바야흐로 저의 우두머리로 길동을 믿고 따르게 된 것이다.
길동이 다시 말하였다.
"우리도 또한 이 나라의 백성이니 때가 되면 나라를 위해 나설 것이오. 다만 때를 만날 때까지 산속에 숨어 살되 백성을 해치고 재물만 축내면 이는 역적의 무리와 다를 바 없소. 이에 활빈당이 큰 법을 세워 만일 우리 중에 옳지 못한 짓을 하는 자가 있으면 군법으로 엄히 다스릴 것이니 조심하여 죄를 짓지 마시오!"
도적들이 모두 그 영을 따르겠다고 굳게 맹세하였다. 그리하여 몇 달 뒤 활빈당은 몰라보게 질서가 잡히고 의젓해졌다. 이제는 한낱 도적 떼가 아니었다.

– 허균, 「홍길동전」 –

14. 윗글에 대한 설명으로 적절하지 <u>않은</u> 것은?

　① 시대의 현실을 반영한 사회 소설이다.

　② 우리 문학 사상 최초의 국문 소설이다.

　③ 영웅 소설의 전형적인 구조를 따르고 있다.

　④ 실존 인물의 이야기를 사실 그대로 전달하고 있다.

15. 윗글에 나타난 시대적 상황이 <u>아닌</u> 것은?

　① 종을 거느리고 사는 집이 있었다.

　② 적서 차별 제도와 축첩제가 존재하였다.

　③ 능력에 따라 사회적 지위를 얻을 수 있었다.

　④ 백성들의 재물을 빼앗는 탐관오리가 있었다.

16. 길동이 ㉠을 만든 이유로 가장 적절한 것은?

　① 부정한 관리를 응징하고 백성을 돕기 위해

　② 도적 사회의 무너진 기강을 바로잡기 위해

　③ 양반의 재물을 약탈하여 부를 축적하기 위해

　④ 도적들이 새롭게 살 수 있는 기회를 주기 위해

[17~19] 다음 글을 읽고 물음에 답하시오.

> (가) 별안간 총소리가 들렸다. 학이 두서너 번 날갯짓을 하다가 그대로 내려왔다. 맞았구나.
>
> 　　　　　(중략)
>
> 두 소년은 언제까지나 자기네 학이 사라진 푸른 하늘에서 눈을 뗄 줄을 몰랐다…….

"얘, 우리 학 사냥이나 한번 하구 가자."

성삼이가 불쑥 이런 말을 했다.

덕재는 무슨 영문인지 몰라 어리둥절해 있는데,

"내 이걸루 올가밀 만들어 놀께. 너 학을 몰아오너라."

포승줄을 풀어 쥐더니, 어느 새 잡풀 새로 기는 걸음을 쳤다.

대번 덕재의 얼굴에서 핏기가 걷혔다. 좀 전에, 너는 총살감이라던 말이 퍼뜩 머리를 스치고 지나갔다.

이제 성삼이가 기어가는 쪽 어디서 총알이 날아오리라.

저만치서 성삼이가 홱 고개를 돌렸다.

㉠<u>"어이, 왜 멍추같이 서 있는 게야? 어서 학이나 몰아 오너라."</u>

그제서야 덕재도 무엇을 깨달은 듯 잡풀 새를 기기 시작했다.

때마침 단정학 두세 마리가 높푸른 가을하늘에 곧 날개를 펴고 유유히 날고 있었다.

– 황순원, 「학」 –

(나) 용왕이 토끼에게 가로되,

"과인(寡人)은 수궁의 으뜸인 임금이요, 너는 산중의 조그마한 짐승이라. 과인이 우연히 병을 얻어 고생한 지 오래 되었도다. 네 간이 약이 된다는 말을 듣고 특별히 별주부를 보내어 너를 데려왔으니, 너는 죽는 것을 한스럽게 여기지 마라. (중략)"

하고는, 즉시 토끼의 간을 꺼내 오라는 명령을 내렸다. 그러자 뜰아래에 늘어서 있던 나졸들이 토끼의 배를 가르려 일시에 달려들었다. 이때, 토끼는 용왕의 말을 듣고는 난데없는 날벼락을 맞은 듯 정신이 아득해졌다.

'부귀 영화를 누리게 해 준다는 별주부의 말에 속아 가족과 고향을 버리고 이렇게 왔으니, 어찌 이런 재앙이 없을쏘냐? 이제는 날개가 있어도 능히 하늘로 날아가지 못할 것이요, 축지법을 쓸지라도 여기서 능히 벗어나지 못하리니 어찌하리요?'

– 「토끼전」 –

17. (가)에 대한 설명으로 알맞지 <u>않은</u> 것은?

① 과거를 회상하는 장면이다.
② 학을 놓아주는 것은 자유를 의미한다.
③ 마지막에 갈등이 해소된다.
④ 부분적 전지적 작가 시점이다.

18. ㉠의 의도로 알맞은 것은?

① 학을 잡으려고　　　② 도망가라고
③ 총을 쏘려고　　　　④ 핀잔을 주려고

19. (나)에서 토끼의 처지를 가장 잘 나타내는 한자성어는?

① 풍전등화(風前燈火)　② 일석이조(一石二鳥)
③ 사면초가(四面楚歌)　④ 망양지탄(亡羊之歎)

[20~22] 다음 글을 읽고 물음에 답하시오.

　　방학 숙제로 선생님께서 소개해 주신 책 중에서 하나를 골라 독후감을 써야 하는데 어떤 책을 읽을까? 나는 역사를 좋아하니까 『역사란 무엇인가?』라는 책을 읽어야겠어.
　　우선 ㉠ 목차를 읽어 봐야겠어. (목차를 읽는다.) 이 책은 '역사가와 그의 사실'이라는 장으로 시작되네. 아마 역사가가 사실을 어떻게 다루는가에 대해 썼을 것 같아. 조금 어렵겠지만 재미도 있겠는데?
　　그러면 이제부터 본격적으로 읽어 봐야지. (책을 읽다가 멈춘다.) '역사적 사실'(밑줄을 긋는다.) '역사적 사실'이란 역사가의 ㉡ 해석에 따라 정해지는 것이구나. 그래, 이건 중요한 내용이야. 중요한 내용은 적으면서 읽어야겠어. 그러면 나중에 메모를 보고 중심 내용을 잘 파악할 수 있겠지? (메모하면서 책을 계속 읽는다.)

　　(읽기를 잠시 멈추고 메모한 내용을 훑어본다.) 음, 지금까지 읽은 부분을 간략히 하면, 역사책을 읽을 때는 일어났던 일보다 그 일을 ㉢ 기록한 역사가가 누구인가에 관심을 두라는 것이로군. 이게 글쓴이의 ㉣ 주장이네, 그렇게 생각할 수도 있겠군. 하지만 반드시 그런 걸까? 중요한 사건은 어느 역사가라도 중요하다고 판단하지 않을까?

20. 윗글에서 강조하는 독서 태도로 가장 적절하지 <u>않은</u> 것은?

① 목차를 보고 책의 내용을 예측하며 읽는다.
② 중요한 내용이라고 생각되는 것을 메모하며 읽는다.
③ 등장인물의 갈등을 파악하며 읽는다.
④ 글쓴이의 견해에 반응하며 비판적으로 읽는다.

21. 윗글의 서술상 특징으로 적절한 것은?

① 글을 쓰게 된 배경을 서술하고 있다.
② 전문가의 의견을 인용하여 서술하였다.
③ 구체적인 수치를 제시하고 있다.
④ 역사 속 인물 이야기를 활용하고 있다.

22. ㉠~㉣의 사전적 의미로 적절하지 <u>않은</u> 것은?

① ㉠ 목차 : 목록이나 제목, 조항 등의 차례
② ㉡ 해석 : 사실과 다르게 이해하거나 그릇되게 함
③ ㉢ 기록 : 후일에 남길 목적으로 어떤 사실을 적음
④ ㉣ 주장 : 자기의 의견이나 주의를 굳게 내세움

[23~25] 다음 글을 읽고 물음에 답하시오.

> (가) 설화나 민화 속에서 우리는 ㉠ 무서운 호랑이, ㉡ 익살스러운 호랑이, ㉢ 정이 철철 넘치는 호랑이, ㉣ 신이(神異)한* 호랑이를 만날 수 있다. 여기에서는 우리 민족의 삶의 모습이 설화 속의 호랑이를 통해 어떻게 형상화되어 있는지 살펴볼 것이다.
>
> (나) 호랑이는 가축을 해치고 사람을 다치게 하는 일이 많았던 모양이다. 그래서 설화 중에는 사람이나 가축이 호랑이한테 해를 당하는 이야기가 많이 있다.
>
> (다) 우리 민족에게 효는 인간이 지켜야 할 가장 큰 도리였다. 이처럼 인간의 효성에 감동한 호랑이 이야기가 많이 있다. 여름철에 홍시를 구하려는 효자를 등에 태워 홍시가 있는 곳으로 데려다 준 호랑이 이야기, 고개를 넘어 성묘 다니는 효자를 날마다 태워다 준 호랑이 이야기 등이 있다.
>
> — 최운식, 「설화 속의 호랑이」 —
>
> *신이한 : 사람의 생각으로는 짐작할 수 없이 이상하고 신비로운.

23. 글 전체에서 (가)의 역할로 알맞은 것은?

① 글쓴이의 당부
② 앞의 내용 요약
③ 이어질 내용 소개
④ 주장에 대한 근거 제시

24. ㉠~㉣ 중, (나)의 내용과 관련 있는 것은?

① ㉠   ② ㉡
③ ㉢   ④ ㉣

25. (다)에 쓰인 설명 방법은?

① 분석   ② 예시
③ 정의   ④ 과정

> ※ 확인사항
> 답을 OMR 카드의 해당란에 정확히 표기하였는가?

중졸

제 ②교시 　수　학

수험번호 (　　　　　　　)　　　성　명 (　　　　　　　　　)

---

01. 84를 소인수분해하면?

① $2 \times 3 \times 7$　　② $2^2 \times 3 \times 7$
③ $2 \times 5 \times 7$　　④ $2^2 \times 5 \times 7$

02. 수의 대소 관계가 옳은 것은?

① $-2 > 5$　　② $3 > 4$
③ $-2 < 0$　　④ $-2 < -5$

03. $x = 5$일 때, $-x + 3$의 값은?

① -1　　② -2
③ 2　　④ 4

04. 일차방정식 $x + 5 = -2x + 2$의 해는?

① -1　　② -2
③ -3　　④ -4

05. 매일 6개씩 x일 동안 윗몸일으키기를 한 총 횟수를 y개라고 할 때, x와 y 사이의 관계식은?

x(일)	1	2	3	4	$\cdots$
y(횟수)	6	12	18	24	$\cdots$

① $y = 4x$　　② $y = 3x + 3$
③ $y = 6x$　　④ $y = 6x + 3$

06. $0 < x < 2$일 때, $\sqrt{(2-x)^2} + \sqrt{x^2}$을 간단히 하면?

① 2　　② $-2x + 2$
③ $x + 2$　　④ $2x + 1$

07. 좌표평면 위에 있는 점 P의 좌표는?

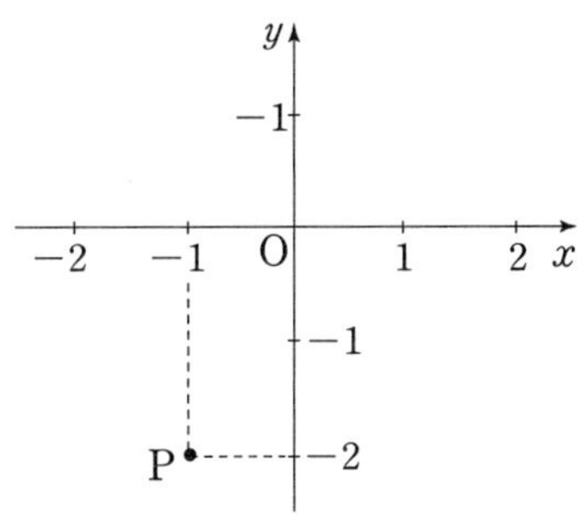

① $P(2, 3)$　　② $P(3, 2)$
③ $P(-2, 3)$　　④ $P(-1, -2)$

중학교 졸업학력 검정고시 모의고사

08. 그림과 같이 밑면의 반지름 길이가 5cm, 모선의 길이가 13cm인 원뿔의 높이 h는?

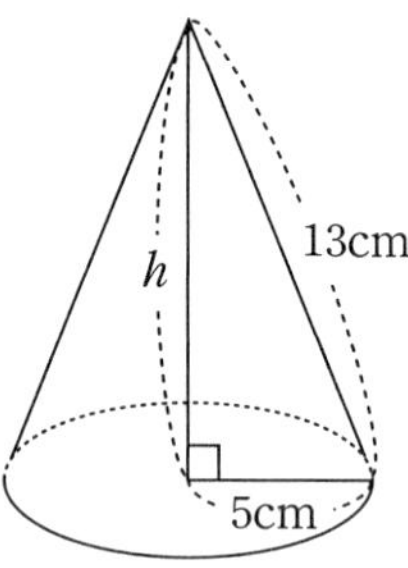

① 9cm ② 10cm
③ 11cm ④ 12cm

09. 그림의 삼각형 ABC에서 $\angle A = 100°$, $\angle C = 30°$일 때, $\angle x$의 크기는?

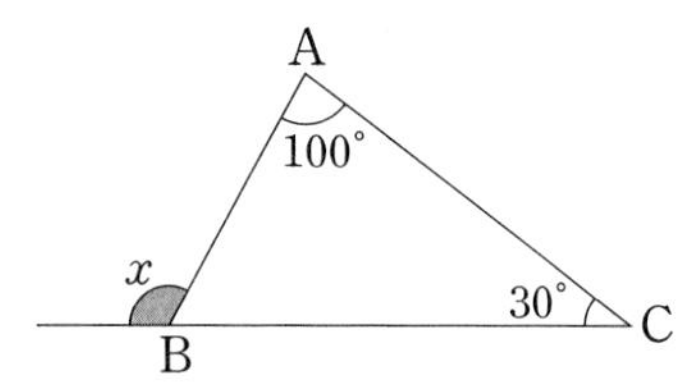

① 115° ② 120°
③ 125° ④ 130°

10. 꼭짓점의 좌표가 $(2, 3)$이고 한 점 $(1, 4)$을 지나는 이차함수의 식을 구하면?

① $y = -x^2 - 4x + 7$
② $y = 2x^2 - x + 7$
③ $y = 2x^2 - 2x + 7$
④ $y = x^2 - 4x + 7$

11. 함수 $y = ax\,(a \neq 0)$의 그래프가 점 $(2, 4)$를 지날 때, a의 값은?

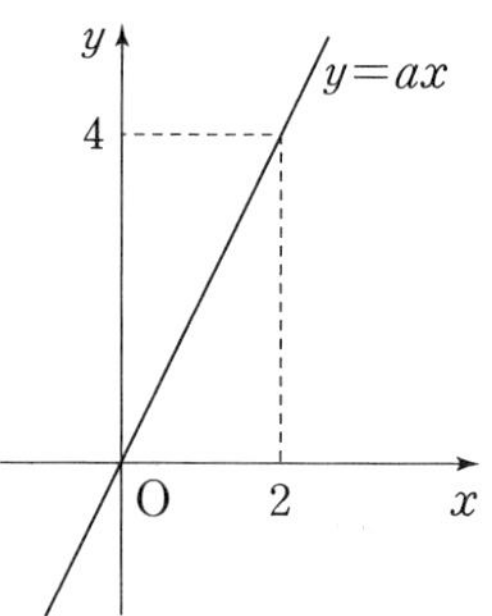

① 1 ② 2
③ 3 ④ 4

12. 어떤 산에 정상까지의 등산로가 4가지 있다고 한다. 내려올 때는 올라갈 때와 다른 길을 택한다고 할 때, 모두 몇 가지의 코스가 있는가?

① 4가지 ② 9가지
③ 12가지 ④ 16가지

13. 그림과 같이 평행사변형 ABCD에서 $\angle A = 100°$, $\overline{AB} = 4$이다. 이때 x의 값과 $\angle y$의 크기는?

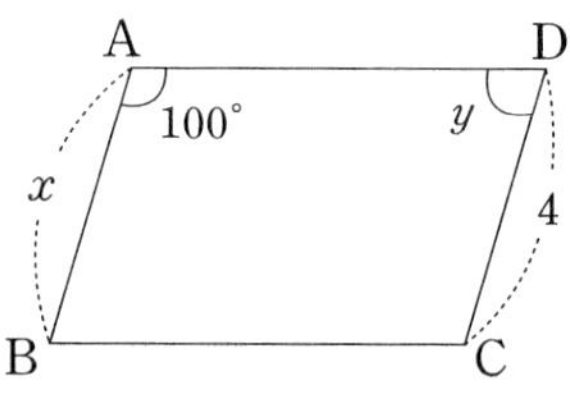

① $x = 3,\ y = 100°$
② $x = 3,\ y = 80°$
③ $x = 4,\ y = 100°$
④ $x = 4,\ y = 80°$

14. 그림과 같이 큰 정사각형의 각 변을 4등분하여 작은 정사각형 16개를 만들었다. 색칠한 두 정사각형의 닮음비가 2:1일 때, 넓이의 비는?

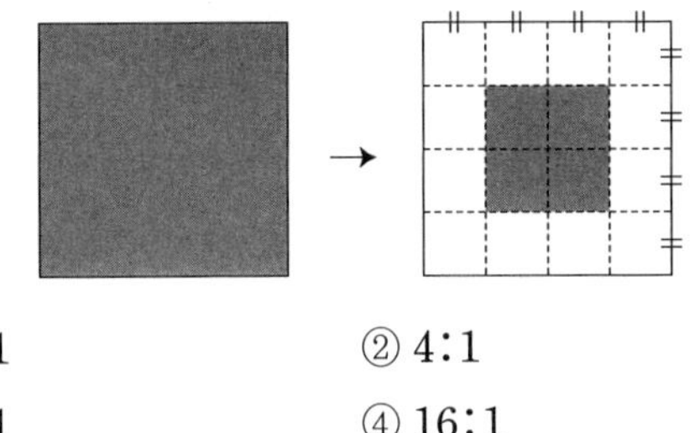

① 2:1 ② 4:1
③ 9:1 ④ 16:1

15. 그림과 같이 원의 두 현 $\mathbf{AB}$, $\mathbf{CD}$가 원 내부의 점 P에서 만날 때, 선분 $\mathbf{PC}$의 길이 x는? (단, $\overline{PC}=\overline{PD}$)

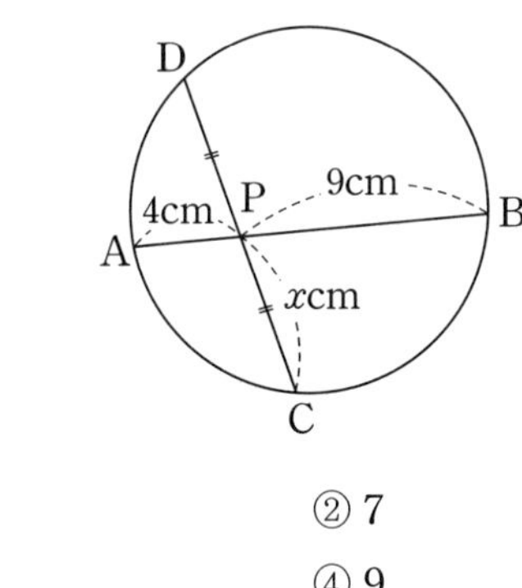

① 6 ② 7
③ 8 ④ 9

16. 6개의 변량 0, 2, a, 6, 8, 10의 평균이 7일 때, a의 값은?

① 16 ② 17
③ 18 ④ 19

17. 이차함수 $y=x^2-3$의 그래프에 대한 설명으로 옳은 것은?

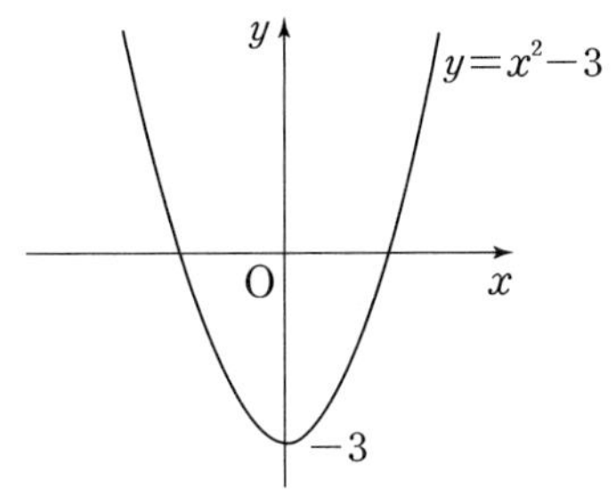

① 위로 볼록하다.
② 최댓값이 -3이다.
③ 점 (2, 1)을 지난다.
④ 꼭짓점의 좌표는 $(-3, 0)$이다.

18. 다음 표는 한국을 방문한 외국인 100명을 대상으로 선호하는 우리나라 음식을 조사하여 나타낸 것이다. 이 자료의 최빈값은?

음식	도수(명)
김치찌개	7
삼계탕	8
삼겹살	15
불고기	45
비빔밥	25
합계	100

① 김치찌개 ② 삼계탕
③ 불고기 ④ 비빔밥

중학교 졸업학력 검정고시 모의고사

19. 그림과 같은 $\angle C = 90°$인 직각삼각형 ABC에서 sinB의 값은?

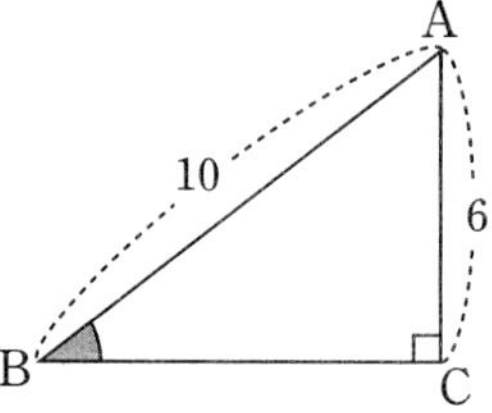

① $\dfrac{5}{3}$ ② $\dfrac{3}{5}$

③ $\dfrac{3}{4}$ ④ $\dfrac{4}{3}$

20. 그림과 같이 원 O에서 $\angle APB$는 호 AB에 대한 원주각이고, 선분 AB는 지름이다. $\angle x$의 크기는?

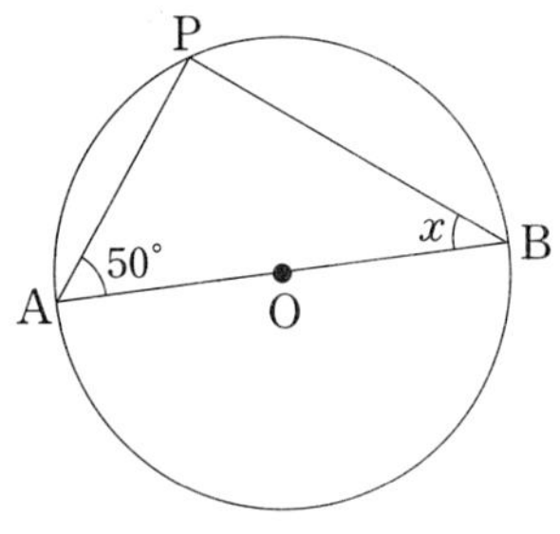

① $30°$ ② $35°$

③ $40°$ ④ $45°$

※ 확인사항
답을 OMR 카드의 해당란에 정확히 표기하였는가?

제 ③ 교시　　영　어

수험번호 (　　　　　　)　　성　명 (　　　　　　)

※ 다음 물음에 대한 가장 옳은 답을 하나만 골라, OMR 답안지에 정확히 표기하시오.

01. 다음 단어들을 모두 포함하는 것은?

> table, chair, sofa, bed

① weather　　　② company
③ furniture　　　④ animal

02. 두 단어의 의미 관계가 나머지 셋과 <u>다른</u> 것은?

① tell – speak　　　② loud – noisy
③ pull – push　　　④ avoid – escape

03. 다음 빈칸에 들어갈 말로 적절한 것은?

> My grandfather and I ________ on a picnic yesterday.

① will go　　　② goes
③ go　　　④ went

04. 다음 대화가 자연스럽지 <u>않은</u> 것은?

① A : Where is the post office?
　B : That's a good idea.
② A : What is your favorite food?
　B : I like Kimchi.
③ A : How do you go to school?
　B : I go to school on foot.
④ A : Will you join us?
　B : Of course.

05. 빈칸에 들어갈 말이 순서대로 바르게 짝지어진 것은?

> • A : What ____ you usually do after school?
>   B : I play soccer with my friends.
> • A : What are you ____ now?
>   B : I am listening to music.

① do – doing　　　② do – does
③ does – do　　　④ does – doing

중학교 졸업학력 검정고시 모의고사

[06~07] 다음 빈칸에 공통으로 들어갈 말로 가장 적절한 것을 고르시오.

06.

- We should ___________ the environment.
- I have to ___________ $500 to buy a new computer.

① make　　　　② give
③ take　　　　④ save

07.

- They all laughed ________ my joke.
- They arrived ________ the station.

① at　　　　② with
③ to　　　　④ on

08. 다음 빈칸에 들어갈 말로 적절한 것은?

she ________ a cake herself

① baking　　　　② bake
③ bakes　　　　④ have baked

09. 밑줄 친 말의 의도로 가장 적절한 것은?

A : I am so tired because I didn't sleep yesterday to study.
B : Why don't you take a break?
A : Sounds great.

① 권유하기　　　　② 거절하기
③ 초대하기　　　　④ 칭찬하기

10. 다음 대화에서 Mike가 축제에 가지 못하는 이유는?

Sam : Would you like to go to A festival in Seoul tomorrow with me?
Mike : Sorry I can't. I have a test tomorrow.
Sam : Too bad. Let's go together next time.

① 감기에 걸려서
② 가족약속이 있어서
③ 집에 손님이 와서
④ 내일 시험이 있어서

11. 다음 대화에서 B가 찾고 있는 가방은?

A : What are you looking for?
B : I'm looking for the bag with a bear on it.

①

②

③

④

12. 다음 중 글의 전체 흐름과 어울리지 않는 것은?

My favorite food is Pizza. ⓐ My mom makes it for me. ⓑ She likes sandwich. ⓒ I have it once or twice a week. ⓓ It's very delicious.

① ⓐ　　　　② ⓑ
③ ⓒ　　　　④ ⓓ

13. 다음 상황을 적절하게 표현한 것은?

① She is reading a book.
② She is playing football.
③ She is taking a shower.
④ She is painting a picture.

14. 다음 글의 주제로 알맞은 것은?

> Mr. Kim is my neighbor. He is a fireman. He drives a big fire engine.
>
> Mr. Han is a mailman. He brings us happy news.
>
> Mrs. Nam works in a flower shop. In spring, she sells many beautiful flowers.

① 이웃들의 성격
② 이웃들의 직업
③ 이웃들의 특기
④ 이웃들의 가족관계

15. 다음 일기 예보를 보고 빈칸에 들어갈 알맞은 말은?

Mon	Tue	Wed	Thur	Fri
13	14	15	16	17

> A : Today is Tuesday. It's raining.
>
> B : How about Friday?
>
> A : It will be ______________ .

① sunny
② rainy
③ snowy
④ cloudy

16. 밑줄 친 'It'이 가리키는 것으로 알맞은 것은?

> It is an Italian dish made of a flat round bread with cheese, tomatoes, vegetables, and meat on top.

① sandwich
② chicken
③ pasta
④ pizza

17. 다음에서 설명하는 것으로 알맞은 것은?

> It changes its color at times. During a clear day it is very blue, and on a rainy day it is gray. At night it seems almost black.

① 하늘
② 바람
③ 구름
④ 바다

18. 다음 대화가 이루어지는 장소로 알맞은 것은?

> A : Can I try this on?
>
> B : Sure. It'll look good on you.

① hotel
② bank
③ airport
④ store

중학교 졸업학력 검정고시 모의고사

19. 빈칸에 가장 알맞은 것은?

> I'll tell you the ＿＿＿ for this place. First, you must clean your room. Second, you must not eat food in the room. Are there any questions?

① rules
② trees
③ games
④ reasons

20. 다음 글의 빈칸에 들어갈 말로 적절한 것은?

> This is Albert Hubo. He looks ＿＿＿ a real person. He can walk and talk. also He can laugh and cry, too. Say 'hi' to him. He can shake hands with you.

① to
② with
③ like
④ for

21. 다음 메모를 읽고 알 수 <u>없는</u> 것은?

MEMO

- To : Alice
- From : David
- Date : April 10th
- Message :
  The exam is tomorrow.

① 보낸 사람
② 보낸 날짜
③ 시험 날짜
④ 시험 과목

22. 다음은 친구가 Mina에게 보낸 문자 메시지이다. 이 메시지를 보낸 이유는?

> Hi, Mina. Do you have any plans for this Sunday? I'm thinking about going to see a movie. Can you come with me?

① 책을 빌리기 위해서
② 숙제를 확인하기 위해서
③ 영화를 함께 보기 위해서
④ 점심을 함께 먹기 위해서

23. 다음 주어진 대화를 순서에 맞게 배열한 것은?

> (a) What is it?
> (b) My dog had a car accident.
> (c) Jane, I have some bad news.
> (d) Oh, really? I'm so sorry.

① (a) - (b) - (c) - (d)
② (b) - (d) - (a) - (c)
③ (c) - (a) - (b) - (d)
④ (d) - (a) - (b) - (c)

24. 다음 날씨와 지역이 <u>잘못</u> 짝지어진 것은?

> Good morning. It has been so warm. However, there will be some changes in weather today. Seoul is still going to be sunny and warm. Incheon will be the same. But in Busan and Gyeongju, it will be very cloudy. If you are in Daegu, you should have an umbrella.

① Seoul - sunny
② Incheon - warm
③ Daegu - rainy
④ Busan - warm

25. 다음 글의 내용과 일치하지 <u>않는</u> 것은?

> Soccer is my favorite sport. It is fun and exciting. I like running and kicking. I play on the Dragon team. My uncle coaches the team. We practice every Tuesday and Thursday. On Saturdays, we play games.

① 토요일에 게임을 한다.
② '나'의 삼촌이 Dragon 팀의 코치이다.
③ '나'의 가장 좋아하는 스포츠는 축구이다.
④ 매주 수요일과 목요일에 연습을 한다.

※ 확인사항
답을 OMR 카드의 해당란에 정확히 표기하였는가?

제 ④ 교시 사 회

수험번호 (   )   성   명 (   )

※ 다음 물음에 대한 가장 옳은 답을 하나만 골라, OMR 답안지에 정확히 표기하시오.

01. 열대 우림 지역의 생활 모습으로 가장 적절한 것은?

① 오아시스 농업과 지하수를 이용한 관개 농업을 이용한다.

② 추위에 대비하여 폐쇄적인 구조로 집을 짓는다.

③ 여름철 고온 다습한 기후를 이용한 벼농사가 발달하였다.

④ 두꺼운 벽과 작은 창문, 평평한 지붕이 특징인 주거지를 형성한다.

02. 다음 내용에 해당하는 것은?

- 세계 최대의 사막
- 아프리카 대륙의 1/3을 차지하는 지역

① 고비 사막　　　　② 사하라 사막

③ 칼라하리 사막　　④ 아타카마 사막

03. 다음에서 설명하는 기후로 적절한 것은?

- 넓은 초원을 형성하며 다양한 동물이 서식한다.
- 연중 고온이며 건기와 우기가 뚜렷하게 나타난다.
- 독특한 생태계와 야생 동물을 활용한 사파리 관광이 발달한다.

① 스텝 기후　　　　② 온대 지중해성 기후

③ 서안 해양성 기후　④ 열대 사바나 기후

04. 다음과 같은 특성이 나타나는 자연 재해는?

- 열대 지방의 따뜻한 바다 위의 공기가 데워져 발생한다.
- 풍수해 및 막대한 인명과 재산 피해가 발생한다.
- 강한 바람과 많은 비를 동반한다.

① 사막화　　　　　② 태풍

③ 지구 온난화　　　④ 가뭄

05. 다음 중 우리나라와 관계 없는 설명은?

① 아시아 대륙의 동쪽에 위치해 있다.

② 내륙국이어서 대륙 및 해양진출에 유리하다.

③ 우리나라 주변에는 일본, 중국, 러시아가 있다.

④ 남북으로 길어서 남북 간의 기온차이가 크다.

06. 다음 중 2차 산업에 해당하는 것은?

① 어부가 바다에서 고기를 잡는 활동

② 냉장고에 사용되는 각종 부품을 만드는 활동

③ 산지에서 나무와 부산물을 채취하는 활동

④ 휴대폰을 외국에 수출하여 판매하는 활동

07. 다음 사회적 지위 중 성격이 다른 하나는?

① 나의 직업은 <u>간호사</u>이다.
② 나는 ○○씨의 <u>남편</u>이다.
③ 나는 ○○중학교 <u>학생</u>이다.
④ 나는 <u>니그로</u> 인종에 속한 흑인이다.

08. (가)와 (나)에 해당하는 문화의 특성을 바르게 연결한 것은?

> (가) 어느 사회나 인간은 추위와 더위를 피하기 위해 집을 짓고 산다.
> (나) 집을 만드는 재료나 집의 구조, 종류 등은 지역의 환경과 상황에 따라 여러 가지 형태로 나타난다.

	(가)	(나)
①	보편성	상대성
②	특수성	공유성
③	보편성	다양성
④	특수성	전체성

09. (가), (나)에 해당하는 현대 사회의 변동 방향을 바르게 나열한 것은?

> (가) 시장에 직접 가지 않고도 쇼핑을 할 수 있고, 은행을 가지 않고도 입 · 출금을 할 수 있으며, 학교에 가지 않고도 수업을 받을 수 있다.
> (나) 지구상의 어떤 나라도 다른 나라로부터 완전하게 고립되어 존재할 수 없다. 자동차 산업의 경우, 서로 다른 나라에서 생산된 부품들을 조립하여 하나의 완성된 차를 만든다.

	(가)	(나)
①	정보화	세계화
②	정보화	산업화
③	세계화	정보화
④	세계화	산업화

10. 다음과 같은 국제적 이동을 보이는 자원으로 가장 알맞은 것은?

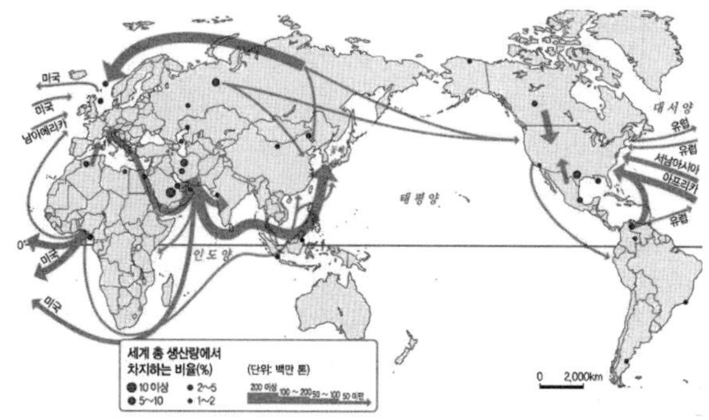

① 석탄
② 석유
③ 철광석
④ 구리

11. 다음에 제시된 것들의 특징으로 가장 적절한 것은?

> 석탄, 석유, 천연가스

① 기존의 에너지를 재활용하여 만들 수 있다.
② 자원의 매장량에 한계가 있다.
③ 화석 연료에 비해 지구상에 비교적 고르게 분포한다.
④ 개발 초기에 투자비용이 많이 들고, 경제성이 낮은 편이다.

12. 다음에서 설명하는 '국가기관'에 해당하는 것으로 적절한 것은?

> • 대통령이 국회의 동의를 얻어 임명하며, 대통령을 보좌한다.
> • 국무회의의 부의장을 맡아 행정각부를 총괄한다.

① 국회
② 헌법재판소
③ 대법원
④ 국무총리

13. 다음에서 밑줄 친 '이 단체'로 적절한 것은?

> 이 단체는 사회 정의와 공익의 실현이라는 공동체 이념을 위해 시민이 자발적으로 만든 단체이다.
> 주로 환경문제, 교육문제의 해결 혹은 경제 민주화 실천 등을 위해 활동하곤 한다.

① 시민단체 ② 이익집단
③ 정당 ④ 언론

14. 다음 글이 설명하는 것은?

> • 국민의 기본권 보장과 정치권력의 행사가 헌법에 의해 이루어져야 한다.
> • 국민의 자유와 권리를 제도적으로 보장한다.

① 입헌 주의 ② 권력 분립
③ 국민 자치 ④ 국민 주권

15. 다음 중 국내총생산(GDP) 측정에 포함되는 항목은?

① 마트에서 판매된 화장지
② 도박장에서 얻게 된 이익
③ 엄마의 전업주부로서의 가치
④ 판매용 김밥의 재료인 달걀의 가격

16. 다음은 시장에서 수요량과 공급량의 변동을 나타낸 것이다. 균형가격은 얼마인가?

수요량(개)	30	25	20	15	10
공급량(개)	5	10	20	35	50
가격(원)	100	200	300	400	500

① 100원 ② 200원
③ 300원 ④ 400원

17. 다음의 내용과 관련된 헌법상의 기본권은?

> • 국민이 침해된 기본권을 구제받기 위해 청원 할 수 있는 권리
> • 다른 기본권 보장을 위한 수단적 권리

① 청구권 ② 자유권
③ 참정권 ④ 사회권

18. 구석기인들의 생활모습으로 옳지 <u>않은</u> 것은?

① 뼈 도구와 뗀석기로 사냥을 하였다.
② 채집생활을 하였다.
③ 가족단위의 무리를 이루어 사냥감을 찾아 이동생활을 하였다.
④ 특정한 동물을 부족의 수호신으로 생각하여 숭배하였다.

19. 다음과 같은 풍습이 있었던 국가는 어디인가?

> • 여자가 10세가 되면 혼인을 약속한 뒤 남자 집에 보내졌다.
> • 사람이 죽으면 가매장하였다가 시체가 썩은 뒤 뼈만 추려 목곽에 넣었다.

① 동예 ② 삼한
③ 부여 ④ 옥저

20. 다음 설명과 같은 고려의 신분은?

> • 과거와 음서를 통하여 관직을 독점하였다.
> • 왕실과 혼인관계를 맺어 외척으로 성장하였다.

① 향리   ② 문벌귀족
③ 평민   ④ 노비

21. 다음에서 설명하는 것은?

> • 양인 1인당 군포 2필 징수로 농민에게 큰 부담
> • 영조 때 군포를 1필로 줄여줌으로써 농민 생활 향상

① 공납   ② 환곡
③ 균역법   ④ 영정법

22. 다음 중 조선 후기 광업, 수공업에 대한 설명으로 옳지 않은 것은?

① 광산 경영을 하는 덕대가 등장하였다.
② 정부가 광산을 독점하였다.
③ 민간 수공업자들이 대부분 공인이나 상인에게 주문과 함께 자금과 원료를 미리 받아서 제품을 생산하였다.
④ 독립 수공업자가 등장하였다.

23. 다음에서 설명하는 역사적 사건은?

> 을미사변 이후 일본군의 무자비한 공격에 신변의 위협을 느낀 고종과 왕세자가 1896년 2월 11일부터 약 1년간 조선의 왕궁을 떠나 러시아 공관에 옮겨 거처하였다.

① 임오군란   ② 아관파천
③ 갑신정변   ④ 갑오개혁

24. 다음에 해당하는 인물은?

> • 상하이 홍커우 공원에서 열린 행사에 폭탄을 던져 일본군을 응징함
> • 항일 독립 투쟁에 중국과 협력하는 계기가 됨

① 김익상   ② 김상옥
③ 윤봉길   ④ 나석주

25. 다음 중 6 · 25 전쟁에 대한 설명으로 옳지 않은 것은?

① 북한의 군사력 강화가 배경이 되었다.
② 서울이 함락되었다가 인천 상륙작전 이후 다시 탈환하였다.
③ 막대한 인적 · 물적 피해가 발생하였다.
④ 학생 · 시민을 중심으로 독재 정권을 무너뜨린 혁명이다.

> ※ 확인사항
> 답을 OMR 카드의 해당란에 정확히 표기하였는가?

제 ⑤ 교시 과 학

중졸

수험번호 (　　　　　　　)　　　성　명 (　　　　　　　　)

---

01. 다음 그래프는 운동하는 물체의 시간에 따른 이동거리를 나타낸 것이다. 이 물체가 0~5초 동안 이동한 거리는?

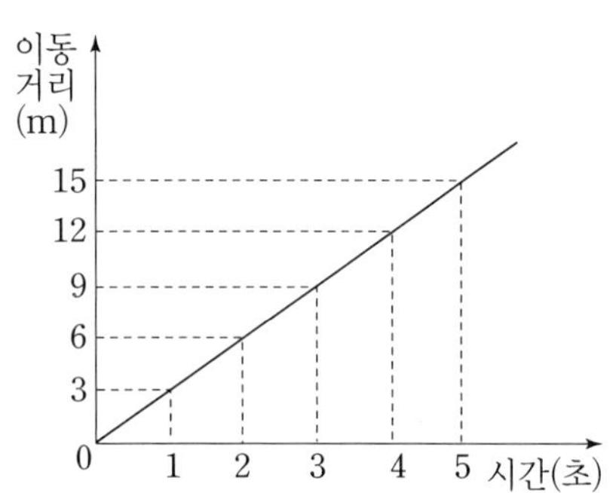

① 6m　　　　　② 8m
③ 11m　　　　④ 15m

02. 운동하는 두 물체가 있다. A가 B보다 질량이 2배, 속력이 2배 크다면, A의 운동 에너지는 B의 운동 에너지의 몇 배인가?

① 4배　　　　　② 8배
③ 12배　　　　④ 16배

03. 다음 설명에 해당하는 빛의 성질은?

> • 어떤 물체가 거울에 비쳐 좌우가 반대인 모양으로 보임
> • 강물의 수면 위에 산과 나무가 비쳐 보임

① 분산　　　　　② 합성
③ 반사　　　　　④ 굴절

04. 자동차가 500km의 거리를 5시간 동안 이동한 경우 평균 속력은?

① 40km/h　　　　② 60km/h
③ 80km/h　　　　④ 100km/h

05. 다음 중 중력에 대한 설명으로 옳지 <u>않은</u> 것은?

① 중력은 떨어져 있어도 작용한다.
② 중력의 크기는 장소에 따라 달라진다.
③ 지구의 중력은 위로 올라갈수록 커진다.
④ 중력은 지구 중심 방향을 향한다.

06. 그림의 전기 회로에서 스위치를 닫아 전구 (가)에 0.3A의 전류가 흐른다면, 전구 (나)에 흐르는 전류의 세기는? (단, 도선의 전기저항은 무시한다.)

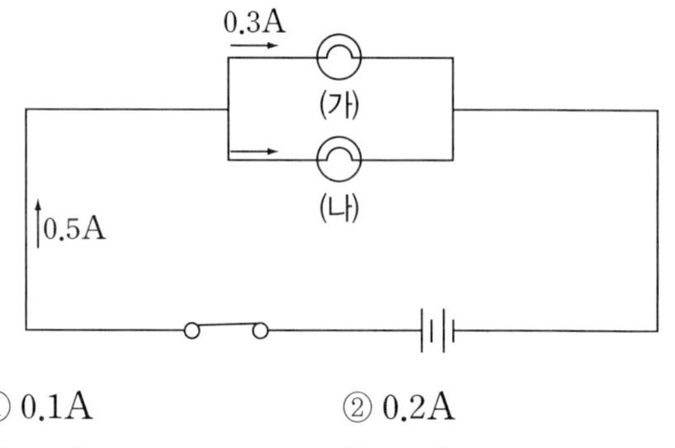

① 0.1A　　　　　② 0.2A
③ 0.3A　　　　　④ 0.4A

07. 다음 설명에 해당하는 것은?

> • 풀잎에 이슬이 맺혔다.
> • 얼음물에 있는 컵 표면에 물방울이 맺혔다.

① 액화　　　　　② 기화
③ 응고　　　　　④ 승화

08. 다음 그림은 액체의 가열 곡선을 나타낸 것이다. 이에 대한 설명으로 옳지 <u>않은</u> 것은?

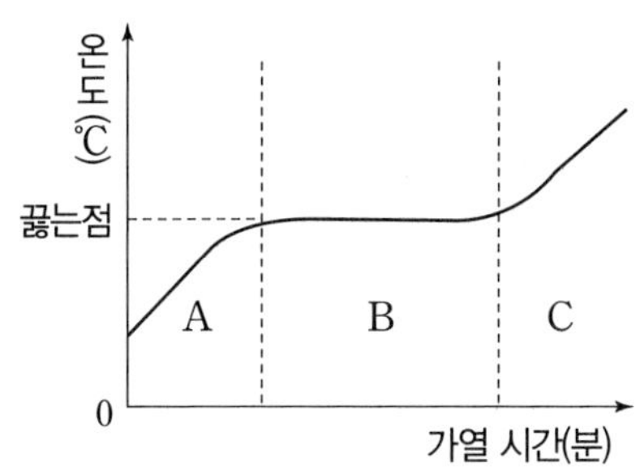

① B구간에서 액체가 기화된다.
② 액체의 양을 늘리면 끓는점이 높아진다.
③ C구간에서 물질 입자의 운동이 가장 활발하다.
④ 가열하는 불꽃의 세기가 셀수록 끓는점에 도달하는 시간이 짧아진다.

09. 이산화탄소를 나타내는 분자식은?

① H_2
② H_2O
③ CO_2
④ HCl

10. 다음 설명에 해당하는 '혼합물의 분리 방법'으로 알맞은 것은?

> 혼합물을 흡착성 물질에 스며들게 하여, 혼합물의 각 성분 물질이 용매에 따라 이동하는 속도 차이를 이용하여 분리하는 방법이다. 수성 사인펜의 잉크 색소 분리 및 식물의 엽록소 분리 등에 이용된다.

① 용해도 차를 이용한 분리
② 끓는점 차를 이용한 분리
③ 밀도 차를 이용한 분리
④ 크로마토그래피를 이용한 분리

11. 다음에서 설명하는 성질을 나타내는 이온은?

> • 신맛이 난다.
> • 푸른색 리트머스 종이를 붉게 변화시킨다.
> • 조개껍데기와 반응하면 이산화탄소 기체를 발생시킨다.

① 수소이온(H^+)
② 나트륨이온(Na^+)
③ 염화이온(Cl^-)
④ 수산화이온(OH^-)

12. 다음 중 산화·환원 반응에 해당하지 <u>않는</u> 것은?

① 식물의 잎에서 광합성이 일어난다.
② 신 김치에 달걀 껍데기를 넣는다.
③ 상처에 과산화수소수를 바르면 거품이 생긴다.
④ 사과를 깎아서 공기 중에 두면 갈색으로 변한다.

13. 다음은 식물의 구성 단계를 나타낸 것이다. ㄱ~ㄷ에 들어갈 단계를 바르게 짝지은 것은?

> 세포 → (ㄱ) → (ㄴ) → (ㄷ) → 개체

	ㄱ	ㄴ	ㄷ
①	조직	조직계	기관
②	조직	기관	조직계
③	조직계	기관	조직
④	조직계	조직	기관

14. 다음 설명에 해당하는 줄기의 구조는?

> • 관다발의 안쪽에 존재한다.
> • 뿌리에서 흡수한 물이 이동하는 통로이다.

① 체관
② 물관
③ 표피
④ 형성층

중학교 졸업학력 검정고시 모의고사

15. 다음 소화에 대한 설명으로 옳은 것은?

① 섭취한 음식물이 체내로 흡수될 수 있도록 작게 분해하는 과정이다.

② 소화를 담당하는 기관으로는 혈액, 심장, 혈관이 있다.

③ 신체가 산소를 흡수하고 이산화탄소를 내보내는 과정이다.

④ 세포 호흡의 결과 생성된 노폐물을 몸 밖으로 내보내는 과정이다.

16. 감수 분열이 중요한 이유는 무엇인가?

① 어버이의 유전 형질을 자손에게 그대로 물려준다.

② 세대가 거듭되어도 염색체 수를 일정하게 유지한다.

③ 세포의 수를 증가시켜 세포의 수명을 연장한다.

④ 다음 세대의 염색체 수가 반으로 줄어든다.

17. 그림은 사람의 중추 신경계 일부를 나타낸 것이다. **A~D** 중 근육 운동을 조절하며, 몸의 균형(평형)을 유지하는 기능을 하는 부분은?

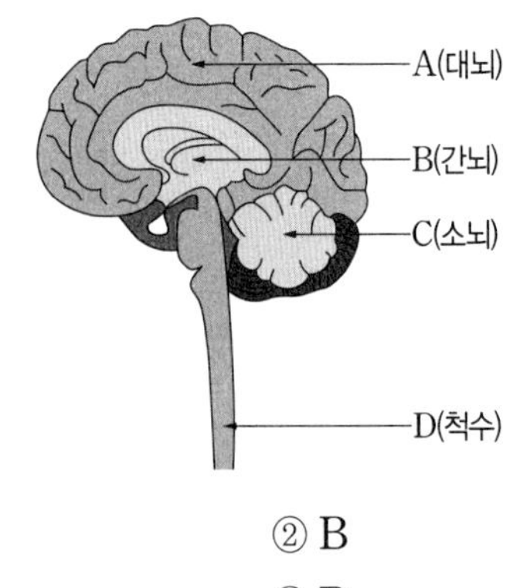

① A

② B

③ C

④ D

18. 부정소에서 요도까지 연결된 관으로, 정자가 이동하는 통로에 해당하는 기관은?

① 정소

② 수정관

③ 전립선

④ 요도

19. 다음 그림에서 산소를 운반하는 기능을 담당하는 것은?

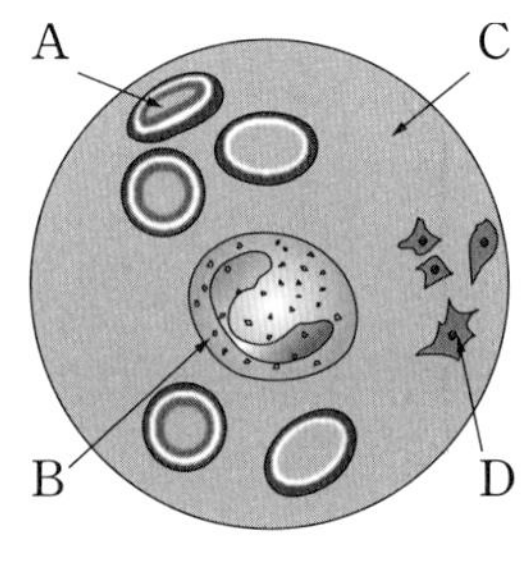

① A

② B

③ C

④ D

20. 그림의 바람 기호가 나타내는 풍향과 풍속은?

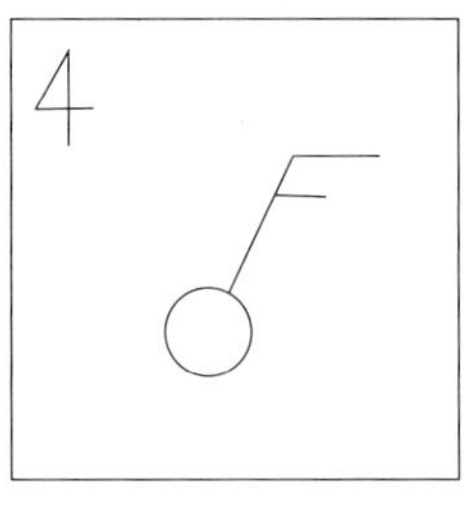

	풍향	풍속		풍향	풍속
①	북동	5m/s	②	북동	7m/s
③	북서	12m/s	④	북서	7m/s

21. 다음 중 난류의 특징이 <u>아닌</u> 것은?

① 저위도에서 고위도로 흐른다.
② 산소와 영양염류가 풍부하다.
③ 따뜻한 해류이다.
④ 오징어, 고등어, 갈치 등이 풍부하다.

22. 지구 대기권 중에서 다음 설명에 해당하는 구간은?

> • 위로 갈수록 기온이 높아진다.
> • 오존층이 있어 태양으로부터 오는 자외선을 흡수한다.
> • 기층이 안정되어 비행기 항로로 이용되고 있다.

① 대류권
② 성층권
③ 중간권
④ 열권

23. 다음에서 설명하는 암석은?

> • 마그마가 지표에서 굳어져 만들어진 암석이다.
> • 제주도에서 흔히 볼 수 있는 어두운 암석이다.

① 사암
② 역암
③ 석회암
④ 현무암

24. 다음 중 태양에 대한 설명으로 옳지 <u>않은</u> 것은?

① 자전한다.
② 표면 온도는 약 6000℃이다.
③ 표면이 암석으로 되어 있다.
④ 스스로 빛을 내는 천체이다.

25. 다음과 같은 특징을 가진 천체는?

> • 붉은 별들의 집단이다.
> • 구형으로 빽빽하게 모여 있다.
> • 나이가 많은 별들로 구성된다.

① 구상 성단
② 산개 성단
③ 나선 은하
④ 암흑 성운

> ※ 확인사항
> 답을 OMR 카드의 해당란에 정확히 표기하였는가?

제 ⑥ 교시　　도　덕

수험번호 (　　　　　　　　)　　성　명 (　　　　　　　　　　)

※ 다음 물음에 대한 가장 옳은 답을 하나만 골라, OMR 답안지에 정확히 표기하시오.

01. 다음 내용이 공통으로 의미하는 것은?

> • 도덕적인 사람이 될 수 있게 해 주는 것
> • 마음속에 있는 재판관이자 등대와 같은 것

① 본성　　　　　　② 본능
③ 도덕　　　　　　④ 양심

02. 다음 중 도덕적 성찰에 관한 설명으로 옳지 <u>않은</u> 것은?

① 자신의 삶을 돌이켜보아 도덕적 관점에서 반성하는 것이다.
② 문제의 원인을 내 안에서 찾으려는 자세에 해당한다.
③ 상상력을 개발하고 지식을 쌓기 위한 과정에 해당한다.
④ 도덕적 성찰은 잘못된 행동에 대한 개선까지 포함한다.

03. 다음에서 설명하는 사이버 공간의 특성은?

> 일정한 자격과 권한이 있는 사람은 누구든지 원하는 정보를 검색할 수 있다.

① 익명성　　　　　② 개방성
③ 다양성　　　　　④ 효율성

04. 다음의 내용에서 A에게 가장 필요한 자세로 알맞은 것은?

> A는 만날 때 마다 B에게 뚱뚱하다고 놀린다. B는 뚱뚱한 것도 속상한데 그런 말을 하는 A가 밉다.

① 적대와 무관심　　② 편견과 선입견
③ 양보와 타협　　　④ 대화와 반성

05. 다음 내용에 해당되는 가정의 역할로 알맞은 것은?

> • 학교생활에서 발생하는 친구 간의 사소한 갈등으로 마음이 상했을 때, 우리를 위로해 준다.
> • 가정에서 충분한 사랑을 받고 자란 사람은 다른 사람에게 사랑을 베풀 수 있게 된다.

① 위험으로부터 보호하는 울타리 역할
② 도덕성의 함양
③ 학습과 성장에 도움
④ 정서적인 안정감 제공

06. 다음의 내용과 관계 깊은 상부상조의 전통에 해당하는 것은?

> 유교적인 예속을 보급하고, 농민들의 공동체적 결속을 목적으로 한 양반들이 만든 조선시대 향촌사회의 자치 규약.

① 향약　　　　　　② 계
③ 두레　　　　　　④ 품앗이

07. 다음에 나타난 현대 사회의 문제점은?

> - 타인의 개인 정보를 허락 없이 공개하는 행위
> - 타인의 일상을 몰래 촬영하여 인터넷에 유포하는 행위

① 약물 중독 　　　　② 역사 왜곡
③ 자원 고갈 　　　　④ 사생활 침해

08. 남한과 북한이 상생을 이루기 위한 바람직한 노력의 자세를 모두 고르면?

> ㄱ. 남북 경제 협력 　　ㄴ. 남북의 군비 증강
> ㄷ. 지속적인 남북 대화 　　ㄹ. 남북 상호 간의 비난

① ㄱ, ㄴ 　　　　② ㄱ, ㄷ
③ ㄴ, ㄷ 　　　　④ ㄷ, ㄹ

09. 다음에서 설명하는 '이것'으로 알맞은 것은?

> - '이것'은 목표나 이해관계의 차이로 서로 충돌하거나 적대시하는 상태임
> - 외부와의 '이것'은 내부 단결 · 화합을 촉진하며, 문제 해결을 실현하면 통합이 달성되어 보다 건강한 사회가 될 수 있음

① 갈등 　　　　② 검소
③ 관용 　　　　④ 인내

10. 개성에 대한 설명으로 옳지 <u>않은</u> 것은?

① 일시적으로 좋아하는 것이다.
② 쉽게 바뀌는 유행과는 다른 것이다.
③ 타인과 구별되는 자기만의 고유한 것이다.
④ 새롭게 창조하고 발전시킬 수 있는 것이다.

11. 과학 기술이 나아가야 할 방향으로 옳지 <u>않은</u> 것은?

① 미래 세대의 권리와 자연에 대한 책임을 고려하는 방향이어야 한다.
② 과학 기술의 혜택은 특정 인류만 누릴 수 있게 해야 한다.
③ 과학기술의 발달이 인간의 존엄성을 해치지 않아야 한다.
④ 민주주의 실현에 도움이 되는 방향이어야 한다.

12. 다음 중 봉사 활동의 특성으로 옳은 것만을 〈보기〉에서 모두 고른 것은?

> 〈보기〉
> ㄱ. 마음속으로 대가를 바라면서 봉사활동을 해야 한다.
> ㄴ. 한결같은 마음으로 지속적으로 실천하는 것이 중요하다.
> ㄷ. 스스로 다른 사람을 돕고자 하는 마음에서 나오는 행위이다.

① ㄱ, ㄴ 　　　　② ㄴ, ㄷ
③ ㄱ, ㄷ 　　　　④ ㄱ, ㄴ, ㄷ

13. 인간 존중을 실천할 수 있는 사고방식으로 옳지 <u>않은</u> 것은?

① 모든 사람은 평등하다.
② 사람은 인종, 언어 등의 조건으로 차별을 받아서는 안 된다.
③ 나의 권리만큼 다른 사람의 권리도 소중하다.
④ 우리 민족이 가지고 있는 권리가 가장 중요하다.

중학교 졸업학력 검정고시 모의고사

14. ㉠에 들어갈 말로 가장 적절한 것은?

① 나의 좁은 시야에서 벗어나야 하기 때문이야.

② 당위를 알고 따를 수 있는 존재이기 때문이야.

③ 인간은 생존에 필요한 욕구를 지녔기 때문이야.

④ 모두를 행복하게 하는 삶을 살아야 하기 때문이야.

15. 다음에서 설명하는 것은?

> • 성품과 행실이 맑으며 지나친 욕심이 없는 것을 뜻함.
> • 부정부패를 멀리 해야 하는 공직자에게 강조되는 덕목임.

① 관용　　　　　② 이성

③ 친절　　　　　④ 청렴

16. 다음 중 성차별 사례로 볼 수 <u>없는</u> 것은?

① 남자는 간호사나 유치원 선생님을 지원하는 데 한계가 있다.

② 여자들에게 남자 화장실 사용을 제한한다.

③ 여자는 사관학교에 갈 수 없다.

④ 학급 임원에서 회장은 남학생을 부회장은 여학생을 선출한다.

17. 다음과 같은 생각을 가진 사람에게 필요한 것은?

> 며칠 전 인도 사람과 같이 식사를 하였습니다. 인도 사람이 손으로 식사를 한다는 것을 알고 있었지만, 막상 식사를 해보니 매우 비위생적으로 느껴졌습니다.

① 문화 절대주의　　　② 문화 사대주의

③ 문화 상대주의　　　④ 자문화 중심주의

18. 다음 중 타인 존중을 실천한 자세로 가장 적절한 것은?

① 상대방이 나와 가치관이 다르다면 배척하는 태도를 취한다.

② 내 의견은 항상 올바르다고 생각하고 타인의 의견은 무시한다.

③ 상대방에 대한 존중 없이도 자신은 존중받을 수 있다는 자세가 필요하다.

④ 다른 사람의 어려움을 외면하지 않고 공감하고 이해해준다.

19. 다음에서 세계평화를 위협하는 원인으로 볼 수 있는 것은?

> ㄱ. 종교적 박해　　　ㄴ. 민주화
> ㄷ. 빈곤　　　　　　ㄹ. 부정부패

① ㄴ, ㄷ　　　　　② ㄱ, ㄹ

③ ㄱ, ㄴ, ㄹ　　　④ ㄱ, ㄷ, ㄹ

20. 종교의 가치에 대한 설명으로 가장 거리가 <u>먼</u> 것은?

① 인간의 삶을 성찰하게 한다.
② 죽음에 대한 두려움을 극복할 수 있다.
③ 현실의 삶에서 중요하게 여기는 부, 권력, 명예 등을 이루기 위한 답을 제시한다.
④ 자신뿐만 아니라 이웃의 삶을 돌봐야 한다는 가르침을 준다.

21. 재난에 대한 설명으로 옳은 것은?

① 어느 한 나라의 재난은 다른 나라에 많은 영향을 준다.
② 재난은 후진국에서만 일어난다.
③ 과학 기술의 발달로 모든 재난을 예측할 수 있다.
④ 각 나라의 재난은 각자의 힘으로 해결해야 한다.

22. 다음 글에서 알 수 있는 인간의 특성은?

> 어느 인디언 부족 아이가 있었다. 어느 날 이 아이는 '지금 짜고 있는 양탄자가 완성될 즈음이면 땅의 어머니에게로 돌아가게 될 것'이라는 할머니의 말을 듣고, 아이는 할머니의 죽음을 막기 위해 양탄자를 짜지 못하게 풀었다. 아이를 안타깝게 여긴 할머니는 아이에게 "해는 뜨고 진다. 선인장은 영원히 활짝 필 수 없다."라고 말씀하셨다.

① 인간은 무한한 능력을 가진 존재이다.
② 인간은 한계를 극복해 나가는 존재이다.
③ 인간은 시간적 제약을 받는 존재이다.
④ 인간은 할 수 있는 것이 아무 것도 없다.

23. 죽음을 맞이하는 태도로 옳지 <u>않은</u> 것은?

① 자신의 삶을 돌아보고 정리한다.
② 죽음을 원망하며 비관한다.
③ 주위의 사람들에게 감사의 말을 전한다.
④ 자신의 죽음 뒤에 남을 가족들에게 축복을 보낸다.

24. 마음을 다스리는 방법으로 바르지 <u>않은</u> 것은?

① 다른 사람을 존중하고 배려하며 살아야 한다.
② 자신의 욕망을 절제하고 인격을 수양해야 한다.
③ 자연과 조화를 이루며 순리에 따르는 삶을 살아야 한다.
④ 평소 평상심을 유지하기보다는 감정적으로 행동하여야 한다.

25. 다음에서 설명하는 현상은?

> 경제적, 물질적 가치만을 중시하여 인간이 가져야 할 본연의 가치를 상실하고, 물질적 요소로만 인간을 판단하는 풍조를 일컫는 말.

① 물질만능주의　　　　② 외모지상주의
③ 학벌중심주의　　　　④ 생명경시풍조

※ 확인사항
답을 OMR 카드의 해당란에 정확히 표기하였는가?

Only those who will risk going too far
can possibly find out how far one can go.
멀리 갈 위험을 감수하는 자만이
얼마나 멀리 갈 수 있는 지 알 수 있다.

– T. S. 엘리엇(T. S. Eliot)

좋은 결과 있길 SISCOM이 응원합니다.

검정고시 모의고사

제3회

성명 ___________   수험번호 □□□□□□

- 답안지의 해당란에 성명과 과목명, 수험번호를 정확히 기재하세요.
- 이 시험지는 1교시 국어 / 2교시 수학 / 3교시 영어 / 4교시 사회 / 5교시 과학 / 6교시 도덕 (선택1)으로 구성되어 있습니다.

구분	과목	시험시간
1교시	국어	09:00~09:40(40분)
2교시	수학	10:00~10:40(40분)
3교시	영어	11:00~11:40(40분)
4교시	사회	12:00~12:30(30분)
중식(12:30~13:30)		
5교시	과학	13:40~14:10(30분)
6교시	도덕(선택1)	14:30~15:00(30분)

※ 이 시험지는 중학교 졸업학력 검정고시를 대비하기 위한 실전용 모의고사입니다. 실제 시험 방식과는 다소 차이가 있을 수 있습니다.

제 ① 교시　　국　　어

수험번호 (　　　　　　　　)　　성　명 (　　　　　　　　　)

※ 다음 물음에 대한 가장 옳은 답을 하나만 골라, OMR 답안지에 정확히 표기하시오.

01. ㉠에 들어갈 '공감하며 말하기'로 가장 적절한 것은?

> 태호 : 이번에 친 기말고사 국어점수가 저번 중간고
> 　　　사 시험보다 더 떨어졌어, 정말 열심히 공부
> 　　　했는데.
> 민재 : ________㉠________

① 나는 점수가 올랐는데.
② 넌 정말 머리가 나쁘구나.
③ 괜찮아, 다음에는 잘할 수 있을 거야.
④ 평소에 공부하지 않다가 요행만 바라는 것 아니야?

02. ㉠에 해당하는 상호작용의 예가 <u>아닌</u> 것은?

> 　화법과 작문은 기본적으로 발신자와 수신자 사이
> 의 상호 작용이다. 손뼉도 마주쳐야 소리가 나듯이
> 발신자와 수신자 사이에 상호 작용이 일어나지 않으
> 면 화법과 작문은 성립되지 않는다. 이때의 상호 작
> 용은 개인과 개인뿐 아니라 ㉠ 개인과 집단 혹은 집
> 단과 집단 사이에 이루어지는 상호 작용까지 포함
> 한다.

① 토론　　　　　　② 연설
③ 발표　　　　　　④ 강연

03. 다음 중 음운에 대한 설명이 바르지 <u>않은</u> 것은?

① 말의 뜻을 가진 가장 작은 단위이다.
② 자음 19개, 모음 21개로 나뉜다.
③ '약관'은 6개의 음운으로 구성되어 있다.
④ 'ㅑ, ㅐ, ㅞ, ㅢ'는 소리 낼 때 입술모양이나 혀의 위
　 치가 변한다.

04. 다음의 문장에 사용된 음운 변동 현상과 같은 현상이
일어난 단어는?

> "철수야, 생일 추카해."

① 국물　　　　　　② 낙하
③ 해돋이　　　　　④ 소나무

05. 다음 중 한 개의 형태소로만 이루어진 단어를 모두
고르면?

> ㄱ. 나무　　　ㄴ. 돌다리　　　ㄷ. 검붉다
> ㄹ. 산토끼　　ㅁ. 스스로　　　ㅂ. 시나브로

① ㄴ, ㅁ　　　　　② ㄱ, ㅁ, ㅂ
③ ㄴ, ㄹ, ㅂ　　　④ ㄱ, ㄷ, ㄹ

06. 다음 중 홑문장이 <u>아닌</u> 것은?

① 비가 왔다.
② 나는 도서관에 갔다.
③ 동생은 감기에 걸렸다.
④ 그는 밥을 먹고 학교에 갔다.

07. 다음 밑줄 친 단어의 공통적인 품사로 알맞은 것은?

> 학교에서 돌아오는 때는 발걸음이 매우 즐거운 시간이다.

① 명사 ② 수사
③ 조사 ④ 형용사

08. 〈보기〉는 한국인의 생활모습을 보여주는 예들이다. 이를 개선하기 위한 캠페인 문구로 적절한 것은?

〈 보기 〉

ㄱ. 한국 사람들은 식당에서 주문한 음식을 재촉한다.
ㄴ. 운전자의 대부분은 신호가 바뀌자마자 출발한다.
ㄷ. 에스컬레이터에서도 뛰어 올라가는 사람이 많다.
ㄹ. 승강기의 '닫힘' 단추는 '열림' 단추보다 손때가 많이 묻어 있다.

① 목표를 향해 끊임없이 전진합시다.
② 승리는 노력하는 자만의 것입니다.
③ 인생의 패배자는 할 말이 없습니다.
④ 잠깐의 여유가 때로는 경쟁력이 됩니다.

09. 쓰기의 과정 중 고쳐쓰기 단계에서 고려할 사항으로 적절하지 않은 것은?

① 예상독자를 누구로 할 것인가?
② 글의 목적에 맞게 썼는가?
③ 주제에 어긋나는 내용이나 문장은 없는가?
④ 문장과 문장의 연결이 자연스러운가?

10. 다음 중 글의 통일성을 깨뜨리는 문장을 찾으면?

> ㉠ 텔레비전은 인간 생활에 유용한 매체이다. ㉡ 텔레비전은 대화 상대가 필요한 현대인에게 좋은 친구가 될 수 있으며, 그리고 복잡한 일상 속에서 지친 현대인이 휴식을 취할 수 있도록 도와주는 오락 수단이 되기도 한다. ㉢ 텔레비전은 세상을 살아가는 데 필요한 정보를 얻는 창구이기도 하다. ㉣ 이처럼 텔레비전에 중독되면 실제와 가상현실을 식별하는 능력을 잃을 수도 있다.

① ㉠ ② ㉡
③ ㉢ ④ ㉣

[11~13] 다음 글을 읽고 물음에 답하시오.

> (가) ㉠ 봄은 / 남해에서도 북녘에서도
> 　　오지 않는다.
>
> 　　너그럽고 / 빛나는
> 　　봄의 그 눈짓은,
> 　　제주에서 두만까지
> 　　우리가 디딘
> 　　㉡ 아름다운 논밭에서 움튼다.
>
> 　　겨울은, / 바다와 대륙 밖에서
> 　　그 매서운 눈보라 몰고 왔지만
> 　　이제 올 / 너그러운 봄은, 삼천리 마을마다
> 　　우리들 가슴 속에서 / 움트리라.
>
> 　　움터서, / 강산을 덮은 그 미움의 쇠붙이들
> 　　눈 녹이듯 흐물흐물 / 녹여 버리겠지.
> 　　　　　　　　　　　　　　　– 신동엽, 「봄은」 –
>
> (나) 꽃가루와 같이 부드러운 고양이의 털에
> 　　㉢ 고운 봄의 향기가 어리우도다

금방울과 같이 호동그란 고양이의 눈에
미친 봄의 불길이 흐르도다.

　　　　　　　　　　－ 이장희, 「봄은 고양이로다」 －

11. ㉠과 ㉡이 각각 상징하는 것이 바르게 짝지어진 것은?

① 우리나라 – 남한
② 통일 – 조국
③ 분단 후 조국 – 분단 전 조국
④ 남한 – 곧 다가올 통일

12. ㉢에 나타나는 심상은?

① 시각　　　　　　　② 후각
③ 청각　　　　　　　④ 공감각

13. (가)에 대한 설명으로 알맞지 않은 것은?

① 통일이 이루어지는 시대를 '봄'으로 표현하고 있다.
② '미움의 쇠붙이'는 군사적 대립을 의미한다.
③ 자주적 통일을 염원하고 있다.
④ 남녘과 북녘은 모두 분단의 고통을 의미한다.

[14~15] 다음 글을 읽고 물음에 답하시오.

(가) 세계에서 가장 오래된 목판 인쇄물 "무구정광대다라니경" 두루마리. 석가탑 사리함 안 비단보에 싸여 있던 그 두루마리는 한지로 만들어졌다.

(나) '한지(韓紙)'는 한국 고유의 종이를 이르는 말이다. 조히(종이), 조선종이, 창호지, 문종이, 참종이, 닥종이 등으로 불렸던 우리 종이가 한지로 불리기 시작한 것

은 20세기 초.중반 서양 종이인 '양지(洋紙)'가 들어와 널리 알려지기 시작하면서부터였다.

(다) 한지를 창호지로 쓰면 문을 닫아도 바람이 잘 통하고 습기를 잘 흡수해서 습도 조절의 역할까지 한다. 흔히 한지를 '살아 있는 종이'라고 하는 이유도 여기에 있다. 반면 양지는 바람이 잘 통하지 않고 습기에 대한 친화력도 한지에 비해 약하다. 한지가 살아 숨 쉬는 종이라면, 양지는 뻣뻣하게 굳어 있는 종이라고 할 것이다.

(라) 한지의 질을 향상시킨 조상들의 비법은 여기에 그치지 않는다. 한지 제조의 마무리 작업인 '도침(搗砧)'이 바로 그것이다. 도침이란 종이 표면을 매끄럽게 하기 위해 풀칠한 종이를 여러 장씩 겹쳐 놓고 방아로 골고루 내리치는 과정을 말한다.

14. 윗글의 내용 전개 방식으로 가장 적절한 것은?

① 한지의 시대별 변천 과정을 제시하고 있다.
② 한지의 문제점을 사례 제시를 통해 부각하고 있다.
③ 한지를 세계에 알리기 위한 국가적 노력을 언급하고 있다.
④ 한지의 장점을 양지와의 비교를 통해 제시하고 있다.

15. 윗글의 내용과 일치하는 것은?

① '양지'는 우리나라 고유의 종이를 이르는 말이다.
② 한지의 질을 향상시킨 조상들의 비법으로 '도침'이 있다.
③ "무구정광대다라니경" 두루마리는 비단으로 만들어졌다.
④ 우리 종이가 '한지'로 불리기 시작한 것은 고려 시대부터이다.

중학교 졸업학력 검정고시 모의고사

16. (가)~(라) 중, 다음 같은 설명 방법이 쓰인 것은?

> 음성은 소리이기 때문에 청각에 의존한다. 또한, 소리이기 때문에 말하고 듣는 그 순간 그 장소에만 존재하고 곧바로 사라진다. 반면에 문자는 기록이기 때문에 시각(視覺)에 의존하고, 오랜 기간 동안 보존이 가능(可能)하며, 그 기록을 가지고 다른 곳으로 이동할 수도 있다.

① (가) ② (나)
③ (다) ④ (라)

[17~19] 다음 글을 읽고 물음에 답하시오.

(가) 양반이란, 선비를 높여서 부르는 말이다. 강원도 정선군에 ⊙ 한 양반이 살고 있었다. 이 양반은 어질고 글 읽기를 좋아하여, 군수가 새로 부임할 때마다 몸소 그 집을 찾아가서 인사를 드렸다. 그런데 이 양반은 가난하여 해마다 관청의 환곡(還穀)을 꾸어다 먹었다. 그 빚을 갚지 못하고 해매다 쌓여서 천 섬에 이르렀다.

(나) 양반은 빚을 갚을 길이 없어서 밤낮으로 울기만 하였다. ⓒ 그의 아내가 양반을 몰아붙였다. "당신은 평소에 글 읽기만 좋아하더니, 환곡을 갚는 데는 전혀 도움이 안 되는구려. 쯧쯧, 양반이라니……, 한 푼어치도 안 되는 그놈의 양반!"

(다) 그 때 마을에 사는 ⓒ 부자가 그 양반의 소문을 듣고 가족과 의논하였다.

"양반은 아무리 가난해도 늘 귀한 대접을 받고, 우리는 아무리 잘살아도 항상 천한 대접을 받는다. 양반이 아니므로 말이 있어도 말을 타지 못한다. 또한 양반만 보면 굽실거리며 제대로 숨소리도 내지 못하고, 뜰아래 엎드려 절해야 하고, 코를 땅에 박고 무릎으로 기어가야 한다. 우리 신세가 가엾지 않으냐? 지금 저 양반이 환곡을 갚지 못해서 아주 난처하다고 한다. 그 형편으로는 도저히 양반의 신분을 지키지 못

할 것이다. 그러니 우리가 그의 양반을 사서 양반 신분으로 살아보자."

부자는 곧 양반을 찾아가 환곡을 대신 갚아주겠다고 청하였다. 양반은 크게 기뻐하며 승낙하였다.

(라) ⓔ 군수는 감탄해서 말하였다.

군자로구나. 부자여! 양반이로구나, 부자여! 부자이면서도 재물을 아끼지 않으니 의로운 일이요, 남의 어려움을 도와주니 어진 일이요, 천한 것을 싫어하고 귀한 것을 바라니 지혜로운 일이다. 이야말로 진짜 양반이로구나! 그러나 양반을 사고팔면서 증서를 작성하지 않으니, 소송(訴訟)의 꼬투리가 될 수 있다. 그러니 고을 사람들을 불러 모아 증인으로 세우고, 증서를 만들어 양반을 사고판 일을 모두에게 알리도록 하자. 나도 당연히 증서에 서명을 하겠다."

– 박지원, 「양반전」 –

17. 윗글에 대한 설명으로 적절한 것은?

① 인물 간의 갈등이 첨예하게 나타난다.
② 인물의 심리를 섬세하게 묘사하고 있다.
③ 대상을 풍자하여 주제 의식을 드러내고 있다.
④ 초월적 공간을 배경으로 사건이 전개되고 있다.

18. 윗글의 시점으로 알맞은 것은?

① 1인칭 주인공 시점 ② 1인칭 관찰자 시점
③ 3인칭 관찰자 시점 ④ 3인칭 전지적 작가 시점

19. 밑줄 친 ⊙~ⓔ에 대한 설명으로 적절하지 <u>않은</u> 것은?

① ⊙ : 어질지만 경제적으로 무능한 사람이다.
② ⓒ : ⊙의 가난을 부도덕한 세상의 탓으로 보고 이를 안타깝게 여긴다.
③ ⓒ : ⊙의 어려운 처지를 이용하여 신분 상승을 이루고자 한다.
④ ⓔ : ⊙과 ⓒ이 양반을 사고판 일에 관한 증서를 만들어 주고자 한다.

[20~22] 다음 글을 읽고 물음에 답하시오.

> ㉠ 그런데 이게 웬일입니까? 벌써 두 사람이나 살기가 싫어서 스스로 목숨을 끊었습니다. 얼마나 사는 게 행복하지 않으면 목숨을 끊고 싶어지나 궁전 아파트 사람들은 상상도 할 수 없습니다. 궁전 아파트 사람들이 생각할 수 있는 건 앞으로 이런 일이 다시는 일어나선 안 된다는 겁니다. 이런 일이 자꾸 일어나 소문이 퍼져 보십시오. 사람들은 궁전 아파트 사람들의 행복이 가짜일 거라고 의심할지도 모릅니다. 그렇게 되면 큰일입니다. 그런 생각만으로도 궁전 아파트 사람들은 금방 불행해지고 맙니다. 궁전 아파트 사람들이 여태껏 행복했던 것은 다른 사람들이 그렇게 알아주었기 때문이니까요.
>
> (중략)
>
> 봄에 엄마 아빠와 함께 야외로 소풍가서 본 ㉡ 민들레꽃이었습니다. 나는 하도 이상해서 톱니 같은 이파리를 들치고 밑동을 살펴보았습니다. 옥상의 시멘트 바닥이 조금 파인 곳에 한 숟갈도 안 되게 흙이 조금 모여 있었습니다. 그건 어쩌면 흙이 아니라 먼지일지도 모릅니다. 하늘을 날던 먼지가 축축한 날, 몸이 무거워 옥상에 내려앉았다가 비를 맞고 떠내려가면서 그 곳이 움푹하여 모이게 된 것입니다. 그 먼지 중에 민들레 씨앗이 있었나 봅니다. 싹이 나고 잎이 돋고 꽃이 피게 하기에는 너무 적은 흙이어서 잎은 시들시들하고 꽃은 작은 단추만 했습니다. 그러나 흙을 찾아 공중을 날던 수많은 민들레 씨앗 중에서 그래도 뿌리내릴 수 있는 한 줌의 흙을 만난 게 고맙다는 듯이 꽃은 샛노랗게 피어서 달빛 속에서 곱게 웃고 있었습니다.
>
> — 박완서, 「옥상의 민들레꽃」 —

20. 밑줄 친 ㉠과 가장 관련 있는 속담은?

① 소 잃고 외양간 고친다.

② 아닌 밤중에 홍두깨

③ 가까운 남이 먼 친척보다 낫다.

④ 하나를 보면 열을 안다.

21. 서술자를 어린아이로 한 이유로 적절한 것은?

① 순수한 눈으로 어른들의 세계 부각

② 독자가 대부분 어린아이이기 때문

③ 객관적 사실을 강조하기 위해

④ 시간의 흐름을 확실히 보여주기 위해

22. 밑줄 친 ㉡이 의미하지 <u>않는</u> 것은?

① 삶의 희망　　　　② 끈질긴 생명력

③ 생명의 소중함　　④ 자기희생

[23~25] 다음 글을 읽고 물음에 답하시오.

> (가) 한복은 한국인들이 널리 입어 온 고유의 옷을 통틀어 이르는 말이다. 한복의 모양은 시대에 따라 조금씩 변하여 왔다. 현재는 '한복'이라고 하면 일반적으로 조선 시대에 입었던 옷을 가리키며, 그 모양도 대체로 조선 시대의 것을 따르고 있다.
>
> (나) 한편, 여자는 평상시에 저고리와 긴 치마를 입었다. 여자의 저고리는 기본 모양이 남자의 저고리와 같은데, 조금 더 몸에 붙는 형태이며 길이가 더 짧다. 그러나 고름은 남자 저고리의 고름보다 더 길다. 치마는 가슴 위에서부터 입어 발목 아래에까지 이르는데, 치마폭이 넓어서 풍성하다는 느낌을 준다. 여자 옷은 저고리가 짧고 몸에 붙는 데 비해 치마는 길고 넉넉하여 전체적인 옷차림이 단아해 보인다. 이처럼 여자의 평상복은 단정한 직선과 부드러운 곡선이 조화를 이루고 있어서 아름다운 윤곽선을 만들어 내는 한복의 특성을 잘 보여 준다.
>
> (다) 한복을 입을 때에는 속옷을 잘 갖추어 입은 후 저고리와 바지 또는 치마를 입는데, 여자의 경우는 특히 여러 겹의 속옷을 입어 건강도 지키고 모양도 예쁘게 하였다. 남녀 모두 추위를 막기 위해서 저고리 위에 조끼를 덧입었다. 특히, 남자는 마고자라고 하는

방한복을 저고리 위에 덧입기도 하였다. 마고자는 저고리와 비슷하게 생겼으나 따로 앞을 여미지 않으며, 단추를 달아 입는 옷이다. 이 밖에도 아름다움을 더하기 위해 노리개를 달기도 하였으며, 남녀 모두 외출할 때나 예의를 갖추어야 할 때에는 긴 덧옷인 두루마기를 입었다. 또 발에는 버선을 신었다.

-「우리 옷, 한복」-

23. 윗글의 목적으로 알맞은 것은?

① 정보 전달을 위해

② 독자들을 설득하기 위해

③ 교훈을 주기 위해

④ 어떤 주장을 반론하기 위해

24. (나) 단락의 앞에 올 내용으로 알맞은 것은?

① 한복의 정의와 기준

② 한복을 발전시켜야 하는 이유

③ 남자 한복의 특징

④ 여자 평상복의 특징

25. 글의 내용과 일치하지 <u>않는</u> 것은?

① 현재의 한복은 조선 시대의 것을 기준으로 한다.

② 한복을 입을 때 속옷 대신 바지 또는 치마를 입었다.

③ 남자 저고리의 고름은 여자 저고리의 고름보다 짧다.

④ 여자 저고리는 남자 저고리보다 품이 좁다.

※ 확인사항

답을 OMR 카드의 해당란에 정확히 표기하였는가?

제 ② 교시   수 학

수험번호 (   )   성 명 (   )

---

01. 80을 소인수분해하면 $2^a \times 5^b$이다. 이때, $a-b$의 값은?

① 1   ② 2
③ 3   ④ 4

02. 〈보기〉에서 가장 큰 수와 가장 작은 수의 합은?

〈보기〉
$$9, \ 0, \ -5, \ -1, \ 3, \ 7$$

① -2 ② 2
③ 4   ④ 11

03. $x=5$일 때, $-3x+8$의 값은?

① -4 ② -5
③ -6 ④ -7

04. 연립방정식 $\begin{cases} x+y=5 \\ -x+2y=1 \end{cases}$ 을 풀면?

① $x=1, y=3$ ② $x=2, y=3$
③ $x=3, y=1$ ④ $x=3, y=2$

05. 좌표평면 위에 있는 점 P의 좌표는?

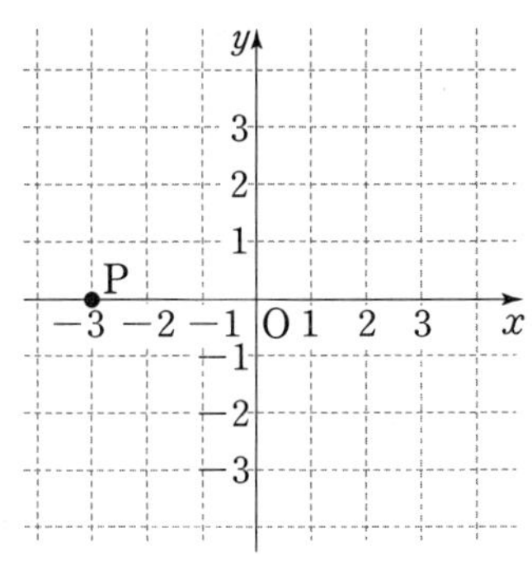

① $P(0, -3)$ ② $P(-3, 0)$
③ $P(-3, -3)$ ④ $P(-1, -3)$

06. 소수점 아래의 어떤 자리에서부터 일정한 숫자의 배열이 끝없이 되풀이되는 무한소수를 순환소수라 한다. 분수 $\dfrac{4}{99}$를 순환 소수로 나타내면 다음과 같다. 이 무한소수의 순환마디는?

$$\frac{4}{99} = 0.04040404\cdots$$

① 0   ② 04
③ 040   ④ 404

9

중학교 졸업학력 검정고시 모의고사

07. 다음 삼각형과 합동인 삼각형은?

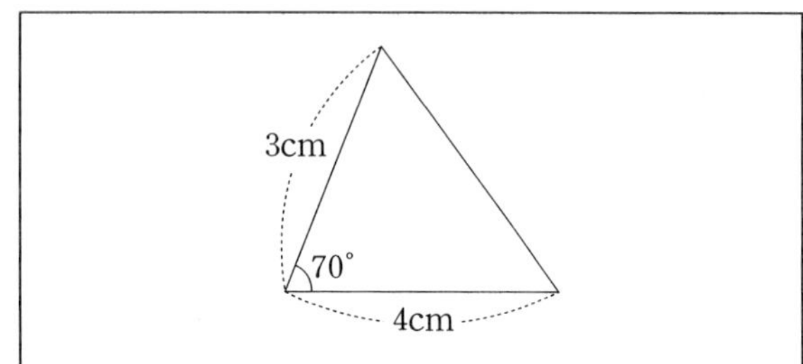

① 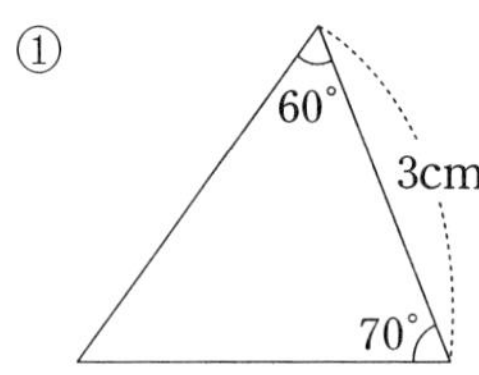

② 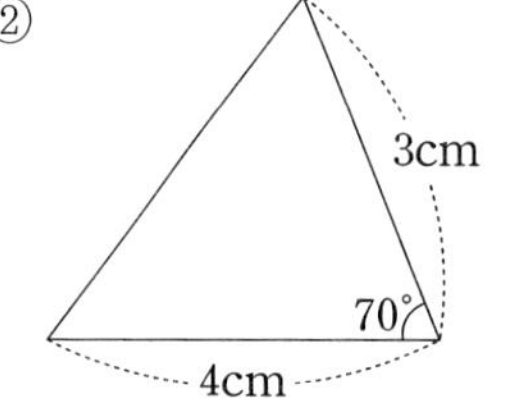

③ 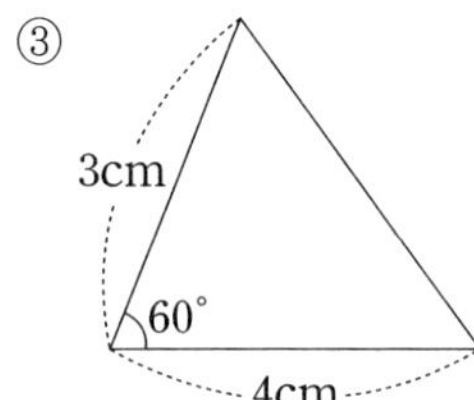

④ 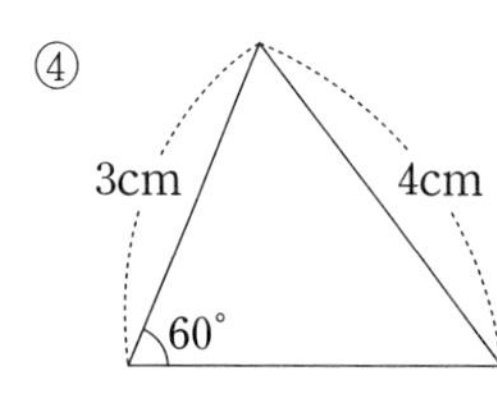

08. 이차함수 $y=2(x-4)^2+3$의 그래프의 꼭짓점의 좌표는?

① $(3, 4)$ ② $(4, -3)$

③ $(4, 3)$ ④ $(-4, -3)$

09. 다음 식을 전개한 것은?

$$(x-7)(x+2)$$

① $x^2+5x+14$ ② $x^2-5x+14$

③ $x^2-5x-14$ ④ $x^2+5x-14$

10. 일차부등식 $3x-1<8$을 풀면?

① $x<3$ ② $x>3$

③ $x<4$ ④ $x>4$

11. 그림은 일차함수 $y=\dfrac{1}{2}x+a$의 그래프이다. 이 그래프가 점 $(2, 3)$을 지날 때, a의 값은?

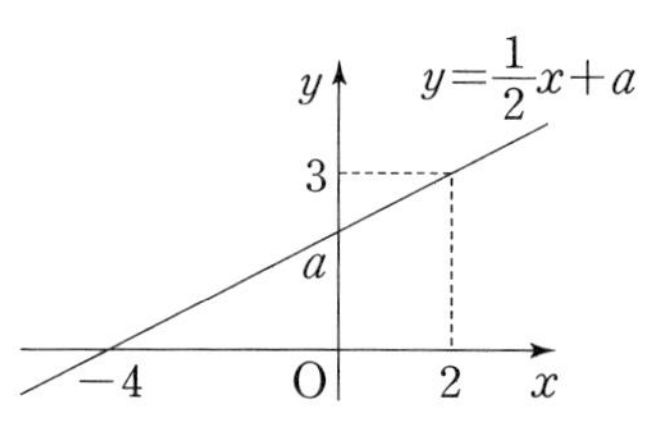

① 4   ② 3

③ 2   ④ 1

12. A에서 B를 거쳐 C로 가는 모든 길의 수는?

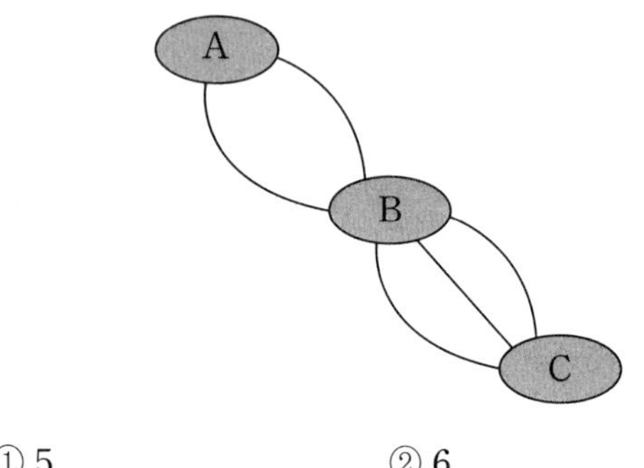

① 5   ② 6

③ 7   ④ 8

13. 가로의 길이가 8cm이고, 넓이가 48cm^2인 직사각형 ABCD에서 대각선 BD의 길이는?

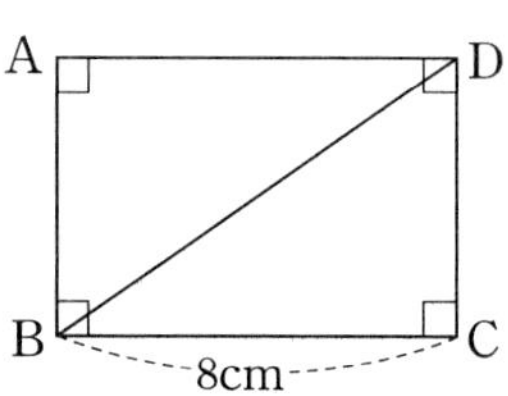

① 10cm   ② 11cm

③ 12cm   ④ 13cm

14. 아래 그림에서 4개의 직각삼각형은 모두 합동이고, $\overline{AB}=13$, $\overline{AE}=12$일 때, □EFGH의 넓이는?

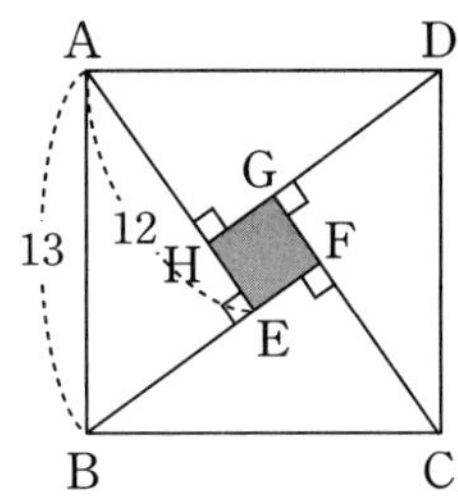

① 49

② 36

③ 25

④ 16

15. 24의 제곱근은?

① $\pm 2\sqrt{6}$

② ± 5

③ $\pm 3\sqrt{6}$

④ ± 24

16. 이차방정식 $x^2+2x-8=0$을 만족하는 x의 값은?

① $-2, 4$

② $2, 4$

③ $-2, -4$

④ $2, -4$

17. 이차함수 $y=(x-2)^2+1$의 그래프에 대한 설명으로 옳은 것은?

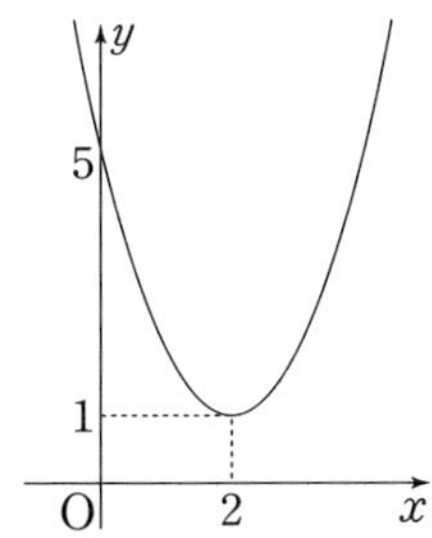

① 위로 볼록하다.

② 직선 $x=1$을 축으로 한다.

③ 점 $(0, 5)$를 지난다.

④ 꼭짓점의 좌표는 $(2, -1)$이다.

18. $3\sqrt{5} \times \sqrt{6} \div \sqrt{3}$을 간단히 하면?

① $2\sqrt{14}$

② $3\sqrt{10}$

③ $2\sqrt{19}$

④ $\sqrt{10}$

19. 그림과 같이 삼각형 ABC는 원 O에 외접하고 점 D, E, F는 접점이다. $\overline{AD}=2cm$, $\overline{BE}=5cm$, $\overline{CF}=3cm$일 때, 삼각형 ABC의 둘레의 길이는?

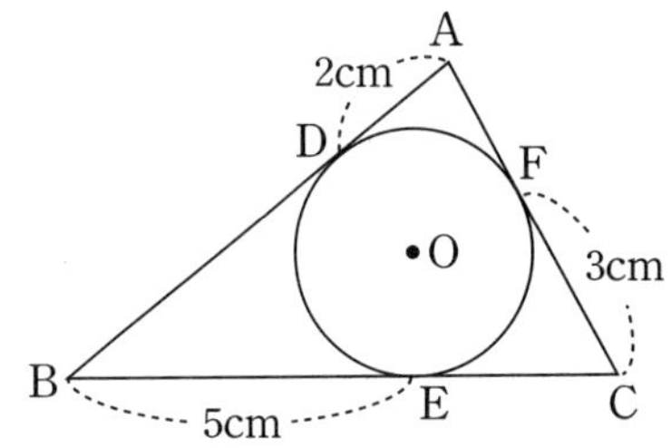

① 14cm

② 16cm

③ 18cm

④ 20cm

20. 다음 그림에서 $\angle x$의 크기를 구하면?

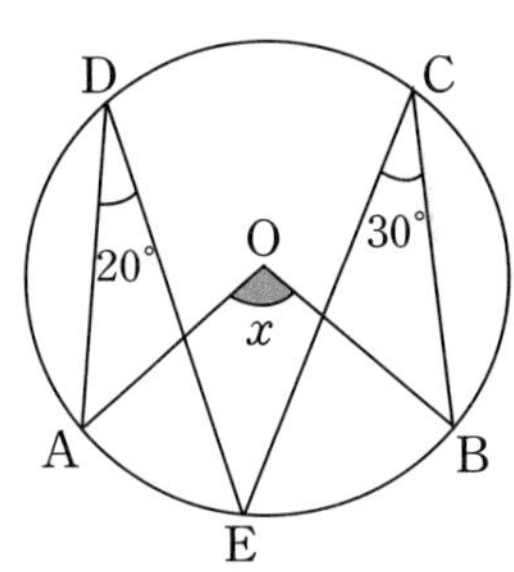

① $50°$

② $75°$

③ $80°$

④ $100°$

※ 확인사항
답을 OMR 카드의 해당란에 정확히 표기하였는가?

제 ③ 교시　　영　어

수험번호 (　　　　　　　　　)　　성　명 (　　　　　　　　　)

---

01. 다음 단어들을 모두 포함하는 것은?

> korean, history, music, math, science

① subject　　　　　② color
③ country　　　　　④ season

02. 다음 두 단어의 관계가 나머지 셋과 <u>다른</u> 것은?

① begin − start　　　② emotion − feeling
③ ask − answer　　　④ big − large

03. 다음 대화에서 **B**가 사려고 하는 것은?

> A : May I help you?
> B : Yes, please. I want to buy a cap with a
> 　　flower on it.

①

②

③

④

04. 다음 빈칸에 들어갈 말로 알맞은 것은?

> A : I'm leaving for China. My father in Beijing
> 　　wants me to visit him.
> B : Oh, _________ he?

① will　　　　　② is
③ does　　　　　④ do

[05~06] 빈칸에 들어갈 알맞은 것을 고르시오.

05.

> A : How _________ do you play guitar a day?
> B : For about one hour.

① many　　　　　② much
③ about　　　　　④ long

06.

> 　I'll tell you the ___________ for this
> place. First, you must clean your room.
> Second, you must not eat food in the room.
> Are there any questions?

① rules　　　　　② trees
③ games　　　　　④ reasons

07. 다음 글에서 알 수 <u>없는</u> 것은?

> I get up at 6:30 in the morning. I usually take a walk before breakfast. I go to school by bus. After school, I play baseball with my friends. I come home at 9:00.

① 나는 6시 30에 일어납니다.
② 나는 아침 먹고 산책을 합니다.
③ 나는 버스를 타고 학교에 갑니다.
④ 나는 방과 후 친구들과 야구를 합니다.

08. 다음은 Sam의 운동 계획표이다. Sam이 눈 오는 날에 하는 운동은?

Weather	Rainy	Sunny	Cloudy	Snowy
Sports	bowling	swimming	basketball	skiing

① 농구　　　　　　② 수영
③ 스키　　　　　　④ 볼링

09. 다음 안내문으로 보아 수영장에 입장할 수 <u>없는</u> 시간은?

> **SWIMMING POOL**
> • Tues-Friday 9 : 00 a.m. − 9 : 30 p.m.
> • Saturday and Sunday10 : 30 a.m − 5 : 00 p.m.
> • Closed Mondays

① 화요일 오전 10시　　② 수요일 오전 11시
③ 목요일 오후 6시　　　④ 토요일 오전 8시

10. A에 대한 B의 응답으로 알맞은 것은?

> A : How long were you there?
> B : _______________

① Thank you.　　　　② By train.
③ How nice!　　　　④ For two days.

11. 다음 대화에서 B의 심정으로 알맞은 것은?

> A : How was the new restaurant?
> B : It was terrible. The service was slow, the soup was cold, and even the waiter was bad.
> A : Oh, I will not go there.

① satisfied　　　　② upset
③ excited　　　　④ happy

12. 다음 질문에 대한 응답으로 알맞지 <u>않은</u> 것은?

> Why don't we go for a bike ride?

① Why not?
② OK. Let's go.
③ Sounds great!
④ I'm feeling sad.

중학교 졸업학력 검정고시 모의고사

13. 그림에 대한 설명으로 옳은 것은?

① Tom is sleeping on the sofa.
② Bill is eating a sandwich.
③ Alice is talking on the phone.
④ Susan is reading a book.

14. 다음에서 I가 어제 한 일이 <u>아닌</u> 것은?

> Yesterday was my mother's birthday. In the morning, I cleaned the house. My mother and I went shopping and ate dinner at a restaurant. We had a good time.

① 등산 　　　　　② 쇼핑
③ 외식 　　　　　④ 청소

15. 다음 글의 제목으로 가장 적절한 것은?

> This is a 'dacha.' It is my weekend house. It is in the forest. I can pick wild flowers there. I can take a walk, too. I always have a great time there.

① My hobby
② The Best Forest
③ My Weekend House
④ How to Find Wild Flowers

16. 다음 글의 내용과 일치하지 <u>않는</u> 것은?

> Let me tell you about my boyfriend. He is 20 years old. He is very smart. His name is Bongsu. He is very kind to me. So I like him very much.

① 나는 20살이다.
② 나의 남자친구는 똑똑하다.
③ 나의 남자친구 이름은 봉수이다.
④ 나의 남자친구는 나에게 굉장히 친절하다.

17. 다음 글의 목적으로 알맞은 것은?

> She is my sister. Sally. She is very cute. She likes sports, but She dislike music. Her dream is to be an athlete.

① to introduce sister
② to praise sister
③ to complain sister
④ to thank sister

18. 글을 읽고 알 수 <u>없는</u> 것은?

> My name is Inho. I'm thirteen. I'm a middle school student. My favorite subject is English. I like playing soccer. There are five people in my family.

① 나이 　　　　　② 가족 수
③ 살고 있는 도시 　　　④ 좋아하는 운동

19. 다음 대화에서 B가 전시회에 가지 <u>못한</u> 이유는?

> A : How was the exhibition last Saturday?
> B : I couldn't go to the exhibition. I lost my exhibition ticket on the bus.

① 전시회장이 문을 열지 않아서
② 동생을 돌보아야 해서
③ 전시회 입장표를 잃어버려서
④ 숙제를 해야 해서

20. 다음 대화에서 알 수 있는 두 사람의 관계는?

> A : I'm sorry, ma'am. I'm late. I went to see a doctor before coming to school.
> B : Jay, It's already 10 o'clock. Next time you have to call me first.

① 환자 – 의사
② 사장 – 직원
③ 학생 – 선생님
④ 아들 – 아버지

21. 다음 주어진 대화를 순서에 맞게 배열한 것은?

> (a) Stop at Seoul station, please.
> (b) Here we are. That's 4,000 won.
> (c) Good morning! Where to go?
> (d) Thank you for your efforts. Bye.

① (a) – (b) – (c) – (d)
② (b) – (d) – (a) – (c)
③ (c) – (a) – (b) – (d)
④ (d) – (a) – (b) – (c)

22. 다음 I의 심정으로 알맞은 것은?

> When I just finished my lunch, the waiter brings me the bill. But I can't find my wallet. I ask the waiter if I can come back and pay. The waiter says no.

① 슬픔
② 즐거움
③ 그리움
④ 당황스러움

23. 다음 말에 이어질 대화의 내용을 순서에 맞게 배열한 것은?

> May I speak to Jay?

> (a) Oh, when will she come back?
> (b) Sorry, she's out.
> (c) I'm not sure. Can I take a message?

① (a) - (b) - (c)
② (b) - (a) - (c)
③ (b) - (c) - (a)
④ (c) - (b) - (a)

24. 다음 글의 주제로 알맞은 것은?

> What do you do for your health? You should eat breakfast and exercise regularly. And you should get enough sleep every night.

① 효율적인 공부 방법
② 바람직한 여가 활동
③ 이상적인 친구 관계
④ 건강을 위한 생활 습관

중학교 졸업학력 검정고시 모의고사

25. 다음 글의 주제로 알맞은 것은?

> Many people have their hobbies. Some people collect stamps. And others raise plants. Some people make clothes themselves. And others make hats.

① 사람들은 저마다 취미가 다르다.

② 취미는 사는 데 즐거움을 준다.

③ 취미에는 우표수집과 식물 기르기가 있다.

④ 옷은 스스로 만들어야 한다.

※ 확인사항
답을 OMR 카드의 해당란에 정확히 표기하였는가?

중졸

제 ④ 교시 사 회

수험번호 (   )   성 명 (   )

※ 다음 물음에 대한 가장 옳은 답을 하나만 골라, OMR 답안지에 정확히 표기하시오.

01. 밑줄 친 (가)에 해당하는 사례로 가장 적합한 도시가 <u>아닌</u> 것은?

> ___(가)___ 은/는 대도시 주변에서 중심 도시 기능인 주거, 행정, 공업 등의 역할을 분담한다.

① 성남
② 과천
③ 안산
④ 부산

02. 빈칸 (가)에 들어갈 환경문제로 알맞은 것은?

> (가)
> 1. 사막 주변의 초원 지역이 점차 사막처럼 변하는 현상
> 2. 생활공간의 감소, 식량 부족, 모래폭풍(황사) 등의 피해 발생

① 산성비
② 사막화
③ 태풍
④ 지구 온난화

03. 다음과 같은 주민 생활이 나타나는 기후로 옳은 것은?

> • 라프 족, 이누이트 족, 네네츠 족 등의 생활 무대
> • 동물의 털과 가죽으로 만든 의복을 주로 착용
> • 기온이 낮아 농경은 어려우며 순록의 유목이나 사냥 · 어로 등으로 생활

① 스텝 기후
② 사막 기후
③ 툰드라 기후
④ 열대 우림 기후

04. 관광 산업의 긍정적 영향으로 옳지 <u>않은</u> 것은?

① 고용 창출로 인한 인구 유출 방지
② 종사자의 임금향상
③ 국제수지 개선효과
④ 성수기의 교통 체증

05. 다음에서 설명하는 섬으로 알맞은 것은?

> • 우리나라 가장 동쪽에 위치하는 화산섬이다.
> • 한류와 난류가 교차되는 황금어장이자 자원의 보고이다.

① 독도
② 울릉도
③ 강화도
④ 제주도

06. 자원에 대한 설명으로 옳은 것은?

① 천연자원은 재생 가능한 자원만을 말한다.
② 자원의 가치는 시대와 장소, 경제 상황 등에 따라 달라진다.
③ 노동력, 기술 등은 모두 좁은 의미의 자원에 포함된다.
④ 최근 에너지 자원의 소비량이 감소하고 있다.

07. 다음 중 신재생에너지에 해당하지 <u>않는</u> 것은?

① 지열 에너지
② 풍력 에너지
③ 화력 에너지
④ 태양광 에너지

08. 그림과 같이 구성되는 정부 형태에 대한 설명으로 적절하지 <u>않은</u> 것은?

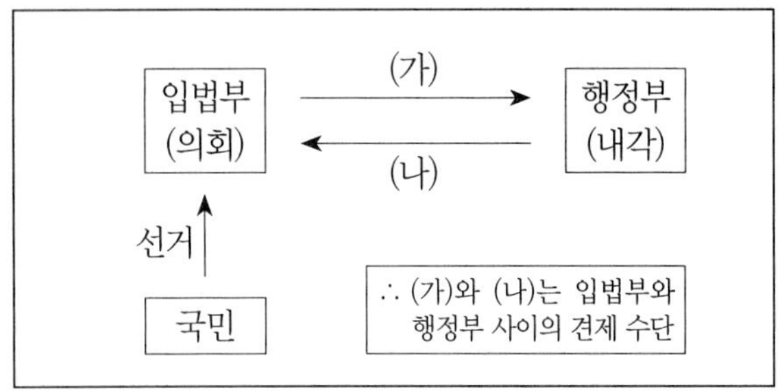

① 권력 융합적인 정부 형태이다.
② 정부는 법률안 제출권을 가진다.
③ (가)에는 내각불신임권이 들어갈 수 있다.
④ (나)에는 법률안 거부권이 들어갈 수 있다.

09. 다음 내용에 해당하는 민주 시민의 정치 참여 활동은?

- '민주주의의 꽃'이라고 함
- 가장 기본적인 정치 참여 방법
- 보통, 평등, 직접, 비밀의 원칙 적용

① 선거
② 여론 형성
③ 정당 활동
④ 시민 단체 활동

10. 다음 설명에 해당하는 헌법재판소의 권한으로 알맞은 것은?

헌법재판소는 국회의 탄핵소추가 있는 경우 고위 공직자 등에 대한 탄핵 심판을 담당한다.

① 위헌 법률 심판권
② 탄핵 심판권
③ 권한 쟁의 심판권
④ 정당 해산 심판권

11. 올바른 소비 생활의 모습으로 볼 수 <u>없는</u> 것은?

① 기회비용을 고려하여 소비한다.
② 수입보다 소비를 더 많이 한다.
③ 돈과 관련된 신용관리를 중요시한다.
④ 가계부를 정리하여 계획적인 소비를 한다.

12. 다음 중 공급과 수요에 대한 설명 중 적절하지 <u>않은</u> 것은?

① 수요곡선은 우하향 형태이다.
② 공급곡선은 우상향 형태이다.
③ 가격과 수요량은 서로 반대 방향으로 움직인다.
④ 가격이 하락하면 공급량은 증가한다.

13. 다음 글에서 설명하는 민주정치의 원리는?

헌법에 의해 민주정치의 원리를 규정한다. 법의 지배를 통해 국민의 자유와 권리를 보장한다. 법치주의와 불가분의 관계에 있다.

① 국민 주권
② 국민 자치
③ 입헌주의
④ 권력 분립

14. 다음에서 설명하는 개념은 무엇인가?

공공기관을 통해 공급되어 구성원 모두가 공동으로 이용할 수 있는 재화와 서비스를 말한다. 대가없이 사용할 수 있으며, 내가 사용해도 다른 사람의 소비에 영향을 주지 않는다.

① 대체재
② 공공재
③ 보완재
④ 외부효과

15. 수요 · 공급 그래프에서 가격이 P에서 P'로 상승하였을 때의 변화를 알맞게 짝 지은 것은? (단, 다른 조건은 일정함.)

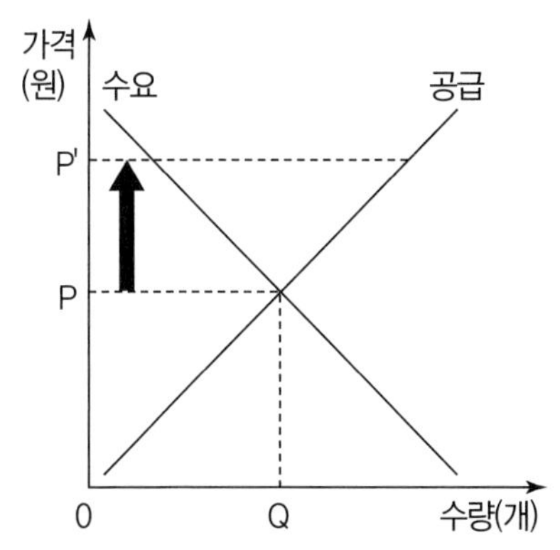

	수요량	공급량		수요량	공급량
①	감소	증가	②	증가	감소
③	감소	감소	④	증가	증가

16. 사회 집단의 종류와 특징을 잘못 연결한 것은?

① 내집단 – 자신이 속해있는 집단
② 외집단 – 이질감과 배타성을 느끼는 집단
③ 1차 집단 – 전인격적인 인간관계가 이뤄지는 집단
④ 2차 집단 – 구성원들이 얼굴을 마주하며 친밀감을 느끼는 집단

17. 다음 사료를 통해 알 수 있는 삼한 사회의 특징은?

> 귀신을 믿으며 …… 사람을 뽑아 천신에게 제사 지내는 일을 맡아 보게 하고 그를 천군이라 한다. 또한 이들 여러 고을에는 각각 소도라 부르는 특별한 장소가 있다.

① 연맹 왕국
② 농경 발달
③ 사유 재산 발생
④ 제정 분리 사회

18. 다음의 유적과 유물을 통해 알 수 있는 신석기 시대의 특징으로 옳은 것은?

① 채집, 어로 생활
② 종교 의식의 발생
③ 사회 계급의 분화
④ 농경을 통한 정착 생활

19. 다음과 관련된 고구려의 왕은?

> 율령 반포, 태학 설립, 불교 수용

① 태조왕
② 미천왕
③ 소수림왕
④ 고국천왕

20. 다음 설명에 해당하는 통일 신라 귀족들의 토지는?

> 국가에서 관료로 일하는 귀족에게 지급한 토지로, 조세 수취와 노동력 징발이 가능했다.

① 민전
② 공신전
③ 관료전
④ 녹읍

중학교 졸업학력 검정고시 모의고사

21. 다음 내용에 해당하는 시대는?

> - 팔만대장경 조판
> - 삼별초의 대몽 항쟁
> - 공민왕의 반원 개혁 정치

① 고구려 　　　　② 통일신라
③ 발해 　　　　　④ 고려

22. 세조 때 직전법을 실시한 주된 배경은?

① 토지부족
② 신분 질서의 붕괴
③ 농민 생활의 파탄
④ 사림 세력의 대두

23. 다음 중 문화통치의 배경으로 알맞은 것은?

① 세계 대공황
② 고종의 서거
③ 대한민국 임시 정부 수립
④ 3 · 1 운동

24. 다음 사실과 관련 있는 역사적 사건은?

> - 한 · 일 학생간의 충돌을 일본이 편파적으로 처리
> - 일반 국민들이 가세하여 전국적인 규모의 항일 투쟁으로 확대

① 6 · 10 만세 운동 　　② 조선 청년 독립단
③ 제주도 4 · 3 사건 　　④ 광주 학생 항일 운동

25. 다음 내용에서 밑줄 친 지역은?

> - 이 지역에서 일본과 최초의 근대적 조약을 체결하였다.
> - 프랑스가 병인양요 때 이 지역에서 문화재를 약탈해 갔다.

① 거문도 　　　　② 대마도
③ 위화도 　　　　④ 강화도

> ※ 확인사항
> 답을 OMR 카드의 해당란에 정확히 표기하였는가?

제 ⑤ 교시   과 학

수험번호 (   )   성   명 (   )

※ 다음 물음에 대한 가장 옳은 답을 하나만 골라, OMR 답안지에 정확히 표기하시오.

01. 다음 중 물체에 작용하는 힘에 의해 물체의 모양 변화와 운동 상태의 변화가 동시에 일어나는 경우로 적절한 예는?

① 수레를 끌고 언덕길을 올라갔다.
② 축구공을 발로 힘껏 찼다.
③ 스펀지를 손으로 눌러 찌그러뜨렸다.
④ 도르래로 물체를 끌어올렸다.

02. 다음 설명에 해당하는 힘은?

> • 물체와 접촉면 사이에서 물체의 운동을 방해하는 힘이다.
> • 브레이크나 신발의 바닥부분 등에 활용된다.

① 마찰력   ② 전기력
③ 자기력   ④ 탄성력

03. 다음의 그림에서 운동 에너지가 위치 에너지로 전환되는 구간은?

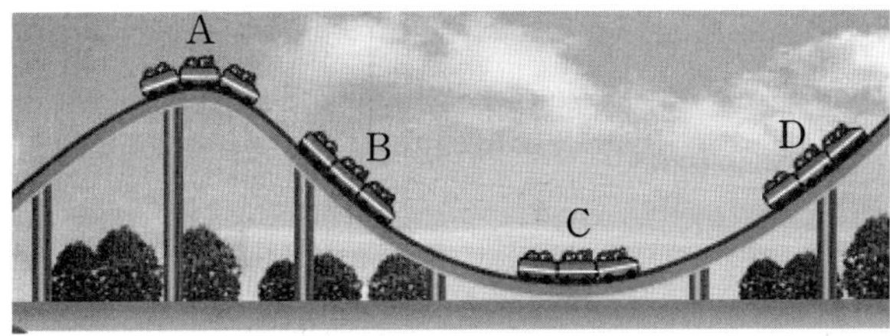

① AB   ② BC
③ CD   ④ AD

04. 다음 그림과 같은 파동의 **A ~ D**의 명칭을 바르게 연결한 것은?

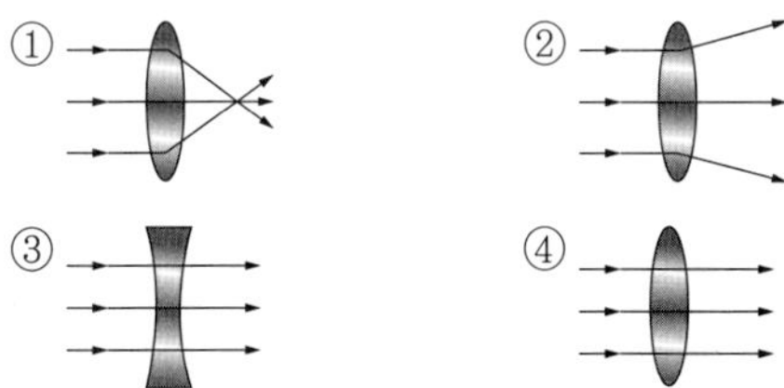

① A – 골   ② B – 진동수
③ C – 마루   ④ D – 진폭

05. 다음 중 평행한 빛이 렌즈를 지나 굴절하는 빛의 경로를 나타낸 것으로 옳은 것은?

① ② ③ ④

06. 어떤 전구의 저항을 알아보기 위해 전구에 220V의 전압을 걸어주었더니, 4A의 전류가 흘렀다. 이 전구의 저항은 몇 Ω인가?

① 50Ω ② 55Ω
③ 110Ω ④ 220Ω

07. 다음 그림과 같은 회로에서 2A의 전류가 10초 동안 지나갔을 때 흘러간 전하량은 얼마인가?

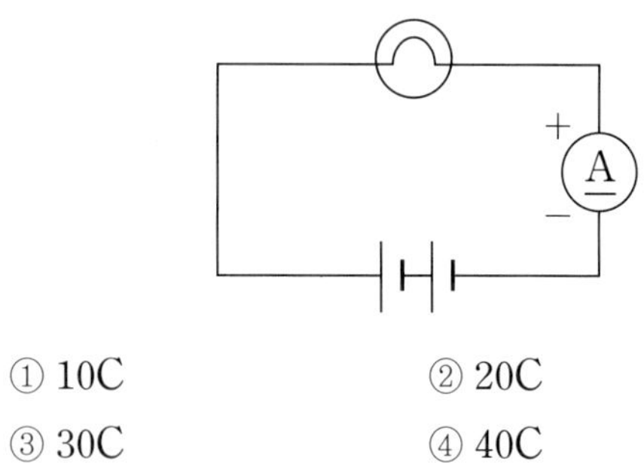

① 10C   ② 20C

③ 30C   ④ 40C

08. 전기 회로에서 전류가 흐를 때, 전류에 대한 설명으로 옳지 <u>않은</u> 것은?

① 전하의 흐름을 전류라고 한다.

② 전류를 다른 말로 '전위차'라고도 한다.

③ 전류의 방향은 전자의 이동 방향과 반대이다.

④ 전류는 전지의 (+)극에서 (−)극으로 흐른다.

09. 다음 중 증발에 대한 설명으로 적절한 것은?

① 맑은 날보다 흐린 날 증발이 잘 일어난다.

② 증발은 기온이 낮을수록 잘 일어난다.

③ 바람이 불면 증발이 잘 일어난다.

④ 맑은 날 아침에 풀잎에 이슬이 맺히는 현상이다.

10. 다음 중 물에 녹인 후 그림과 같은 장치를 통해 분리할 수 있는 혼합물은?

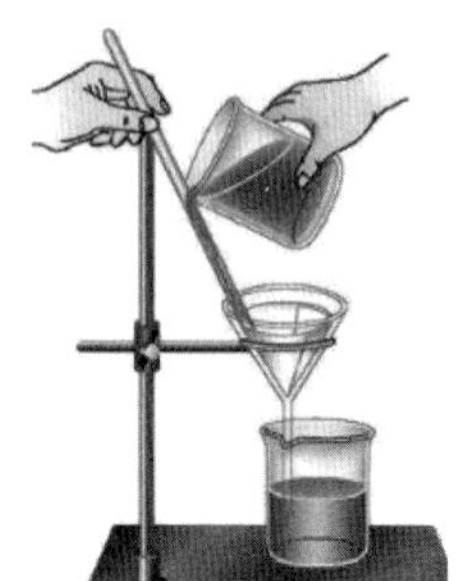

① 소금과 설탕   ② 소금과 모래

③ 볍씨와 쭉정이   ④ 붕산과 염화나트륨

11. 다음 그래프는 액체 물질 A~C를 가열할 때 시간에 따른 온도 변화를 나타낸 것이다. 이에 대한 설명으로 옳은 것은?

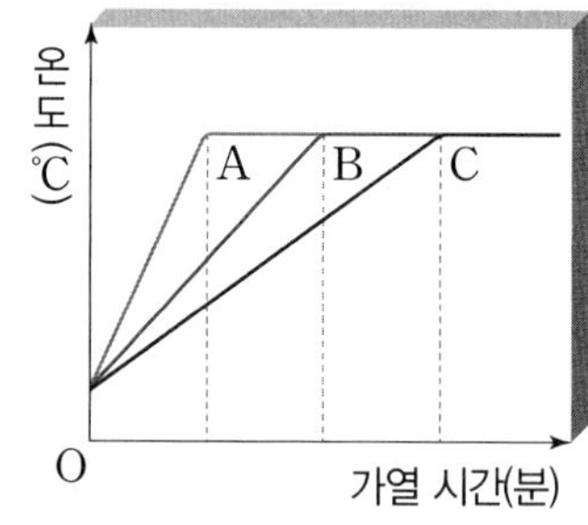

① A의 밀도가 가장 크다.

② A~C의 질량은 같다.

③ A~C는 같은 물질이다.

④ 같은 양을 가열하면 C의 끓는점이 가장 높다.

12. 다음 중 분별깔때기로 분리할 수 <u>없는</u> 것은?

① 물과 에탄올   ② 물과 식용유

③ 물과 사염화탄소   ④ 물과 에테르

13. 다음 그림은 이온을 모형으로 나타낸 것이다. 이 모형에 대한 설명으로 옳은 것은?

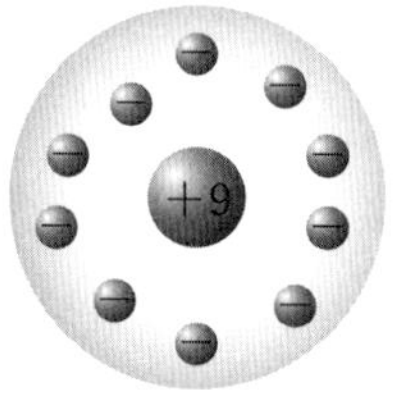

① 금속 원자의 이온이다.

② 원자 번호는 9이다.

③ 전자를 9개 얻어서 형성된 이온이다.

④ (−)전하의 양보다 (+)전하의 양이 더 많다.

14. 다음은 식물의 수정과정을 순서 없이 나타낸 것이다. 수정 과정을 순서대로 바르게 나열한 것은?

> (가) 밑씨가 자라서 씨가 된다.
> (나) 화분이 암술머리에 붙는다.
> (다) 화분관 속의 정핵과 밑씨 속의 난세포가 결합한다.
> (라) 화분관이 발아하여 암술대를 뚫고 밑씨 쪽으로 자란다.

① (라) → (나) → (다) → (가)
② (나) → (다) → (라) → (가)
③ (나) → (라) → (다) → (가)
④ (라) → (다) → (나) → (가)

15. 다음 내용의 설명에 해당하는 것은?

> • 세포의 생명 활동에 필요한 에너지를 생산한다.
> • 식물세포와 동물세포에 모두 존재한다.

① 핵
② 세포벽
③ 미토콘드리아
④ 엽록체

16. 다음은 엽록체에서 일어나는 광합성 과정을 나타낸 것이다. (가)에 들어갈 물질로 가장 알맞은 것은?

$$\text{물} + \text{이산화탄소} \xrightarrow{\text{빛 에너지}} \text{포도당} + (가)$$

① 이산화탄소
② 수소
③ 산소
④ 질소

17. 소화 효소가 없어 소화 작용은 일어나지 않으나 수분이 흡수되는 곳은?

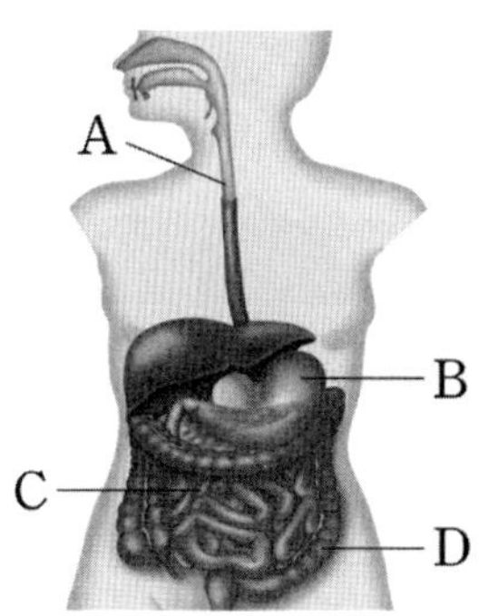

① A – 식도
② B – 위
③ C – 소장
④ D – 대장

18. 생식세포 분열에 대한 설명으로 옳은 것은?

① 생물이 생장한다.
② 식물 세포에서만 일어난다.
③ 2개의 세포가 결합하여 1개의 세포가 된다.
④ 생식 기관에서 생식세포가 만들어지는 과정이다.

19. 다음 그림은 호흡 운동의 원리를 알아보는 실험 장치이다. A를 아래로 잡아당겼을 때에 해당하는 우리 몸의 변화로 알맞은 것은?

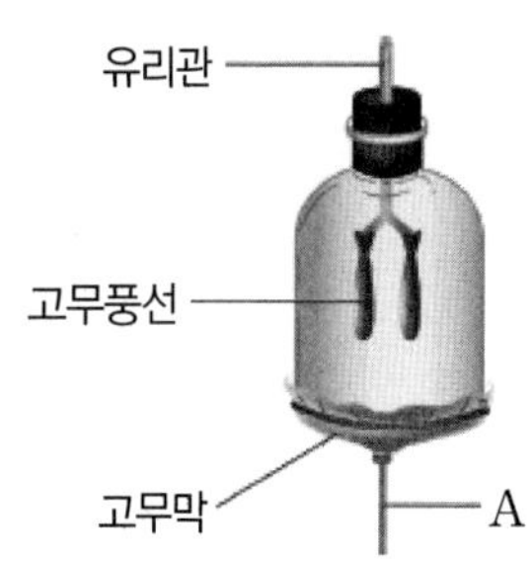

① 갈비뼈가 내려간다.
② 가로막이 올라간다.
③ 가슴 안쪽의 공간이 좁아진다.
④ 가슴 안쪽의 압력이 낮아진다.

중학교 졸업학력 검정고시 모의고사

20. 단층 모형에 해당하는 것은?

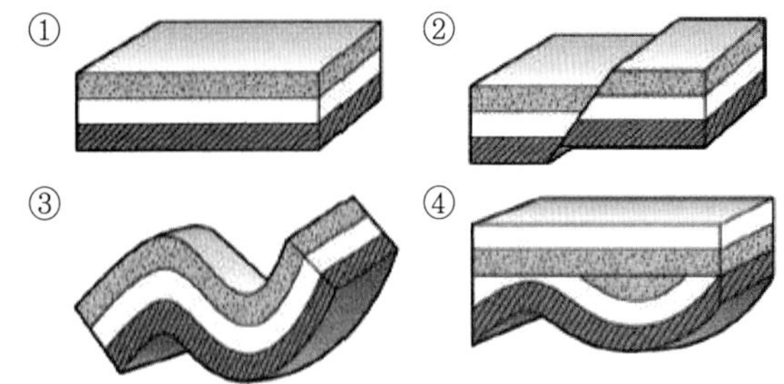

21. 다음 중 화성암의 특징으로 알맞은 것은?

① 마그마가 식는 위치와 속도에 따라 구분할 수 있다.

② 층리와 화석이 관찰된다.

③ 퇴적물이 쌓여 굳어져 형성된다.

④ 편암, 편마암 등이 있다.

22. 그림은 우리나라 주변의 해류를 나타낸 것이다. A ~D에 대한 설명으로 옳은 것은?

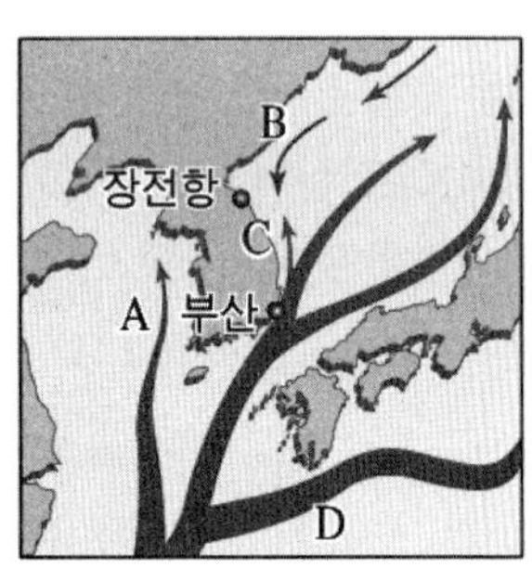

① A와 B는 난류이다.

② B는 구로시오 해류에서 갈라져 나온 것이다.

③ C는 리만 해류에서 갈라져 나온 북한 한류이다.

④ D는 우리나라 주변의 난류를 형성하는 근원 해류이다.

23. 1등성인 별은 6등성인 별과 비교할 때 몇 배나 밝을까?

① 40배 ② 60배

③ 80배 ④ 100배

24. 다음의 특징을 갖는 행성은?

- 고리가 있다.
- 태양계에서 가장 큰 행성이다.

① 수성 ② 금성

③ 화성 ④ 목성

25. 우리 은하를 구성하는 천체가 <u>아닌</u> 것은?

① 성운 ② 성단

③ 태양계 ④ 외부 은하

※ 확인사항
답을 OMR 카드의 해당란에 정확히 표기하였는가?

제 ⑥ 교시 　도　　덕

수험번호 (　　　　　　　　)　　　성　명 (　　　　　　　　　)

※ 다음 물음에 대한 가장 옳은 답을 하나만 골라, OMR 답안지에 정확히 표기하시오.

01. 친구 간의 갈등을 해결하는 방법으로 옳지 <u>않은</u> 것은?

① 친구의 입장을 고려한다.
② 가깝고 친한 친구에게는 기본적인 예절은 지키지 않는다.
③ 열린 마음을 가지고 진솔하게 대화한다.
④ 자신에게는 잘못이 없는지를 먼저 생각한다.

02. 훌륭한 인격을 갖추기 위해 필요한 것을 〈보기〉에서 모두 고른 것은?

〈보기〉
ㄱ. 책임감　　　　ㄴ. 예의
ㄷ. 폭력　　　　　ㄹ. 겸손

① ㄱ
② ㄱ, ㄴ
③ ㄱ, ㄴ, ㄷ
④ ㄱ, ㄴ, ㄹ

03. 다음 중 예절에 대한 설명으로 옳지 <u>않은</u> 것은?

① 예절은 습관화된 생활 규범이다.
② 예절은 사회구성원들이 원만한 인간관계를 유지하는데 반드시 필요하다.
③ 예절은 때와 장소, 상대방에 관계없이 일정한 방법으로 표현되어야 한다.
④ 예절의 근본정신은 모든 사회에서 공통적이다.

04. 다음에서 올바른 소비생활로 볼 수 있는 것은?

ㄱ. 합리적 소비	ㄴ. 모방 소비
ㄷ. 윤리적 소비	ㄹ. 충동적 소비

① ㄱ, ㄴ
② ㄱ, ㄷ
③ ㄴ, ㄹ
④ ㄷ, ㄹ

05. 현대 가정생활의 변화 모습에 대한 올바른 설명이 <u>아닌</u> 것은?

① 가정의 기능을 대신하는 기관이 많아졌다.
② 가정의 모습이 매우 다양해지고 있다.
③ 가정의 기본적인 기능과 역할의 중요성이 점점 줄어들고 있다.
④ 국제결혼의 추세가 증가하며 다문화 가정이 늘고 있다.

06. 다음 중 삶의 목적에 대한 설명으로 옳지 <u>않은</u> 것은?

① 개인이 소중하게 생각하는 가치가 반영되어 있다.
② 인생을 살아가면서 실현하고자 하는 일을 의미한다.
③ 삶의 목적이 뚜렷할 때 인생을 계획적으로 살게 된다.
④ 세월이 가면서 자연스럽게 이루어지는 인생목표이다.

중학교 졸업학력 검정고시 모의고사

07. 사이버 공간에서 지켜야 할 예절로 적절하지 <u>않은</u> 것은?

① 예의 바른 태도와 정중한 마음으로 상대방을 대한다.
② 비속어나 욕설 등을 사용하지 않는다.
③ 사생활을 침해하지 않는다.
④ 다른 사람의 저작물을 허락 받지 않고 사용한다.

08. 통일을 해야 하는 이유가 <u>아닌</u> 것은?

① 민족의 분열을 막기 위해
② 민족 문화의 이질화를 심화시키기 위해
③ 동북아시아와 세계 평화에 기여하기 위해
④ 이산가족들의 인간적인 삶의 문제를 해결하기 위해

09. 다음에서 설명하는 인간의 특성으로 옳은 것은?

> 인간은 혼자서는 절대로 살 수 없으므로, 다른 사람들과 함께 살아가기 위해서 언어, 지식, 생활 습관, 가치관 등을 배운다.

① 사회적 존재　　　　② 도구적 존재
③ 윤리적 존재　　　　④ 이성적 존재

10. 북한 주민의 생활에 대한 설명으로 옳은 것은?

① 국가의 감시와 통제가 여전히 심하게 행해진다.
② 주민 복지를 위해 군사비 지출을 줄이고 있다.
③ 인터넷을 활용하여 외부세계와 자유롭게 소통한다.
④ 전면적인 시장경제제도의 도입으로 생활수준이 향상되었다.

11. 다음 중 도덕적 자율성에 대한 설명으로 옳지 <u>않은</u> 것은?

① 선의지에 따른 도덕적 실천이어야 한다.
② 자신의 행동이 자기 자신에게 미치는 영향을 고려하여 행동한다.
③ 자기 스스로 정한 도덕 원칙을 적극적으로 실천한다.
④ 이성에 따른 합리적 사고를 하고 올바른 판단을 내려야 한다.

12. 자아존중감이 낮은 사람의 특징으로 옳은 것은?

① 동기부여, 방향제시에 도움을 준다.
② 자신감이 높고 표현 능력이 강하다.
③ 스트레스에 대한 대처 능력이 약하다.
④ 자성 예언을 한다.

13. 문화 교류 및 체험의 필요성으로 적절하지 <u>않은</u> 것은?

① 문화 발전을 위한 자극과 활력소를 공급받을 수 있다.
② 문화 개방성을 높이는 한편, 문화 정체성 확립에 기여할 수 있다.
③ 국가 이미지를 제고할 수 있다.
④ 문화의 순수성을 유지할 수 있다.

14. 다음 내용과 관련된 일의 개인적 의미로 가장 적절한 것은?

> 일을 함으로써 자신이 갖고 있는 능력을 확인하고 보람과 성취감을 획득하여 하나의 가능성으로 잠재되어 있던 자아를 완전히 실현할 수 있게 된다.

① 사회의 유지
② 자아실현
③ 친밀감 형성
④ 사회 구성원으로서의 역할 수행

15. 밑줄 친 (가)에 들어갈 용어로 가장 적절한 것은?

> ___(가)___ 은/는 상대방의 말에 귀를 기울임으로써 상대방이 존중받는다고 느끼며 신뢰감을 형성하는데 중요한 역할을 한다.

① 관용
② 예의
③ 경청
④ 인내

16. 다음 내용과 같이 주장한 사상가는?

> 사상가 : 도덕률을 존중하고 자유의지에 따라 살아가는 자율인을 이상적 인간으로 보아야 한다. 또한 인간을 수단이 아닌 목적으로 대우해야 함을 잊어선 안 된다.

① 칸트
② 석가모니
③ 공자
④ 스토아 학파

17. 다음 ( ) 안에 들어갈 말로 적절한 것은?

> ( )은/는 충분한 능력을 갖춘 사람이 직장 내 성차별이나 인종 차별 등의 이유로 고위직을 맡지 못하는 상황을 말한다. 이러한 차별은 공식적인 정책 등에는 드러나지 않아서 존재하지 않는 것처럼 보이기 때문에 이렇게 불린다.

① 고정관념
② 유리 천장
③ 남아선호
④ 여성 할당제

18. 여성의 자아실현을 돕는 방법으로 옳지 <u>않은</u> 것은?

① 탁아 시설을 확충한다.
② 육아 휴직 제도를 확대한다.
③ 결과의 평등을 보장한다.
④ 고용에서 남녀평등을 보장한다.

19. 다음에서 청소년 문화를 바라보는 관점은?

> 청소년 문화는 기존의 질서와 문화적 틀을 깨뜨리려는 청소년의 욕구가 반영되어 있다.

① 미성숙한 문화
② 기성 문화
③ 대안 문화
④ 저항 문화

20. 다음 밑줄 친 부분에서 선생님이 강조하고자 하는 것은?

> 선생님 : 태섭아, 네가 은영이 보고 뚱뚱하다고 놀렸니?
> 태섭 : 은영이가 뚱뚱한 것은 사실이잖아요. 저는 그저 장난으로 이야기했어요.
> 선생님 : 그래도 그렇지. <u>너는 은영이의 입장을 생각해 보았니?</u>

① 상대방의 입장을 생각해 보는 태도
② 자신의 욕구를 성찰하는 자세
③ 다른 사람의 어려움을 이해하는 태도
④ 도덕적인 문제에 적극적으로 관심을 갖는 자세

21. 다음 글은 어떤 것에 대한 예인가?

> 한글 창제 당시, 한자가 아닌 다른 문자를 만들어 사용하는 것을 부끄러운 일이라 생각했던 몇몇 신하들이 한글 만들기를 반대하였다.

① 도덕적 상대주의 　② 문화 상대주의
③ 문화 사대주의 　② 자문화 중심주의

22. 사익과 공익에 대한 이해가 바르지 <u>못한</u> 것은?

① 사익을 우선시하는 견해를 가진 사람들은 기본적으로 '최대 다수의 최대 행복'을 추구한다.
② 공익을 위해 무조건 사익을 버려야 한다는 태도를 보여서는 안 된다.
③ 사익을 우선시하는 견해를 가진 사람들은 개인의 자유와 권리를 중시한다.
④ 인간은 혼자 살 수 없기에 개인의 이익이 공익과 충돌할 때면 자신의 이익을 포기할 줄도 알아야 하고, 타인의 이익을 존중하는 마음도 가져야 한다.

23. 비폭력으로 얻을 수 있는 결과로 옳지 <u>않은</u> 것은?

① 인간 존중을 실천할 수 있다.
② 개인의 마음에 평화가 생긴다.
③ 전쟁 준비를 위한 예산을 다른 분야에 효율적으로 사용할 수 있다.
④ 다음 다툼을 준비할 수 있는 여유가 생긴다.

24. 마음을 다스리는 방법으로 적절한 것은?

① 긍정적인 마음을 갖는다.
② 몸의 건강은 신경 쓰지 않아도 된다.
③ 갈등의 원인을 항상 남의 탓으로 돌린다.
④ 자기의 약점은 최대한 숨겨야 한다.

25. 플라톤의 이상 사회와 유학이 추구하는 대동 사회의 공통점은 무엇인가?

① 계급이 없는 평등 사회
② 지도자의 도덕성을 중시
③ 죽음과 고통으로부터의 해방
④ 절대적 빈곤으로부터의 해방

> ※ 확인사항
> 답을 OMR 카드의 해당란에 정확히 표기하였는가?

- 수고하셨습니다. -

The future depends on what we do in the present.
미래는 현재 우리가 무엇을 하는 가에 달려 있다.

– 마하트마 간디(Mahatma Gandhi)

좋은 결과 있길 SISCOM이 응원합니다.

중졸

검정고시 모의고사

정답 및 해설

인쇄일 2026년 1월 1일 8판 1쇄 인쇄
발행일 2026년 1월 5일 8판 1쇄 발행
지은이 타임검정고시연구회
발행인 송인식
발행처 시스컴 출판사

주소 서울시 금천구 가산디지털1로 225, 514호(가산포휴)
홈페이지 www.nadoogong.com
E-mail siscombooks@naver.com
전화 02.866.9311
FAX 02.866.9312
등록 제17-269호
판권 시스컴 2026
정가 15,000원
ISBN 979-11-6941-823-2 13370

중학교 졸업학력 검정고시 모의고사

제1회 정답

1교시 국어

01. ④	02. ③	03. ④	04. ③	05. ①	06. ①	07. ①	08. ②	09. ④	10. ①
11. ①	12. ④	13. ①	14. ④	15. ②	16. ③	17. ②	18. ①	19. ①	20. ②
21. ②	22. ③	23. ④	24. ④	25. ③

2교시 수학

01. ①	02. ③	03. ②	04. ④	05. ②	06. ④	07. ③	08. ②	09. ①	10. ①
11. ④	12. ③	13. ②	14. ④	15. ②	16. ③	17. ④	18. ③	19. ④	20. ③

3교시 영어

01. ③	02. ②	03. ③	04. ②	05. ④	06. ②	07. ①	08. ③	09. ①	10. ④
11. ③	12. ④	13. ③	14. ④	15. ④	16. ④	17. ②	18. ②	19. ④	20. ③
21. ③	22. ①	23. ②	24. ④	25. ①

4교시 사회

01. ③	02. ②	03. ④	04. ③	05. ③	06. ④	07. ①	08. ①	09. ②	10. ③
11. ①	12. ④	13. ④	14. ②	15. ①	16. ①	17. ③	18. ②	19. ③	20. ④
21. ①	22. ①	23. ②	24. ①	25. ④					

5교시 과학

01. ③	02. ②	03. ④	04. ①	05. ①	06. ④	07. ④	08. ④	09. ②	10. ②
11. ①	12. ③	13. ④	14. ④	15. ④	16. ③	17. ④	18. ①	19. ④	20. ②
21. ④	22. ①	23. ②	24. ③	25. ②					

6교시 도덕

01. ②	02. ②	03. ②	04. ③	05. ④	06. ①	07. ④	08. ①	09. ④	10. ③
11. ③	12. ③	13. ④	14. ④	15. ①	16. ②	17. ④	18. ③	19. ①	20. ③
21. ②	22. ③	23. ③	24. ①	25. ②					

중학교 졸업학력 검정고시 모의고사

제2회 정답

1교시 국어

01. ④	02. ④	03. ④	04. ②	05. ②	06. ②	07. ③	08. ②	09. ④	10. ②
11. ④	12. ②	13. ①	14. ④	15. ③	16. ①	17. ①	18. ②	19. ③	20. ③
21. ①	22. ②	23. ③	24. ①	25. ②					

2교시 수학

| 01. ② | 02. ③ | 03. ② | 04. ① | 05. ③ | 06. ① | 07. ④ | 08. ④ | 09. ④ | 10. ④ |
| 11. ② | 12. ③ | 13. ④ | 14. ② | 15. ① | 16. ① | 17. ③ | 18. ③ | 19. ② | 20. ③ |

3교시 영어

01. ③	02. ③	03. ④	04. ①	05. ①	06. ④	07. ①	08. ③	09. ①	10. ④
11. ④	12. ②	13. ④	14. ②	15. ④	16. ④	17. ①	18. ④	19. ①	20. ③
21. ④	22. ③	23. ③	24. ④	25. ④					

01. ③	02. ②	03. ④	04. ②	05. ②	06. ②	07. ④	08. ③	09. ①	10. ②
11. ②	12. ④	13. ①	14. ①	15. ①	16. ③	17. ①	18. ④	19. ④	20. ②
21. ③	22. ②	23. ②	24. ③	25. ④					

01. ④	02. ②	03. ③	04. ④	05. ③	06. ②	07. ①	08. ②	09. ③	10. ④
11. ①	12. ②	13. ①	14. ②	15. ①	16. ②	17. ③	18. ②	19. ①	20. ②
21. ②	22. ②	23. ④	24. ③	25. ①					

01. ③	02. ③	03. ②	04. ④	05. ④	06. ①	07. ④	08. ②	09. ①	10. ①
11. ②	12. ②	13. ④	14. ②	15. ④	16. ②	17. ③	18. ④	19. ④	20. ③
21. ①	22. ③	23. ②	24. ④	25. ①					

중학교 졸업학력 검정고시 모의고사

제3회 정답

1교시 국어

01. ③	02. ①	03. ③	04. ②	05. ②	06. ④	07. ③	08. ④	09. ①	10. ④
11. ②	12. ②	13. ④	14. ④	15. ②	16. ③	17. ③	18. ④	19. ②	20. ②
21. ①	22. ④	23. ①	24. ③	25. ②					

2교시 수학

01. ③	02. ③	03. ④	04. ④	05. ②	06. ②	07. ②	08. ③	09. ③	10. ①
11. ③	12. ②	13. ①	14. ①	15. ①	16. ④	17. ③	18. ②	19. ④	20. ④

3교시 영어

01. ①	02. ③	03. ③	04. ③	05. ④	06. ①	07. ②	08. ③	09. ④	10. ④
11. ②	12. ④	13. ③	14. ①	15. ③	16. ①	17. ①	18. ③	19. ③	20. ③
21. ③	22. ④	23. ②	24. ④	25. ①					

정답 및 해설

중학교 졸업학력 검정고시 모의고사

▌제①교시 국 어

01	④	02	③	03	④	04	③	05	①
06	①	07	①	08	②	09	④	10	①
11	①	12	④	13	①	14	④	15	②
16	③	17	②	18	①	19	①	20	②
21	②	22	③	23	④	24	④	25	③

01.

정답 ④　　　　　　　　　상 중 **하**

시끄럽게 떠드는 사람들에게 "밥 좀 먹읍시다"라고 말하는 것은 간접적인 명령적 기능에 해당한다.

02.

정답 ③　　　　　　　　　상 **중** 하

마지막 문장에 '교복 혼용 기간을 더 늘려서 하복을 더 오래 입고 다닐 수 있게 허락해 주십시오.'라고 직접적으로 언급되었다.

03.

정답 ④　　　　　　　　　상 **중** 하

'느리다'의 품사는 형용사이고 '아름답다', '맵다', '쓰다'도 형용사이지만 '주다'는 동사이다.

> **tip 동사와 형용사**
> • 동사 : 사람이나 사물의 움직임을 나타내는 단어
> • 형용사 : 사람이나 사물의 상태나 성질을 나타내는 단어

04.

정답 ③　　　　　　　　　**상** 중 하

두 음운이 합쳐져서 하나의 음운으로 줄어 발음되는 현상은 '음운 축약'에 해당한다. '한여름[한녀름]'은 음절 끝소리에 받침이 있고 다음 음절에 모음 'ㅕ'가 연결되면서 'ㄴ'이 첨가 된 '음운 첨가'에 해당한다.

① 좋고[조코]
② 급행열차[그팽녈차]
④ 뽑히다[뽀피다]

05.

정답 ①　　　　　　　　　상 **중** 하

'군소리'는 '군+소리'로서 '하지 않아도 될 쓸데없는 말'이라는 뜻이다. 이때 '군'은 접두사이므로 어근에 접사가 결합한 '군소리'는 파생어에 해당한다.

② '군밤'은 '구운 밤'이란 뜻으로 '군'이라는 어근에 '밤'이라는 어근이 결합한 합성어에 해당한다.
④ '날짐승'은 '나는 짐승'이란 뜻으로 '날다'라는 어근에 '짐승'이라는 어근이 결합한 합성어에 해당한다.

06.

| 정답 ① | | 상 **중** 하 |

두 음운이 만나서 한 음운이 탈락하여 아예 발음되지 않는 것은 '음운 탈락' 현상이다. '따님'은 '딸 + 님'에서 음운 'ㄹ'이 탈락하여 [따님]으로 발음하는 음운 탈락 현상에 해당한다.
② 자음 축약
③ 자음 동화
④ 구개음화

07.

| 정답 ① | | 상 **중** 하 |

'할아버지가 할머니에게 손녀를 업혔다.'는 주어(할아버지)가 대상(할머니)에게 손녀를 업도록 하였으므로 사동문에 해당한다.

[08~09]

08.

| 정답 ② | | **상** 중 하 |

수식 관계를 고려하여 ⓛ을 '많은 친구들 사이의 갈등'으로 고치면 관형어 '많은'이 '친구들'과 '갈등'을 모두 꾸며 중의적 의미를 가지게 된다.

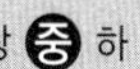 **관형어**

체언 앞에 놓여 체언을 수식하는 문장성분

09.

| 정답 ④ | | 상 중 **하** |

글의 서두 부분에서 '갈등해결 매니저를 모집합니다.'라고 언급하였고, 갈등해결 매니저의 역할과 필요성에 대해 설명하였다. 따라서 글의 제목으로 적절한 것은 '갈등해결 매니저 모집'이다.

10.

| 정답 ① | | 상 중 **하** |

①의 '높다'는 형용사인데, 주어진 문장의 밑줄 친 부분과 ②,

③, ④는 모두 동사이다.

[11~13]

11.

| 정답 ① | | **상** 중 하 |

'청포도'는 수미상관의 기법이 사용되지 않았다.
③ '칠월'의 여름이라는 계절적 배경이 드러나 있다.
④ 푸른 바다와 흰 돛단배가 색채대비를 이룬다.

 **수미상관**

시가에서 첫 연을 끝 연에 다시 반복하는 문학적 구성법

12.

| 정답 ④ | | 상 **중** 하 |

이육사의 '청포도'는 조국이 독립된 상태의 풍요롭고 평화로운 세상에 대한 소망이라는 주제를 담고 있다.

13.

| 정답 ① | | 상 **중** 하 |

㉠의 은쟁반과, ㉡의 모시 수건은 백의민족의 밝고 순수한 이미지로 순결함을 나타낸다.

[14~16]

14.

| 정답 ④ | | 상 **중** 하 |

'김첨지'는 겉으로는 아내에게 욕도 하고 거칠게 대하지만 아내를 걱정하는 모습이나, 아내를 위해 설렁탕을 사오는 등의 행동을 통해 그가 아내를 무척 사랑하고 속정이 매우 깊은 사람임을 알 수 있다.

15.

| 정답 ② | | 상 중 **하** |

이 소설은 김 첨지가 운이 좋은 날을 맞아 그의 즐거운 모습을

그리려는 것이 아니라 1920년대 일제강점기 도시 빈민의 비극적 생활상을 보여 주려는 것이다. 따라서 그들의 비참한 모습을 더 극적으로 표현하기 위해 '운수 좋은 날'이라는 반어적 제목을 붙인 것이라고 할 수 있다.

16.

정답 ③　　　　　　　　　　　상 **중** 하

이 글에서 추적추적 내리는 '비'는 우울한 분위기 조성과 비극적 결말을 암시하는 역할을 한다. 밝고 가벼운 느낌으로 전개된다고 볼 수 없다.

[17~19]
17.

정답 ②　　　　　　　　　　　상 **중** 하

이 글의 주된 시점은 3인칭 작가 관찰자 시점이고, 부분적으로 전지적 작가 시점으로 서술자는 작품 속 인물이 아닌 작가이다.

18.

정답 ①　　　　　　　　　　　상 중 **하**

소녀가 보이지 않을 때까지 지켜보는 소년의 모습으로 보아 소녀가 더 이상 보이지 않게 되는 것에 대한 아쉬움을 느낄 수 있다.

19.

정답 ①　　　　　　　　　　　상 **중** 하

'조약돌'은 소녀가 자신의 마음을 몰라주는 소년에 대한 야속함을 표현한 소재이면서 순진무구한 사랑을 나타내는 매개체이다.

[20~22]
20.

정답 ②　　　　　　　　　　　상 **중** 하

빈칸의 앞 문장에서는 텔레비전의 장점에 대해서 나열하며 빈칸의 뒤에서는 이를 더욱 구체화하는 근거를 제시하고 있으므로 앞에서 말한 일이 뒤에서 말할 일의 원인, 이유, 근거가 됨을 나타내는 접속 부사인 '따라서'가 들어가는 것이 적절하다.

21.

정답 ②　　　　　　　　　　　상 **중** 하

이 글의 제목에서도 알 수 있듯이 텔레비전은 좋은 인간관계의 장이며 올바른 민주 시민이 되는 데 도움을 준다고 하는 등의 텔레비전이 주는 장점에 대해 설명하며 긍정적인 태도를 보이고 있다.

22.

정답 ③　　　　　　　　　　　상 중 **하**

ⓒ 실현 : 꿈, 기대 따위를 실제로 이룸

[23~25]
23.

정답 ④　　　　　　　　　　　상 중 **하**

주어진 글은 설명문으로 정보 전달을 목적으로 한다.
① 시, 소설, 희곡, 수필 등
②, ③ 논설문, 사설 등

24.

정답 ④　　　　　　　　　　　상 **중** 하

글읽기에서 배경 지식이 중요함을 예를 들어 설명하고 있고, 배경 지식을 적극적으로 동원하는 것과 하지 않는 것을 대조하고 있다.

25.

정답 ③　　　　　　　　　　　상 **중** 하

글쓴이와 읽는 이의 만남을 효율적으로 하기 위해 읽는 이는 글쓴이의 생각과 느낌을 파악할 수 있어야 한다고 했다. 따라서 글읽기의 상대는 글쓴이의 생각과 느낌임을 알 수 있다.

수 학

01	①	02	③	03	②	04	④	05	②
06	④	07	③	08	②	09	①	10	①
11	④	12	③	13	②	14	④	15	②
16	③	17	④	18	②	19	④	20	③

01.

정답 ①　　　　　　　　　　　상 **중** 하

$4x+7=x+4$에서 우변을 좌변으로 모두 넘기면

$3x+3=0$이므로

$\therefore x=-1$

02.

정답 ③　　　　　　　　　　　상 중 **하**

큰 수부터 순서대로 나열하면

$12,\ 5,\ 2,\ -4,\ -7$

따라서 세 번째로 큰 수는 2이다.

03.

정답 ②　　　　　　　　　　　상 **중** 하

$-2x+3$에 $x=3$을 대입하면

$(-2)\times 3+3=-6+3=-3$

04.

정답 ④　　　　　　　　　　　상 **중** 하

오리의 수를 x, 돼지의 수를 y라 하면

$$\begin{cases} x+y=26 & \cdots\ \text{㉠} \\ 2x+4y=74 & \cdots\ \text{㉡} \end{cases}$$

㉡$-$㉠$\times 4$를 하면

$$\begin{array}{r} 2x+4y=74 \\ -)\ 4x+4y=104 \\ \hline -2x=-30 \end{array}$$

$x=15$

따라서 오리는 15마리이다.

05.

정답 ②　　　　　　　　　　　상 **중** 하

주어진 도수분포표의 합계는 20이므로 학생 수를 모두 더한 값이 20이 되어야 한다.

$16+A=20$

$\therefore A=4$

06.

정답 ④　　　　　　　　　　　상 **중** 하

$$(x+5)(x-5)=x^2+5x-5x-25$$
$$=x^2-25$$

---

tip 곱셈공식

- $(a+b)^2=a^2+2ab+b^2$
- $(a-b)^2=a^2-2ab+b^2$
- $(a+b)(a-b)=a^2-b^2$

07.

정답 ③　　　　　　　　　　　상 **중** 하

주어진 삼각형의 내각을 모두 나타내면

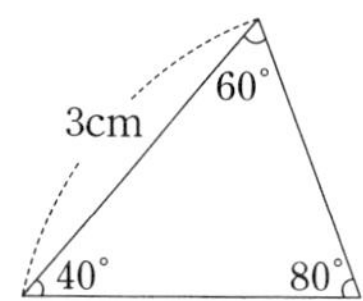

이와 합동인 삼각형은 ③이다.

08.

정답 ②　　　　　　　　　　　상 **중** 하

$5^2\times 5^5\div 5=5^{2+5-1}=5^6$

---

tip 지수법칙

$a,\ b$가 실수이고, $m,\ n$이 양의 정수일 때,

① $a^m\times a^n=a^{m+n}$

② $(a^m)^n=a^{mn}$

③ $(ab)^n=a^n b^n$

④ $\left(\dfrac{a}{b}\right)^n=\dfrac{a^n}{b^n}$ (단, $b\neq 0$)

⑤ $a^m \div a^n = \begin{cases} a^{m-n} & (m > n) \\ 1 & (m = n) \\ \dfrac{1}{a^{n-m}} & (m < n) \end{cases}$ $(a \neq 0)$

09.

정답 ①	상 **중** 하

닮음비란 닮은 두 도형에 대응하는 변의 길이의 비이므로 빨대 1개를 k라 하면 작은 정삼각형의 한 변의 길이는 k이고 큰 정삼각형의 한 변의 길이는 $2k$이므로 $1 : 2$이다.

> **tip** 삼각형의 닮음조건
>
> 두 삼각형은 다음 각 경우에 닮은꼴이다.
> - 세 쌍의 대응하는 변의 길이의 비가 각각 같을 때(SSS닮음)
>
> $\dfrac{a}{a'} = \dfrac{b}{b'} = \dfrac{c}{c'}$
>
> - 두 쌍의 대응하는 변의 길이의 비가 각각 같고, 그 끼인각의 크기가 같을 때(SAS닮음)
>
> $\dfrac{a}{a'} = \dfrac{b}{b'}$, $\angle B = \angle B'$
>
> - 두 쌍의 대응하는 각의 크기가 각각 같을 때(AA닮음)
>
> $\angle B = \angle B$, $\angle C = \angle C$

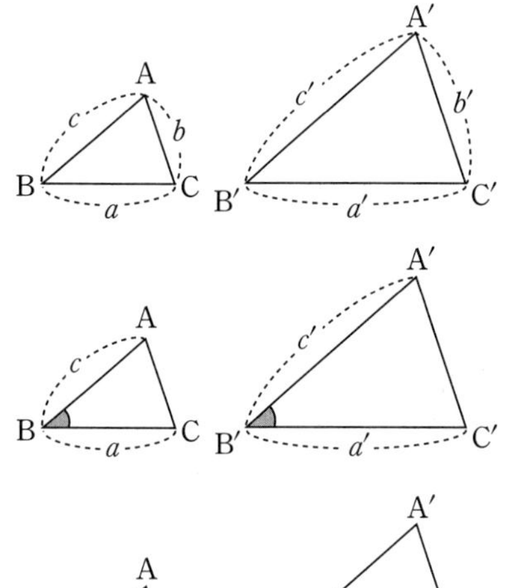

10.

정답 ①	상 **중** 하

먼저 일차부등식을 풀어보면
$2x + 5 > 1$, $2x > 1 - 5$, $2x > -4$, $x > -2$

따라서 이 범위를 수직선 위에 옳게 나타낸 것은 ①이다.

11.

정답 ④	**상** 중 하

$\angle C$는 공통, $\angle BAC = \angle EDC$
$\therefore \triangle ABC$와 $\triangle DEC$는 닮음(AA닮음)
$\overline{AC} : \overline{DC} = \overline{BC} : \overline{EC}$이므로
$6 : 3 = (x + 3) : 4$
$3(x + 3) = 6 \times 4$
$3x + 9 = 24$
$3x = 15$
$\therefore x = 5$

12.

정답 ③	상 **중** 하

철수가 상의를 고를 수 있는 경우의 수가 4가지이고 하의를 고를 수 있는 경우의 수가 3가지이다. 또한 상의를 고르는 사건과 하의를 고르는 사건은 서로 영향을 주지 않으므로 확률의 곱셈 정리를 이용할 수 있다.
$\therefore 4 \times 3 = 12$

13.

정답 ②	상 **중** 하

평행사변형이므로 $\overline{AD} /\!/ \overline{BC}$이고,
엇각에 의해 $\angle x = \angle DBC$이다.
따라서 $30° + \angle x + 120° = 180°$, $\angle x = 30°$

[다른 풀이]
평행사변형이므로 $\overline{AD} /\!/ BC$이고, 동위각과 엇각에 의해
$\angle BCD = \angle BAD = 120°$이다.
따라서 삼각형 ABD에서
$30° + 120° + \angle x = 180°$, $\angle x = 30°$

14.

정답 ④	상 **중** 하

④ $(x - 1)(x + 3)$

---

① $x(x+2)$

② $(x+2)(x+3)$

③ $(x+1)(x+2)$

15.

정답 ② 　　　　　　　　　　상 **중** 하

$\sqrt{48}=\sqrt{4\times4\times3}=\sqrt{4^2}\times\sqrt{3}=4\sqrt{3}$

$\therefore a=3$

16.

정답 ③ 　　　　　　　　　　상 **중** 하

이차방정식 $(2x+3)(x-1)=0$의 두 근은

$2x+3=0$, $x-1=0$에서 $x=-\dfrac{3}{2}$, $x=1$

따라서 두 근의 합은 $1+\left(-\dfrac{3}{2}\right)=-\dfrac{1}{2}$

17.

정답 ④ 　　　　　　　　　　상 중 **하**

문제의 그래프는 위로 볼록인 이차함수 그래프이다. 그래프를 보면 최댓값이 4임을 알 수 있다.

-----

tip 이차함수 $y=x^2$의 그래프

- 원점 $(0,0)$을 지나고, 아래로 볼록한 모양이다.
- 원점 이외의 부분은 모두 x축보다 위에 있다.
- y축에 대하여 대칭이며, $y=-x^2$의 그래프와 x축에 대하여 대칭이다.

18.

정답 ③ 　　　　　　　　　　상 **중** 하

$(\sqrt{9})^3+\sqrt{(-5)^2}=(\sqrt{3^2})^3+5$

$=(3)^3+5$

$=27+5$

$=32$

19.

정답 ④ 　　　　　　　　　　상 **중** 하

$\cos B=\dfrac{(밑변의\ 길이)}{(빗변의\ 길이)}=\dfrac{\overline{BC}}{\overline{AB}}=\dfrac{12}{13}$

-----

tip 삼각비의 뜻

$\angle C=90°$인 직각삼각형 ABC에서

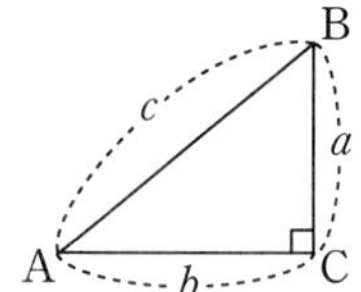

- $\sin A=\dfrac{a}{c}$
- $\cos A=\dfrac{b}{c}$
- $\tan A=\dfrac{a}{b}$

20.

정답 ③ 　　　　　　　　　　상 **중** 하

주어진 그림은 평행사변형이므로

$\overline{AB}$와 $\overline{CD}$의 길이는 같고, $\overline{AD}$와 $\overline{BC}$의 길이가 같다.

따라서 $\overline{BC}=7\text{cm}$이다.

영 어

01	③	02	②	03	③	04	②	05	④
06	②	07	①	08	③	09	①	10	④
11	③	12	④	13	③	14	④	15	④
16	④	17	②	18	②	19	④	20	③
21	③	22	①	23	②	24	④	25	①

01.

정답 ③ 

waist(허리), knee(무릎), hand(손), arm(팔) head(머리)는
모두 우리 몸(body)의 일부분이다.
③ body : 몸
① foot : 발
② gesture : 몸짓, 제스처
④ family : 가족

---

tip 가족(family) 관련 단어

- grandfather 할아버지
- grandmother 할머니
- father 아버지
- mother 어머니
- uncle 삼촌
- aunt 이모/고모
- brother 형/오빠/남동생
- sister 언니/누나/여동생
- son 아들
- daughter 딸
- cousin 사촌
- nephew 조카

02.

정답 ② 상 중 **하**

'begin – start'은 동의어 관계로, 두 단어 모두 '시작하다'라는
의미를 지닌다. 나머지는 모두 서로 상반된 의미의 반의어 관
계이다.
① 빠른 – 느린
③ 자다 – 깨다
④ 긍정적인 – 부정적인

03.

정답 ③ 상 **중** 하

be동사의 현재형으로 묻고 대답한다.

|해석|

A : 너 괜찮니, Suji?

B : 아니. 나 두통이 있어.

|어휘와 표현|

headache 두통, 머리가 아픔

04.

정답 ② 상 **중** 하

Sumin은 다음 주 평일에 낚시를 갈 예정이므로 미래시제인
'will'이 들어간 'will go'가 적절하다.

|해석|

Sumin은 다음 주 평일에 낚시를 하러 갈 것이다.

|어휘와 표현|

weekday 평일

05.

정답 ④ 상 **중** 하

in my shoes는 '내 입장에서'라는 뜻으로 쓰인다. 따라서 문
장을 완전히 배열하면 다음과 같다.
If you (d) were in (b) my shoes, (c) what (a) would
you do?

|해석|

네가 만약 내 입장이라면, 너는 어떻게 하겠니?

[06~07]

06.

정답 ② 상 **중** 하

자신의 자리에 잘못 앉은 것 같다는 A의 말에 B가 미안하다고
답하고 있으므로 B는 wrong(틀린, 잘못된) 자리에 앉아있었
다고 말하는 것이 적절하다.

|해석|

A : 제 자리에 앉아 계신 것 같아요.

B : 오, 그렇네요. 죄송합니다. 제가 잘못된 자리에 앉았네요.

|어휘와 표현|

sit 앉다   **seat** 자리, 좌석   **place** 장소, 곳

07.

정답 ①	상 중 **하**

'어디서' 왔느냐고 묻는 것이므로 장소를 나타내는 관계부사인 Where로 물어야 한다.

| 해석 |

A : 너 어디서 왔니?

B : 나는 한국에서 왔어.

08.

정답 ③	상 **중** 하

| 해석 |

• 너 무엇을 찾고 있니?

• 한국은 태권도로 유명하다.

| 어휘와 표현 |

look for ~을 찾다, 구하다   famous for ~으로 유명한

09.

정답 ①	상 **중** 하

| 해석 |

A : 표지판에 뭐라고 적혀 있니?

B : "여기에서 담배를 피우지 마시오."라고 적혀 있어.

| 어휘와 표현 |

sign 표지판   smoke 담배를 피우다

[10~12]

10.

정답 ④	상 **중** 하

A는 버스가 몇 시에 도착하는지에 대해 묻고 있으므로 B의 대답으로 가장 적절한 것은 ④의 '2시에 도착합니다.'이다.

| 해석 |

A : 몇 시에 버스가 도착하나요?

④ 2시에 도착합니다.

① 괜찮습니다.

② 3일간 걸립니다.

③ 버스로 갑니다.

| 어휘와 표현 |

arrive 도착하다

11.

정답 ③	상 중 **하**

B가 because(왜냐하면)라고 대답하고 있으므로 A는 why(왜, 어째서)라고 질문했음을 추측할 수 있다.

| 해석 |

A : 너는 왜 그 가수를 좋아하니?

B : 왜냐하면 그녀는 노래를 매우 잘하거든.

③ 너는 왜 그 가수를 좋아하니?

① 너의 취미는 무엇이니?

② 너는 언제 노래 부르니?

④ 네가 가장 좋아하는 가수는 누구니?

12.

정답 ④	상 **중** 하

마지막에 B는 "그는 매우 친절하다."고 했으므로 이와 관련된 내용이 오는 것이 적절하다.

| 해석 |

A : 사진 속에 있는 남자는 누구니?

B : 그는 나의 영어 선생님이야.

A : 그는 어떤 사람이니?

B : 그는 매우 친절해.

④ 그는 항상 우리를 도와줘.

① 그는 우리에게 많은 숙제를 내줘.

② 그는 축구를 매우 잘 해.

③ 그는 예의 바른 학생을 좋아해.

13.

정답 ③	**상** 중 하

주어진 제시문의 조건에 맞는 것을 보기에서 고르면 ③의 '자동차'이다.

| 해석 |

우리가 어떤 장소를 갈 때, 우리는 이것을 이용합니다. 이것은 유용하고 편리합니다. 대부분의 사람들은 여행갈 때 이것을

이용합니다. <u>이것</u>은 많은 물건들을 실을 수 있습니다. 당신이 <u>이것</u>을 운전할 때 당신은 안전벨트를 매야 합니다.

| 어휘와 표현 |

useful 유용한   **convenient** 편리한   **travel** 여행
baggage 짐   **fasten** 매다, 채우다   **seat belt** 안전벨트

14.

| 정답 ④ | 상 **중** 하 |

도서관이 근처에 있는지 물어보는 여자의 질문에 남자가 대답하고 있으므로 제시문의 문맥상 여자는 도서관에 가려고 함을 알 수 있다.

| 해석 |

여자 : 실례지만, 근처에 도서관이 있나요?
남자 : 네, 곧장 한 블록을 가다가 우체국에서 오른쪽으로 가세요. 그것은 은행 옆에 있습니다.

| 어휘와 표현 |

library 도서관   **post office** 우체국

15.

| 정답 ④ | 상 중 **하** |

'forgive'는 '용서하다'는 의미이고, A는 B의 물건을 잃어버린 상황이므로 밑줄 친 말의 의도로 적절한 것은 사과하기이다.

| 해석 |

A : 나를 용서해줘.
B : 뭐가 잘못됐어?
A : 내가 너의 노트를 잃어버렸어.
B : 괜찮아.

16.

| 정답 ④ | 상 **중** 하 |

건강을 위한 생활 습관에 대해 이야기하고 있으므로 ④가 가장 적절하다.

| 해석 |

당신은 당신의 건강을 위해 무엇을 하고 있습니까? 당신은 아침 식사를 해야 하고 규칙적으로 운동을 해야 합니다. 그리고 매일 밤 충분한 잠을 자야 합니다.

| 어휘와 표현 |

health 건강   **regularly** 규칙적으로   **enough** 충분한

17.

| 정답 ② | 상 **중** 하 |

글쓴이는 Sara에게 생일 선물로 꽃을 받은 것에 대하여 감사를 표하고 있다.

| 해석 |

Sara에게

방금 꽃을 받았어. 20송이의 빨간 장미를! 얼마나 멋진 생일선물이었던지! 휴가 중에도 내 생일을 기억해주다니 정말 멋지구나.

18.

| 정답 ② | **상** 중 하 |

공과 라켓, 테이블이 필요하고 두 명 혹은 네 명이 함께 할 수 있는 운동은 탁구이다. 따라서 I는 탁구선수임을 알 수 있다.

| 해석 |

나는 운동선수입니다. 내가 이 운동을 할 때 나는 한 개의 공과 한 개의 라켓이 필요합니다. 또한 테이블도 필요합니다. 두 명 혹은 네 명의 사람들이 이 운동을 함께 할 수 있습니다.

| 어휘와 표현 |

sports player 운동선수   **ball** 공   **racket** 라켓

19.

| 정답 ④ | 상 **중** 하 |

학교는 9시에 시작해서 3시 30분에 끝난다.

| 해석 |

나는 아침 6시 정각에 일어난다. 나는 교복을 입고 학교에 8시에 간다. 나는 자전거를 탄다. 학교는 9시에 시작해서 3시 30분에 끝난다.

| 어휘와 표현 |

wear 입다   **school uniform** 교복   **ride a bike** 자전거를 타다   **finish** 끝내다, 마치다

20.

정답 ③  상 **중** 하

제시된 조건에 맞는 것을 보기에서 고르면 ③의 물(water)이 가장 적절하다.

| 해석 |

• 우리는 <u>이것</u> 없이는 살 수 없다.
• 우리는 <u>이것</u>을 매일 마신다.
• 우리는 <u>이것으로</u> 샤워한다.

③ water : 물
① fire : 불
② money : 돈
④ shampoo : 샴푸

| 어휘와 표현 |

without ~없이   **shower** 샤워

21.

정답 ③ 상 중 **하**

마지막 문장의 flight(비행)를 통해 정답을 유추할 수 있다.

| 해석 |

신사숙녀 여러분, 안녕하세요. 저는 여러분의 기장입니다. 안전벨트를 착용해 주세요. 우리는 15분 뒤 도착합니다. 즐거운 비행이었길 바랍니다.

| 어휘와 표현 |

captain 선장, 기장   **fasten** 매다, 채우다   **seat belt** 안전벨트, 안전띠   **flight** 여행, 비행

22.

정답 ① 상 **중** 하

글은 구인을 목적으로 하는 광고문이다.

| 해석 |

사람을 찾습니다.
경험 있는 디자이너를 구합니다.
시간당 3.5달러
Bob에게 123-4567로 전화하세요.

23.

정답 ② 상 **중** 하

| 해석 |

A : 실례합니다. 서점은 어디에 있습니까?
B : 앞으로 쭉 가다가 첫 번째 모퉁이에서 오른쪽으로 도세요. 바로 오른쪽에 있습니다.

| 어휘와 표현 |

bookstore 책방, 서점   **go straight** 곧장 가다   **corner** 모퉁이, 모서리

24.

정답 ④ 상 **중** 하

| 해석 |

나는 오늘 조부모님 댁을 방문했다. 그분들은 쌀과 야채를 재배하신다. 점심을 먹고, 나는 들판에서 일을 했다. 그것은 어려운 일이다. 그러나 나는 농사에 대해 많은 것을 배웠다.

| 어휘와 표현 |

grandparents 조부모   **vegetable** 야채, 채소   **farming** 농업, 농사

25.

정답 ① **상** 중 하

"불이 없는 연기 없다"는 속담은 모든 일에는 이유나 원인이 있다는 뜻이라고 했으므로 이와 가장 관련 있는 속담은 원인이 없으면 결과가 있을 수 없음을 비유적으로 이르는 말인 '아니 땐 굴뚝에 연기 나랴'가 가장 적절하다.

| 해석 |

A : "불이 없는 연기 없다(아니 땐 굴뚝에 연기 나랴)"라는 속담 알아?
B : 아니. 그게 무슨 뜻이야?
A : 모든 일에는 이유나 원인이 있다는 뜻이야.

| 어휘와 표현 |

proverb 속담   **mean** ~라는 뜻이다. ~을 뜻하다.   **reason** 이유   **cause** 원인

사 회

1	③	2	②	3	④	4	③	5	③
6	④	7	①	8	①	9	②	10	③
11	①	12	④	13	④	14	②	15	①
16	①	17	③	18	②	19	③	20	④
21	①	22	①	23	②	24	①	25	④

01.

정답 ③ 상 **중** 하

주어진 내용은 역도시화(U턴 현상)에 대한 설명이다.

① 도시화 : 전체 인구에서 도시 인구 비율(도시화율)이 높아지는 현상.

② 인구 고령화 : 고령자의 수가 증가하여 전체 인구에서 차지하는 고령자 비율이 높아지는 현상.

④ 도심의 인구 공동화 : 주간 인구는 높으나 높은 지가로 야간 인구는 적은 현상(상주인구 감소)

02.

정답 ② 상 중 **하**

삼각주에 대한 설명이다. 삼각주는 하천과 바다가 만나는 하천 하구에서 유속이 느려지면서 모래나 흙이 퇴적되어 형성된 편평한 지형이다.

① V자곡 : 산지의 상류에 만들어진 V자 모양의 계곡

③ 피오르 : 빙하의 침식으로 만들어진 U자곡에 빙하가 없어진 후 바닷물이 채워지며 생긴 좁고 긴 만

④ 화구호 : 화산의 분화구에 물이 고여 생성된 호수

03.

정답 ④ **상** 중 하

브라질의 아마존 분지인 '라'이다. 아마존강의 본류와 지류 유역에 펼쳐진 열대우림은 지구 전체의 대기에 영향을 준다. 채광산업, 대규모 방목, 간선도로의 건설 등의 계발계획으로 열대우림이 심각하게 감소하고 있다.

04.

정답 ③ 상 **중** 하

석회암 물이나 지하수, 빗물 등에 녹아서 형성된 것은 카르스트 지형이다.

• **돌리네** : 석회암이 물에 녹아 형성된 웅덩이

• **석회 동굴** : 석회암이 지하수에 의해 녹아 형성된 동굴로, 종유석, 석순, 석주 등이 형성되어 관광 산업이 발달

① 땅 속의 마그마가 솟아오르는 과정에서 형성된 지역이다.

② 육지와 바다가 만나는 곳에서 파랑과 조류에 의해 형성된 지역이다.

④ 산지는 주변보다 높은 지형이고, 고원은 높고 평탄한 지형이다.

05.

정답 ③ 상 **중** 하

주어진 내용은 그린벨트(개발제한구역)에 대한 설명이다.

① 위성도시 : 대도시 주변에서 중심 도시 기능을 분담한다.

② 도심 : 도시의 중심 업무 지구가 형성되며, 고급 서비스 기능이 집중된 지역이다.

④ 부도심 : 도심 주변의 교통이 편리한 곳에 위치하며, 도심 기능을 분담한다.

06.

정답 ④ 상 **중** 하

부산, 울산, 포항 등에서의 편리한 항만 시설을 이용하여 우리나라 최대의 중화학 공업 지역으로 발달한 곳은 남동임해 공업 지역이다.

07.

정답 ① 상 중 **하**

인구 분포에 영향을 주는 요인에는 크게 자연적 요인과 인문 · 사회적 요인이 있는데 식생은 자연적 요인에 속하고, 나머지는 모두 인문 · 사회적 요인에 속한다.

---

tip 인구 분포에 영향을 미치는 요인

• **자연적 요인** : 기후, 토양, 식생, 지형 등

• 인문적 요인 : 정치, 경제, 문화, 종교, 교통 등

08.

정답 ①　　　　　　　　　　　　　　　상 **중** 하

석유는 이란, 쿠웨이트, 사우디아라비아 등 서남아시아 지역에 풍부하다.

09.

정답 ②　　　　　　　　　　　　　　　상 **중** 하

밀은 미국, 오스트레일리아 등 신대륙에서 대규모로 재배하며 벼에 비해 재배 조건이 덜 까다롭다. 쌀이 생산지와 소비지가 일치하는 편인 것에 비해 밀은 소비가 증가하면서 국제적 이동이 많이 이루어지고 있다.

10.

정답 ③　　　　　　　　　　　　　　　**상** 중 하

영국의 명예혁명으로 입헌주의가 확립되었고, 미국 독립혁명으로 민주 공화정이 성립되었으며, 프랑스 대혁명으로 절대 왕정이 타도되었다. 입헌주의와 국민 주권의 원리를 확립시켰으나 특정 계층(유산 계급)에게만 정치적 자유가 보장되고 여성, 노동자, 농민은 제외되었다.

11.

정답 ①　　　　　　　　　　　　　　　상 중 **하**

② **보통 선거** : 일정한 연령에 달하면 어떤 조건에 따른 제한 없이 선거권을 주는 원칙이다.
③ **직접 선거** : 선거권자가 대리인을 거치지 않고 자신이 직접 가서 투표하는 원칙이다.
④ **비밀 선거** : 선거권자가 누구에게 투표했는지 알 수 없게 하는 원칙이다.

12.

정답 ④　　　　　　　　　　　　　　　**상** 중 하

주어진 설명은 민주정치의 기본 원리 중 입헌주의에 관한 내용이다.
① **권력분립 원리** : 견제와 균형의 원리를 토대로 국가 권력을 각각의 독립 기관으로 분립시켜야 한다는 원리.
② **국민 주권 원리** : 주권이 국민에게 있으며, 국가권력은 국민의 동의와 지지에 바탕을 두어야 한다는 원리.
③ **국민 자치** : 국민 주권 원리에 따라 국민 스스로 국가 정책을 결정한다는 원리.

13.

정답 ④　　　　　　　　　　　　　　　상 **중** 하

노동3권, 근로기준법, 노동조합 및 노동관계 조정법은 노동자의 권리를 보호하는데 그 목적이 있다.

14.

정답 ②　　　　　　　　　　　　　　　**상** 중 하

세금을 납부하고 재화·서비스를 구입한 대가를 지불하는 (가)는 가계이다. 세금을 거두고 공공재를 공급하는 (나)는 정부이다. 세금을 납부하고 재화·서비스를 생산하는 (다)는 기업이다.

15.

정답 ①　　　　　　　　　　　　　　　상 **중** 하

공급은 경제 주체가 주어진 가격에서 재화나 서비스를 판매하고자 하는 욕구이다.

---

tip 수요와 공급

• **수요** : 경제 주체가 주어진 가격에서 재화나 서비스를 구매하고자 하는 욕구
• **수요량** : 일정 가격으로 경제 주체가 재화나 서비스를 구입하고자 하는 양
• **공급** : 경제 주체가 주어진 가격에서 재화나 서비스를 판매하고자 하는 욕구
• **공급량** : 일정 가격으로 경제 주체가 재화나 서비스를 판매하고자 하는 양

16.

정답 ①　　　　　상 중 **하**

주어진 내용은 기회비용에 관한 설명이다.

② **국제 수지** : 일정 기간 동안 한 나라와 다른 나라 사이에서 이루어진 경제적 거래를 체계적으로 집계한 것.

③ **수요 법칙** : 가격이 하락하면 수요량이 증가하고, 가격이 상승하면 수요량이 감소함.

④ **인플레이션** : 물가가 일정 기간 지속적으로 상승하는 현상.

17.

정답 ③　　　　　상 중 **하**

고인돌은 청동기 시대의 대표적인 무덤이다. 청동기 시대는 '농경의 본격화 → 잉여생산 발생 → 사유재산(빈부격차) → 정복전쟁 → 계급발생(군장출현)'을 통해 지배 계급이 등장하였다.

tip 청동기 시대

- **유적** : 여주 흔암리, 부여 송죽리 → 탄화미 출토(벼농사의 증거)
- **유물**
  - 간석기 : 반달돌칼, 바퀴날도끼, 홈자귀
  - 토기 : 덧띠새김무늬토기, 민무늬토기, 미송리식토기, 붉은간토기
  - 청동기 : 비파형동검, 거친무늬거울
  - 무덤 : 고인돌, 돌무지무덤, 돌널무덤
- **경제**
  - 의생활 : 물레발명
  - 식생활 : 농경의 본격화
  - 주생활 : 구릉지에 움집

18.

정답 ②　　　　　상 중 **하**

호패법은 조선 시대의 16세 남자에게 오늘날의 신분증과 같은 호패를 차고 다니도록 한 제도로 조세 징수와 군역 부과에 활용되었다.

19.

정답 ③　　　　　상 **중** 하

제시된 내용은 삼국 통일 후 전제 왕권을 확립한 신문왕의 업적이다.

20.

정답 ④　　　　　**상** 중 하

강감찬은 거란이 세 번째 침략해 왔을 때 살아 돌아간 군사가 겨우 수천에 이를 정도로 대승을 거두었다. 이것이 귀주 대첩이다. 이후 강감찬은 현종 때 정부에 건의하여 개경 주위에 나성을 쌓고, 천리 장성을 쌓아 국경의 경비를 강화하였다.

① 거란의 1차 침입 때 외교로 활약하였다.

② 고려 중기 문벌 가문 출신의 권력자이다.

③ 성종 때 유교 정치사상에 입각한 시무 28조를 건의하였다.

21.

정답 ①　　　　　상 **중** 하

제시문은 병인양요(1886) 때 프랑스가 약탈해간 외규장각 도서의 반환을 요구하는 내용이다. 병인양요는 프랑스가 병인박해를 구실로 로즈 제독이 이끄는 군함을 이끌고 침입한 것으로 한성근과 양헌수 부대의 항전으로 각각 문수산성과 정족산성에서 프랑스 군을 격퇴하였다.

22.

정답 ①　　　　　**상** 중 하

러 · 일 전쟁을 승리한 일본은 한국에 대한 독점적 지배권을 인정받은 후 보호국으로 만들려는 을사조약의 체결을 강요하였다. 우리 정부의 강력한 반대에도 불구하고 일본은 일방적으로 조약을 공포하였다. 통감부를 설치하여 내정 간섭을 하였고, 외교권이 박탈되었다.

23.

정답 ②　　　　　상 중 **하**

유신 반대 운동은 제4공화국(유신체제)에 반대한 운동으로 서울대 유신 철폐 시위, 개헌 청원 100만인 서명 운동 등이 있다.

24.

정답 ①　　　　　상 **중** 하

고려 사회는 엄격한 신분질서가 강조되었는데 특히 노비의 경우는 그 사회적 처지가 가장 열악하였다. 그러나 고려 중기 이

후 소수의 권신들이 권력을 독점하는 현상이 나타나면서 그에 기생하여 노비의 정치적 · 사회적 지위가 향상되었다. 무신의 난 이후에는 이러한 현상이 더욱 현저해져 천민들의 신분해방 운동이 일어날 수 있는 계기가 마련되었다.

25.

정답 ④   상 **중** 하

임시정부 수립을 돕기 위한 미 · 소 공동 위원회 설치, 5년 기한의 신탁 통치 실시를 결정한 것은 모스크바 3국 외상회의이다.

제⑤교시 — 과 학

01	③	02	②	03	④	04	①	05	①
06	④	07	④	08	④	09	②	10	②
11	①	12	③	13	④	14	④	15	④
16	③	17	④	18	①	19	④	20	②
21	④	22	①	23	②	24	③	25	②

01.

정답 ③   상 중 **하**

주어진 그래프의 기울기 $=\dfrac{거리}{시간}$ 이므로 이는 속력을 의미한다. 따라서 속력이 가장 느린 것은 기울기가 가장 작은 것이므로 C이다.

02.

정답 ②   상 중 **하**

주어진 내용은 자기력에 관한 설명이다.
① 중력 : 지구가 물체를 끌어당기는 힘
③ 전기력 : 전기를 띤 물체 사이에 작용하는 힘
④ 탄성력 : 변형된 물체가 원래의 모양으로 되돌아가려는 힘

03.

정답 ④   상 **중** 하

'일＝힘의 크기×이동 거리'이므로
$20N × 1.5m = 30J$

04.

정답 ①   상 **중** 하

파동이 진행하는 방향과 매질이 진동하는 방향이 서로 나란하므로 종파이다. 소리는 종파이다.

05.

정답 ①   상 **중** 하

질량의 단위로는 kg, 무게의 단위로는 N을 사용한다.

- **질량** : 물체가 가지고 있는 물체 고유의 양. 장소가 달라져도 항상 일정함
- **무게** : 지구가 물체를 잡아당기는 힘. 장소가 바뀌면 값이 달라짐

06.

정답 ④  상 **중** 하

일의 양은 힘의 크기(F)와 힘의 방향으로 이동한 거리(s)를 곱한 값이다. A, B, C 빗면은 길이는 다르나, 힘의 방향으로 이동한 거리(s), 즉 높이는 같으므로 일의 양은 같다.

07.

정답 ④  상 **중** 하

$$저항 = \frac{전압}{전류} = \frac{2V}{0.5A} = 4\Omega$$

- **단위** : Ω(옴)
- **1Ω** : 1V의 전압에서 1A의 전류가 흐르게 하는 저항의 크기
- **전기 저항이 생기는 이유** : 도선 내의 자유 전자는 전압이 걸리면 전지의 (＋)극을 향해 운동하려 하지만, 원자들과 충돌하면서 운동하기 때문에 전자의 이동이 방해를 받기 때문이다.
- **전기 저항과 전류** : 전기 저항이 클수록 전류의 세기는 약해진다. 즉 전류의 세기는 전기 저항에 반비례한다.
- **옴의 법칙** : 전류의 세기(I)는 전압(V)에 비례하고, 전기 저항(R)에 반비례한다.

08.

정답 ④ 상 **중** 하

④번을 제외하고는 앙금이 생성된다.
① $2Ag^+ + SO_4^{2-} \rightarrow AgSO_4 \downarrow$
② $Ca^{2+} + SO_4^{2-} \rightarrow CaSO_4 \downarrow$
③ $Ca^{2+} + CO_3^{2-} \rightarrow CaCO_3 \downarrow$

09.

정답 ② **상** 중 하

70℃에서 질산나트륨의 용해도가 140이므로, 물 100g에 질산나트륨 140g이 녹는다. 따라서 물 300g에는 질산나트륨 420g이 녹는다. 20℃에서 질산나트륨의 용해도가 90이므로 물 300g에는 270g이 녹는다. 따라서 석출되는 질산나트륨의 양은 420−270=150(g)이다.

10.

정답 ② 상 중 **하**

순물질이란 한 가지 물질로 이루어진 것이다.
ㄴ. 공기 : 질소, 산소, 이산화탄소 등으로 이루어져 있다.
ㄷ. 설탕물 : 설탕과 물로 이루어져 있다.

11.

정답 ① 상 중 **하** 

밀도가 큰 물질은 가라앉고 작은 물질은 뜨는 성질을 이용해서 혼합물을 분리하는 방법이다. 적당한 밀도의 소금물에 볍씨를 놓으면 좋은 볍씨는 가라앉고 좋지 않은 볍씨는 뜬다.

12.

정답 ③ 상 **중** 하

추출은 고체나 액체 혼합물에서 특정 성분 물질만을 녹이는 용매를 사용하여 분리하는 방법이다. 콩 속의 지방을 분리할 때 지방 성분만 에테르에 녹아 나오므로 가열하여 에테르를 증발시키면 지방 성분만 남는다.

13.

정답 ④ 상 **중** 하

찌그러진 탁구공을 뜨거운 물에 넣으면 온도가 높아져 탁구공 속 기체 입자의 운동이 활발해진다. 따라서 기체의 부피가 늘어나 찌그러진 탁구공이 다시 펴진다.

14.

| 정답 ④ | 상 **중** 하 |

물관은 뿌리에서 흡수한 물과 무기 양분의 이동통로이며, 관다발 안쪽에 위치하고 긴 대롱 모양이며 죽은 세포로 구성되어 있다. 세포벽이 두껍다는 특징이 있다.

15.

| 정답 ④ | 상 중 **하** |

에너지원이나 몸의 구성 성분이 되는 3대 영양소는 탄수화물, 지방, 단백질이다.

16.

| 정답 ③ | **상** 중 하 |

① 인슐린 : 이자에서 분비된다. 혈당량 감소를 일으키는 호르몬으로 포도당이 글리코겐으로 합성된다. 분비량이 부족하면 당뇨병에 걸린다.

② 티록신 : 갑상선에서 생성되는 호르몬으로 세포의 대사작용을 조절한다. 티록신이 부족하면 신체, 뇌의 발달 저해로 인해 크레틴병이 발병한다.

④ 에스트로젠(에스트로겐) : 여성의 2차 성징이 발현되고, 난자를 형성시킨다.

17.

| 정답 ④ | 상 **중** 하 |

뇌와 말초 신경을 연결하는 신호의 전달 통로는 척수이다.
① 대뇌 : 자극에 대한 감각, 판단, 명령을 담당한다.
② 간뇌 : 대뇌와 중간뇌 사이에서 체온과 물질 대사를 조절한다.
③ 연수 : 심장 박동과 호흡, 소화 운동을 조절한다.

18.

| 정답 ① | 상 **중** 하 |

A는 백혈구이다. 백혈구는 병균을 잡아먹거나(식균 작용) 이들에 대항하는 물질을 만들어 질병으로부터 몸을 보호하는 역할을 한다. 그러므로 몸에 염증이 생기면 백혈구의 수가 늘어난다.

---

tip 혈액의 구성 성분

- **적혈구** : 가운데가 오목한 원반형(일정한 모양)으로, 핵이 없고 헤모글로빈이라는 붉은 색소를 가진다. 헤모글로빈은 산소를 운반한다.
- **백혈구** : 불규칙한 모양으로, 핵이 있고 무색투명하다. 식균 작용을 한다.
- **혈소판** : 불규칙한 모양으로, 핵이 없고 무색투명하다. 혈액의 응고 작용을 하여 몸의 상처 발생 시 출혈을 막는다.

19.

| 정답 ④ | 상 **중** 하 |

상염색체는 암수 모두 공통으로 가지고 있는 염색체이며, 성염색체는 암수의 성을 결정하는 염색체이다.

---

tip 염색체의 종류

- **염색분체** : 복제된 2가닥으로 염색사가 응축되어 하나의 염색체를 형성하는 하나하나의 가닥을 의미한다. 모양과 크기, 유전자가 같다.
- **상동 염색체** : 체세포와 모양과 크기가 같은 염색체가 2개씩 짝을 이루고 있는 것을 의미한다.
- **상염색체** : 성염색체를 제외한 염색체로 암수가 공통으로 가지는 염색체
- **성염색체** : 성을 결정하는 염색체
- **2가염색체** : 상동 염색체가 2개 결합된 염색체

20.

| 정답 ② | 상 **중** 하 |

② 수란관 : 정자와 난자는 수란관에서 만나 수정된다.
① 난소 : 난자를 생성하고 여성호르몬이 분비된다.
③ 자궁 : 수정란이 착상하여 태아가 자라는 곳이다.
④ 질 : 자궁과 외부를 이어준다.

21.

| 정답 ④ | **상** 중 하 |

셰일, 사암, 석회암은 모두 퇴적암으로 층리와 화석이 발견되기도 하며, 다져짐과 굳어짐을 통해 생성된다. 열과 압력을 받는 흔적이 나타나는 것은 변성암이다.

---

tip 퇴적암

물과 바람 등의 운반작용에 의해 운반된 광물이 지표의 낮은 압력과 낮은 온도 상태에서 퇴적작용을 거쳐 만들어진 암석

22.

정답 ①   상 중 **하**

구름에 대한 설명이다. 구름은 공기 중의 수증기가 응결하여 생긴 작은 물방울이나 얼음 알갱이가 상공에 모여 떠있는 것이다.

tip 구름의 생성 과정

- 수증기를 포함한 공기 덩어리가 상승한다.
- 공기 상승에 따른 기압 하강으로 공기 덩어리의 부피가 팽창한다.
- 부피가 팽창할 때 에너지(열)를 소모하여 온도가 낮아진다.
- 공기가 냉각되어 이슬점에 도달하면 응결핵을 중심으로 수증기가 응결한다.
- 수증기가 응결하여 생성된 물방울이나 얼음 알갱이가 모여 구름이 만들어진다.

23.

정답 ②   상 **중** 하

주어진 내용은 퇴적암에 관한 설명이다.
① **화성암** : 마그마나 용암이 식어서 굳어져 형성된 암석
③ **변성암** : 지하 깊은 곳에서 높은 열과 압력을 받아 성질이 변한 암석
④ **편마암** : 변성암의 일종으로 화강암에서 변성한 암석

24.

정답 ③   상 중 **하**

성층권에 대한 내용이다. 성층권은 오존층에서 자외선을 흡수하기 때문에 높이가 높아질수록 기온이 높아지며, 대기가 안정하여 비행기의 항로로 이용하고 있다.
① **열권** : 태양열을 직접 흡수하기 때문에 높이가 높아질수록 기온이 높아지며, 오로라를 형성하고 전리층이 존재한다. 공기가 매우 희박하여 일교차가 크며 인공위성의 궤도로 이용한다.
② **대류권** : 지표에서 방출되는 열이 적게 도달되어 높이가 높아질수록 기온이 낮아진다. 대기가 불안정하여 대류운동이 활발하고, 대기 중에 수증기가 포함되어 기상현상이 나타난다.
④ **중간권** : 성층권의 에너지가 적게 도달하기 때문에 높이가 높아질수록 기온이 낮아진다. 대기권 중 가장 낮은 기온이 나타나며, 수증기가 없어 기상 현상은 없다.

25.

정답 ②   **상** 중 하

태양계 행성 중 가장 크며, 수소와 헬륨으로 이루어진 두꺼운 대기층이 있는 행성은 목성이다. 목성은 적도 부근에 대기의 소용돌이로 생긴 대적반(붉은 반점)이 관측된다.
① **화성** : 표면은 산화철이 많은 붉은색 암석과 흙으로 덮여 있고 대부분 이산화탄소인 희박한 대기가 있으며, 극지방에는 얼음과 드라이아이스로 된 극관이 존재한다.
③ **토성** : 태양계 행성 중 가장 크며, 밀도는 가장 작고 자전 속도가 가장 빠르다.
④ **천왕성** : 대기 중 메테인으로 의해 청록색으로 보이며, 자전축이 공전 궤도면과 거의 나란하다.

제⑥교시 도 덕

01	②	02	②	03	②	04	③	05	④
06	①	07	④	08	①	09	④	10	③
11	③	12	③	13	④	14	④	15	①
16	②	17	④	18	③	19	①	20	③
21	②	22	③	23	③	24	①	25	②

01.

정답 ②　　　　　　　　　상 **중** 하

도덕 판단은 도덕을 근거로 한 가치 판단으로, 인격이나 행동 등에 대해 내리는 판단이다. 도덕 원리와 사실판단에 근거한 삼단논법으로 완성된다. 따라서 도덕원리와 사실판단에 중복되는 내용을 찾으면 된다. 지문을 보면 도덕 원리에서 '다른 사람에게 피해를 주는 행동은 옳지 않다'고 했으며, 사실판단에서는 이러한 행위 중 하나로 '수업 시간에 떠드는 것'을 정했다. 따라서 도덕 판단에는 '수업 시간에 떠드는 것은 옳지 않다'가 적절하다.

02.

정답 ②　　　　　　　　　상 중 **하**

주어진 제시문은 양심에 관하여 설명하고 있다.

03.

정답 ②　　　　　　　　　상 **중** 하

성찰은 자신이 한 일을 깊이 되돌아보는 일을 뜻하며, 주로 자신의 내면적 활동에 초점을 맞추고 있다. 성찰을 하는 사람은 자신의 성격, 감정 상태와 변화, 행동의 목적과 의도에 대하여 명료한 평가를 내릴 수 있다. 따라서 자기 자신을 객관적으로 바라보기 위해서는 성찰이 필요하다.

04.

정답 ③　　　　　　　　　상 **중** 하

친구 관계를 유지하는데 있어서 정당하지 않은 방법을 사용하는 것은 바람직하지 않다. 또한 지나치게 결과만을 추구하는 행위도 경계해야 한다.

05.

정답 ④　　　　　　　　　상 **중** 하

외모 지상주의는 외모가 개인 간의 우열뿐 아니라 인생의 성패까지 좌우한다고 믿어 외모에 지나치게 집착하는 경향 또는 그러한 사회 풍조를 말한다. 외모가 연애 · 결혼 등과 같은 사생활은 물론 취업 · 승진 등 사회생활 전반까지 좌우한다고 생각하기 때문에 외모를 가꾸는데 많은 시간과 노력을 기울이게 된다.

06.

정답 ①　　　　　　　　　상 중 **하**

①은 이성교제의 장점이 아니다. 이성교제를 함으로써 오히려 성 역할에 대한 고정관념을 깨뜨리고 바람직한 성 역할을 이해할 수 있다.

---

tip 이성교제의 장점과 단점

- 장점
  - 자신의 모습을 돌아보고 이해하는 자아 성찰을 할 수 있게 한다.
  - 사랑의 본질을 알게 하고 기쁨을 주며, 감성이 풍부해지고 자신감과 안정감을 갖게 한다.
  - 이성에 대한 비현실적인 생각에서 벗어나게 해준다.
  - 이성 교제를 통해 남녀가 어울려 지내는 방법을 배우게 되며, 남녀의 역할과 기능에 대해서도 알게 된다.
- 단점
  - 이성 교제에 지나치게 몰두한 나머지 청소년기에 꼭 해야 할 학업이나 장래를 위한 준비에 소홀하기도 한다.
  - 일시적인 성적 충동이나 유혹에 빠져 그릇된 성적 행동을 하기도 한다.
  - 이성의 특수성을 잘 이해하지 못하여 갈등이 생기기도 한다.

07.

정답 ④　　　　　　　　　상 **중** 하

네티켓(Netiquette)은 네트워크(Network)와 에티켓(Etiquette)의 합성어로, 인터넷 공간에서 지켜야 할 예의범절이다. 사이버 공간 역시 현실의 공간과 마찬가지로 인간과 인간의 만남이 이루어지는 사회적인 공간이므로 자신의 감정을 앞세워 함부로 말하지 않고 상대방을 존중하는 태도가 필요하다.

08.

정답 ①　　　　　상 중 하

주어진 제시문에서 설명하는 도덕이론은 의무론적 윤리설에 해당한다.
② **목적론적 윤리설** : 인간이 추구하는 목적은 행복 또는 쾌락이며, 이를 최대한 도출하는 행위가 도덕적이라 보는 윤리설
③ **이기주의 윤리론** : 자신에게 이익이 되는 행위만을 옳다고 생각하는 윤리론
④ **공리주의** : 사회 전체의 이익을 가져오는 행위가 옳은 행위라고 주장.

09.

정답 ④　　　　　상 중 하

보기 글은 통일 비용에 대한 내용이다. 분단 비용은 남북한 사이의 대결과 갈등으로 지출되는 비용으로 통일을 달성하는 과정에서 필요한 통일 비용과는 다르다.

10.

정답 ③　　　　　상 중 하

과학 기술의 발달로 인류의 삶이 풍요로워졌지만 여러 윤리적·환경적 문제가 일어날 가능성도 높아지고 있다. 따라서 과학 기술 발달은 긍정적 측면과 부정적 측면을 모두 지니고 있다고 볼 수 있다.

11.

정답 ③　　　　　상 중 하

보기 글은 성 역할에 대한 내용이다. 고정 관념이란 그 사람의 마음속에서 늘 자리하여 잘 변하지 않는 확고한 의식이나 생각을 말한다. 보기 글은 성 역할에 대하여 서술하고 있다.

12.

정답 ③　　　　　상 중 하

마거릿 미드의 연구 결과를 통해 성 역할이나 성 고정 관념은 처음부터 정해져 있는 것이 아니라 시대나 장소에 따라 변화되는 것임을 알 수 있다. 그러므로 어느 한쪽의 성이 다른 성

보다 선천적으로 우월하다거나 열등하기 때문에 성 역할을 나누거나 고정화하는 것은 설득력이 약하다.

13.

정답 ④　　　　　상 중 하

자아발견을 위해서는 나의 소망, 능력, 의무 등을 알아야 한다. '친구 생일 선물로 무엇을 살 것인가?' 하는 질문은 자아발견과는 아무런 관련이 없다.

14.

정답 ④　　　　　상 중 하

인간다운 삶을 살기 위해서는 진리를 추구하고 옳은 것을 실천하는 등 정신적 가치를 추구하며, 자신의 다양한 욕구들을 절제하고 충동을 억제해야 한다. 또한 자신만을 위해 살지 않고 다른 사람과 함께 행복하게 사는 삶을 살아야 한다. 높은 사회적 지위만을 추구하는 삶은 인간다운 삶의 모습이라고 보기 어렵다.

15.

정답 ①　　　　　상 중 하

보기 글에서 설명하고 있는 다른 사람과 구분할 수 있는 자기만의 고유한 특성은 '개성'이다. 개성을 발전시키기 위해서는 주관과 신념을 가지고 다른 사람의 말에 무작정 흔들리지 않으며 자신의 개성을 찾아 가꿀 수 있어야 한다.

16.

정답 ②　　　　　상 중 하

토론이란 어떤 문제에 대하여 찬성과 반대의 의견을 가진 사람들이 모여서 자신의 의견을 논리적으로 주장하여 그 주장이 옳다는 것을 보여 주는 말하기의 한 방식이다. 토론자들은 주어진 문제에 대하여 찬성인지 반대인지 입장을 분명히 정한 후에 상대방의 의견을 듣고 적절한 이유를 들어 자신의 의견이 옳다는 것을 주장해야 한다. 따라서 무조건적으로 순응해야 한다는 설명은 적절하지 않다.

17.

정답 ④　　　　　　　　　　　　　　　　상 **중** 하

다양한 종교를 이해하기 위해서는 이것만이 진리라고 믿는 태도를 버려야 한다. 즉 개방성을 가지고 상대 종교의 장점을 받아들여야 한다.

18.

정답 ③　　　　　　　　　　　　　　　　상 **중** 하

인권은 인간다운 삶을 위해 보장되어야 하는 기본적 권리로, 태어나면서 자연적으로 갖게 되는 권리이다. 따라서 출생신고를 해야지만 생기는 권리라는 설명은 잘못되었다.

19.

정답 ①　　　　　　　　　　　　　　　　상 중 **하**

양성평등은 남녀의 신체적인 차이는 인정하되, 인간의 존엄성이라는 측면에서 서로 평등하다는 것을 의미한다.

---

tip 양성평등 실현을 위한 노력

- 성역할 고정관념 극복
- 성차별 문화 개선
- 잘못된 사회 구조 및 제도 개선

20.

정답 ③　　　　　　　　　　　　　　　　상 중 **하**

'뒷산의 능선을 보고 지붕의 곡선을 정하였다'는 것으로 보아 자연의 조화를 중요시했음을 알 수 있으며 '목재를 그대로 사용'하여 자연스러운 아름다움을 강조하였음을 추측해 볼 수 있다.

21.

정답 ②　　　　　　　　　　　　　　　　상 **중** 하

티베트의 조장은 장례를 치르기 어려운 자연환경에 의하여 생겨난 풍습이다.

22.

정답 ③　　　　　　　　　　　　　　　　상 **중** 하

상생의 공동체를 이루기 위해서는 남북한의 경제 협력을 지속적으로 확대하고, 남북 경제 공동체 형성을 위한 방향으로 발전해 나가기 위해서 쌍방향적이고 상호 보완적인 방법으로 경제 협력이 이루어져야한다. 따라서 빠른 속도로 경제 협력을 하는 것은 옳지 않다.

23.

정답 ③　　　　　　　　　　　　　　　　**상** 중 하

주어진 제시문에서 설명하는 이상사회는 플라톤의 철인 국가에 해당한다. 플라톤은 통치자, 수호자, 생산자가 각자 자신의 본분을 지켜야 한다고 주장했다.

① 대동사회는 공자가 주장한 이상사회로 모두가 화합하고 더불어 살 수 있는 조화로운 사회를 주장했다.

② 소국과민은 노자가 주장한 이상사회로 작은 땅에 백성들이 자연의 질서에 순응하며 살아가는 사회를 주장했다.

④ 토마스 모어는 유토피아란 모두가 존엄하고 소유와 생산이 평등하며, 적당한 노동과 충분한 여가를 즐기며, 경제적으로 풍요로우나 검소하게 사는 사회임을 주장했다.

24.

정답 ①　　　　　　　　　　　　　　　　상 **중** 하

인간은 다른 사람의 도움 없이는 살아갈 수 없는 사회적 존재이다.

25.

정답 ②　　　　　　　　　　　　　　　　상 중 **하**

노인 문제 해결을 위해서는 의료 복지비용 확대를 비롯하여 노인들의 건강 증진에 도움이 될 수 있는 공공사업을 진행해야 한다.

제 2 회

정답 및 해설

중학교 졸업학력 검정고시 모의고사 |

제①교시   국 어

01	④	02	④	03	④	04	②	05	②
06	②	07	③	08	②	09	④	10	②
11	④	12	②	13	①	14	④	15	③
16	①	17	①	18	②	19	③	20	③
21	①	22	②	23	③	24	①	25	②

01.

정답 ④   상 중 **하**

대화에서 두 사람은 오래간만에 만나 인사를 나누고 있다. 따라서 의사소통의 목적은 '안부 묻기'이다.

02.

정답 ④   상 **중** 하

'할아버지'는 높임의 대상이므로 '께서'라는 조사를 붙이는 것이 옳다. 또한 '노력하다'의 주체는 '혜린'이므로 '노력하면'이 옳다. 또한 좋은 결과를 얻을 수 있다고 말한 주체는 '할아버지'이고, 청자는 '엄마'이므로 '하셨어요'가 옳다. 이를 정리하면 '할아버지께서 꾸준히 노력하면 반드시 좋은 결과를 얻을 수 있다고 하셨어요.'이다.

03.

정답 ④   상 **중** 하

'높이', '빠르게', '매우'는 모두 부사에 해당하므로, 부사의 특징에 해당하는 ④가 적절하다.
① 대명사에 대한 설명이다.
② 동사에 대한 설명이다.
③ 관형사에 대한 설명이다.

tip 부사

주로 용언을 꾸며 주며, 홀로 쓰이기도 하고 조사와 결합하여 쓰이기도 한다.

04.

정답 ②   **상** 중 하

주어진 제시문은 '자음동화' 현상에 대해 설명하고 있다.
① 음운의 탈락 : 두 음운이 만났을 때, 그중 한 음운이 완전히 사라져 발음되지 않는 음운 현상.
③ 음절 끝소리 규칙 : 음절의 끝소리에서 'ㄱ, ㄴ, ㄷ, ㄹ, ㅁ, ㅂ, ㅇ'의 7개의 자음만 발음되는 규칙
④ 음운의 축약 : 두 음운이 합쳐져서 하나의 음운으로 줄어 발음되는 현상

05.

정답 ②   상 **중** 하

'빛난다'는 형용사이고, '곱다', '높다', '바르다' 모두 형용사이다. '흩날린다'는 동사에 해당한다.

tip 동사와 형용사

• 동사 : 사람이나 사물의 움직임을 나타내는 단어
  예 달리다, 먹다, 자다
• 형용사 : 사람이나 사물의 상태나 성질을 나타내는 단어
  예 예쁘다, 착하다, 파랗다

06.

정답 ②   상 중 **하**

'어머나'는 감탄사이므로, 다른 문장 성분과 직접적인 관계없

이 독립적으로 사용 할 수 있는 독립성분이다.
① 문장의 주체가 되는 주어이다.
③ 서술어 '읽었다'의 대상이 되는 목적어이다.
④ 서술어이다.

07.

정답 ③	상 중 하

'오늘'과 '나무'는 더 나누면 뜻을 잃어버리는 경우이며, '심었다'에서 '심-'은 '풀·나무의 뿌리나 씨앗 따위를 땅속에 묻다.'는 의미, '-었-'은 '과거'를 뜻하는 형식적 의미, '-다'는 문장을 종결하는 형식적 의미를 각각 가지므로 각각이 하나의 형태소이다.

08.

정답 ②	상 중 하

개요표 : 어떤 내용을 일정한 형식과 순서에 따라 보기 쉽게 나타낸 표
ⓒ 도시 농업의 문제점이 아닌 긍정적인 사례이므로 내용을 바꾸거나 처음 부분으로 옮겨야 한다.

09.

정답 ④	상 중 하

〈보기〉의 그림에서 두 사람은 같은 나무를 바라보면서 각각 다른 생각을 하고 있다. 한 사람은 대상의 단점을 보는 반면, 한 사람은 장점을 보고 있다. 따라서 바람직한 인간관계에 관한 글을 쓰고자 할 때, '④ 상대의 단점보다는 장점을 보기 위해 노력해야 한다.'와 같은 내용을 연상할 수 있다.

10.

정답 ②	상 중 하

주어진 제시문은 부모와 자식 간의 원만한 대화가 이루어져야 함을 주장하고 있다. 따라서 '가족 간 대화의 필요성'이 글의 주제로 적절하다.

[11~13]

11.

정답 ④	상 중 하

주어진 시에서 대화체를 사용한 부분은 찾을 수 없다.
① '나'에 해당하는 시적화자가 표면에 등장하고 있다.
② 비슷한 문장구조가 서로 대응하는 대구법이 사용되고 있다.
③ '봄' 이라는 계절적 배경이 나타나 있다.

12.

정답 ②	상 중 하

㉠에서 사용된 표현 방법은 직유법에 해당한다. 직유법은 대상을 '~처럼, ~같이, ~양' 등의 매개어를 이용해 다른 대상에 직접 빗대어 표현하는 방법이다.

13.

정답 ①	상 중 하

'돌담에 속삭이는 햇발같이'는 지상의 세계에서 천상의 세계인 하늘을 동경하는 마음을 그리고 있는 서정시이다.

[14~16]

14.

정답 ④	상 중 하

「홍길동전」은 '길동'이라는 허구적 인물을 통해 당시의 모순된 사회 제도를 비판하였다.
①「홍길동전」은 적서차별이 심하고 탐관오리들이 많아 혼란했던 당대의 사회상을 반영한 사회소설이다.
②「홍길동전」은 현존하는 최초의 국문 소설이다.
③「홍길동전」은 영웅 소설의 전형적 구조를 따르고 있다.

---

tip 홍길동전

- 갈래 : 고전 소설, 사회 소설, 한글 소설
- 성격 : 현실 비판적, 전기적, 우연적
- 시점 : 전지적 작가 시점
- 배경 : 조선 시대
- 주제 : 적서차별 제도에 대한 길동의 저항과 입신양명 의지

15.

| 정답 ③ | 상 **중** 하 |

길동이 서자라는 이유로 호부호형을 할 수 없었던 것으로 보아 당대 사회에 적서차별 제도와 축첩제가 존재하였음을 알 수 있다. 따라서 '능력에 따라 사회적 지위를 얻을 수 있었다'는 적절하지 않은 내용이다.

16.

| 정답 ① | 상 **중** 하 |

길동이 ㉠ '활빈당'을 만든 이유는 백성을 괴롭히는 양반들을 다스리고 가난한 백성들에게 빼앗긴 재물을 돌려주고자 함이다.

[17~19]

17.

| 정답 ① | 상 **중** 하 |

이 작품은 중간에 회상장면이 삽입되는 역전적 구성으로 되어 있으나 주어진 부분은 작품의 결말부분으로 현재의 상황이다.

18.

| 정답 ② | 상 중 **하** |

성삼은 덕재를 도망가게 하기 위해 학을 몰아오라고 하는 척 친구인 덕재를 보내주려는 것이다.

19.

| 정답 ③ | 상 **중** 하 |

토끼는 용궁에 끌려와 도망갈 방법을 찾지 못하고 꼼짝없이 죽을 위기에 처해 있으므로 이와 가장 어울리는 한자성어는 사면초가이다.

사면초가(四面楚歌) : 아무에게도 도움을 받지 못하는, 외롭고 곤란한 지경에 빠진 형편을 이르는 말

[20~22]

20.

| 정답 ③ | 상 **중** 하 |

이 글은 글쓴이의 주장이 담긴 논설문을 읽는 방법에 대해 알려주고 있다. 따라서 등장인물의 갈등을 파악하며 읽는 것을 강조한 부분은 찾아볼 수 없다.

21.

| 정답 ① | 상 **중** 하 |

글의 1문단에서 글을 쓰게 된 배경을 서술하고 있다.

22.

| 정답 ② | **상** 중 하 |

해석(解釋) : 문장이나 사물 따위로 표현된 내용을 이해하고 설명함. 또는 그 내용.

[23~25]

23.

| 정답 ③ | 상 **중** 하 |

(가)에서는 설화나 민화 속 호랑이의 모습을 제시하고 있으며 이어지는 내용에서 우리 민족의 삶이 설화 속 호랑이를 통해 어떻게 형상화되었는지 살펴본다고 소개하고 있다.

24.

| 정답 ① | 상 중 **하** |

(나)는 무서운 호랑이에 대해 이야기하고 있다.

25.

| 정답 ② | 상 **중** 하 |

(다)는 인간의 효성에 감동한 호랑이 이야기에 대해 예를 들어 설명하고 있다.

제②교시 수 학

01	②	02	③	03	②	04	①	05	③
06	①	07	④	08	④	09	④	10	④
11	②	12	③	13	④	14	②	15	①
16	①	17	③	18	③	19	②	20	③

01.

정답 ②   상 중 **하**

84를 소인수분해하면

$84 = 3 \times 4 \times 7$

$84 = 4 \times 3 \times 7 = 2^2 \times 3 \times 7$

02.

정답 ③   상 중 **하**

대소 관계는 숫자가 큰 쪽으로 부등호가 벌어져야 한다.

① $-2 < 5$

② $3 < 4$

④ $-2 > -5$

03.

정답 ②   상 중 **하**

$x = 5$의 값을 $-x + 3$에 대입해주면

$\therefore (-5) + 3 = -2$

04.

정답 ①   상 중 **하**

일차방정식 $x + 5 = -2x + 2$에서

동류항끼리 좌변과 우변으로 이동하면

$x - (-2x) = 2 - (+5)$

$3x = -3$

$\therefore x = -1$

05.

정답 ③   상 **중** 하

$x = 1$(일)일 때, $y = 6$(회)

$x = 2$(일)일 때, $y = 12$(회)

$x = 3$(일)일 때, $y = 18$(회)

$x = 4$(일)일 때, $y = 24$(회)

y값은 x값의 6배이므로

x와 y 사이의 관계식은 $y = 6x$이다.

06.

정답 ①   상 **중** 하

$0 < x < 2$이므로

$2 - x > 0,\ x > 0$

$\sqrt{(2-x)^2} + \sqrt{x^2} = (2-x) + x = 2$

---

tip 근호 안에 어떤 식의 제곱이 들어갈 때

- $\sqrt{A^2} = |A|$
- $A \geq 0$이면 $\sqrt{A^2} = A$
- $A < 0$이면 $\sqrt{A^2} = -A$

07.

정답 ④   상 중 **하**

좌표평면 위에 있는 점 P는 x가 -1, y가 -2인 점이므로 좌표는 $P(-1,\ -2)$이다.

08.

정답 ④   상 중 **하**

피타고라스의 정리에 의해

$5^2 + h^2 = 13^2$

$h^2 = 13^2 - 5^2$

$h^2 = 144$

$\therefore h = \sqrt{144} = 12 \, (\text{cm})$

09.

한 외각의 크기는 이와 이웃하지 않는 두 내각의 크기의 합과 같다.

$\therefore \angle x = 100° + 30° = 130°$

10.

꼭짓점의 좌표가 $(2, 3)$이므로

$y = a(x-2)^2 + 3$

한 점 $(1, 4)$을 지나므로

$4 = a(1-2)^2 + 3$

$4 = a + 3$

$a = 1$

$a = 1$을 $y = a(x-2)^2 + 3$에 대입하면

구하는 이차함수의 식은

$y = (x-2)^2 + 3$

$\quad = x^2 - 4x + 4 + 3$

$\quad = x^2 - 4x + 7$

11.

$y = ax$의 그래프에 점 $(2, 4)$를 대입하면

$4 = 2a$

$\therefore a = 2$

12.

올라가는 길이 4가지이고, 내려올 때는 $4 - 1 = 3$(가지)이므로 구하는 경우의 수는 $4 \times 3 = 12$(가지)

13.

ABCD는 평행사변형이므로

마주보는 변의 길이와 마주 보는 각의 크기는 같다.

즉, $\overline{AB} = \overline{CD}$, $\overline{AD} = \overline{BC}$이고,

$\angle A = \angle C$, $\angle B = \angle D$에서

$\angle A + \angle B + \angle C + \angle D$

$= \angle A + \angle D + \angle A + \angle D$

$= 2(\angle A + \angle D) = 360°$이므로

$\angle A + \angle D = 180°$

따라서 $x = \overline{AB} = 4$

$y + \angle A = 180°$, $y + 100° = 180°$, $y = 80°$

$\therefore x = 4,\ y = 80°$

14.

두 정사각형의 닮음비가 $2:1$이므로 넓이의 비는

$\therefore 2^2 : 1^2 = 4 : 1$

---

tip 닮은 도형의 넓이와 부피

닮은 도형의 닮음비가 $m:n$일 때

- 닮은 도형의 넓이의 비
  $m^2 : n^2$
- 닮은 도형의 부피의 비
  $m^3 : n^3$

15.

$\overline{PA} \times \overline{PB} = \overline{PC} \times \overline{PD}$이므로

$4 \times 9 = x \times x$

$x^2 = 36$

$\therefore x = 6$

---

tip 원과 비례

한 원에서 두 현 AB, CD 또는 이들의 연장선이 만나는 점을 P라 하면
$\overline{PA} \times \overline{PB} = \overline{PC} \times \overline{PD}$

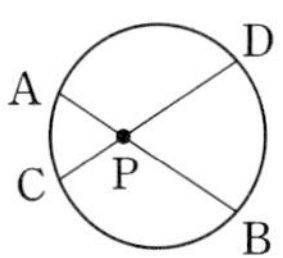

16.

정답 ①   상 중 하

평균 $=\dfrac{(\text{변량의 총합})}{(\text{변량의 개수})}$ 이므로 $7=\dfrac{26+a}{6}$ 이다.

따라서 $42=26+a$ 이므로

$\therefore a=16$

17.

정답 ③   상 중 하

$y=x^2-3$ 에 점 $(2,1)$을 대입하면 $1=2^2-3$ 이므로
점 $(2,1)$을 지난다.

① 아래로 볼록하다.

② 최솟값이 -3이다.

④ 꼭짓점의 좌표는 $(0, -3)$이다.

---

tip **이차함수의 식 구하기**

- 꼭짓점의 좌표 (p, q)와 그래프 위의 한 점 (m, n)이 주어질 때
  $\Rightarrow y=a(x-p)^2+q$에 $x=m, y=n$을 대입하여 a의 값을 구한다.
- 그래프 위의 서로 다른 세 점의 좌표가 주어질 때
  $\Rightarrow y=ax^2+bx+c$에 세 점의 좌표를 각각 대입하여 a, b, c의 값을 구한다.
- x축 위의 두 교점 $(\alpha, 0)$, $(\beta, 0)$과 그래프 위의 한 점 (m, n)이 주어질 때
  $\Rightarrow y=a(x-\alpha)(x-\beta)$로 놓고, 그래프 위의 한 점 (m, n)을 대입하여
    a의 값을 구한다.

18.

정답 ③   상 중 하

주어진 표에서 김치찌개, 삼계탕, 불고기, 비빔밥의 도수는 7,
8, 45, 25이다. 최빈값은 변량 중 가장 많이 나타나는 값으로
한국을 방문한 외국인 100명을 대상으로 선호하는 우리나라
음식의 최빈값은 '불고기'이다.

19.

정답 ②   상 중 하

$\sin B=\dfrac{(\text{높이})}{(\text{빗변의 길이})}=\dfrac{\overline{AC}}{\overline{AB}}=\dfrac{6}{10}=\dfrac{3}{5}$

20.

정답 ③   상 중 하

선분 AB는 지름이므로 $\angle APB$는 $90°$

따라서 삼각형 ABP에서 $90°+50°+\angle x=180°$

$\therefore \angle x=40°$

영 어

01	③	02	③	03	④	04	①	05	①
06	④	07	①	08	③	09	①	10	④
11	④	12	②	13	④	14	②	15	④
16	④	17	①	18	④	19	①	20	③
21	④	22	③	23	③	24	④	25	④

01.

정답 ③　　　　　상 중 **하**

table(탁자), chair(의자), sofa(소파), bed(침대)는 모두 가구
(furniture)에 속한다.

① weather : 날씨

② company : 회사

④ animal : 동물, 짐승

02.

정답 ③　　　　　상 중 **하**

'pull(당기다) – push(밀다)'는 상반된 의미를 지닌 반의어 관
계이다. 나머지는 모두 같은 의미를 지닌 동의어 관계이다.

① 말하다

② 시끄러운

④ 피하다

03.

정답 ④　　　　　상 **중** 하

할아버지와 나는 소풍을 어제 갔으므로 빈칸에는 과거를 나타
내는 과거동사 went가 와야 한다.

| 해석 |

나의 할아버지와 나는 어제 소풍을 갔다.

04.

정답 ①　　　　　상 중 **하**

| 해석 |

① A : 우체국이 어디에 있습니까?

　B : 그것은 좋은 생각입니다.

② A : 가장 좋아하는 음식이 무엇입니까?

　B : 나는 김치를 좋아합니다.

③ A : 학교에는 어떻게 갑니까?

　B : 나는 학교에 걸어서 갑니다.

④ A : 너도 함께 할래?

　B : 물론이야.

| 어휘와 표현 |

post office 우체국　idea 발상, 생각, 계획　favorite 마음
에 드는, 매우 좋아하는　on foot 걸어서, 도보로　join 함께
하다

05.

정답 ①　　　　　상 **중** 하

습관이나 반복적인 일을 말할 때에는 현재시제를 쓰고, 현재
진행 중인 일을 말할 때에는 현재진행형을 써야 한다.

| 해석 |

・A : 방과 후에는 보통 무엇을 하니?

　B : 친구와 함께 축구를 해.

・A : 지금 뭐하고 있니?

　B : 음악을 듣고 있어.

[06~07]

06.

정답 ④　　　　　상 **중** 하

save는 동사로 상실, 손실 등으로부터 구한다는 뜻이 있고,
어떤 것을 사거나 하기 위해 돈을 모으다, 저축하다 등의 뜻이
있다.

| 해석 |

・우리는 환경을 지켜야 한다.

・나는 새 컴퓨터를 사기 위해 500달러를 저축해야 한다.

07.

정답 ①　　　　　상 중 **하**

・They all laughed at my idea. → 그들 모두 나의 농담에
　웃었다.

・They arrived at the station. → 그들이 역에 도착했다.

| 어휘와 표현 |

arrive at (장소를 나타낼 때는 전치사 at을 쓴다) ~에 도착하다   laugh at ~을 비웃다.

08.

| 정답 ③ | 상 **중** 하 |

주어는 3인칭 단수인 'she'이므로 단수동사가 와야 한다. 단수동사는 동사의 형태에 '-s', '-es'를 붙여서 나타낸다.

| 해석 |

그녀는 직접 케이크를 굽는다.

09.

| 정답 ① | 상 중 **하** |

'Why don't you~'는 제안할 때 쓰는 표현이다. 대화에서는 공부하느라 잠을 못 자서 피곤한 A에게 B가 휴식을 취하는 게 어떻겠냐고 제안(권유)하고 있다.

| 해석 |

A : 나는 어제 공부하느라 잠을 못 자서 너무 피곤해.
B : 잠시 휴식을 취하는 게 어떻겠니?
A : 그거 좋은 생각이야.

| 어휘와 표현 |

take a break 휴식을 취하다

10.

| 정답 ④ | 상 **중** 하 |

같이 축제를 가자고 제안하는 Sam에게 Mike는 내일 시험이 있어 가지 못한다고 거절하고 있으므로 ④의 '내일 시험이 있어서'가 적절하다.

| 해석 |

Sam : 내일 서울에서 열리는 축제에 같이 가지 않을래?
Mike : 미안해 갈 수 없어. 난 내일 시험이 있어
Sam : 안됐다. 다음에 같이 가자.

| 어휘와 표현 |

festival 축제   test 시험

11.

| 정답 ④ | 상 중 **하** |

B는 '곰'이 있는 가방을 찾고 있다고 했으므로 알맞은 가방은 ④이다.

| 해석 |

A : 무엇을 찾고 있니?
B : 곰이 그려진 가방을 찾고 있어.

12.

| 정답 ② | 상 **중** 하 |

이 글의 중심 소재는 '내가 좋아하는 음식'이다. 엄마가 좋아하는 음식에 대한 내용은 글의 흐름과 어울리지 않는다.

| 해석 |

내가 가장 좋아하는 음식은 피자이다. ⓐ 나의 어머니는 나를 위해서 그것을 만들어 주신다. ⓑ 그녀는 샌드위치를 좋아한다. ⓒ 나는 그것을 일주일에 한 번 또는 두 번 먹는다. ⓓ 그것은 매우 맛있다.

13.

| 정답 ④ | 상 중 **하** |

| 해석 |

④ 그녀는 그림을 그리고 있다.
① 그녀는 책을 읽고 있다.
② 그녀는 축구를 하고 있다.
③ 그녀는 샤워를 하고 있다.

14.

| 정답 ② | 상 **중** 하 |

제시된 글은 김씨, 한씨, 남씨 세 이웃의 직업과 하는 일에 대해 설명한 글이다.

| 해석 |

김씨는 나의 이웃이다. 그는 소방관이다. 그는 커다란 소방차를 운전한다. 한씨는 우체부이다. 그는 우리에게 행복한 소식을 가져다준다. 남 여사는 꽃가게에서 일한다. 봄에 그녀는 많은 아름다운 꽃들을 판다.

| 어휘와 표현 |

neighbor 이웃   fireman 소방관   mailman 우체부
bring 가져오다

| 어휘와 표현 |

rainy 비가 오는   gray 회색의, 잿빛의   seems ~(인 것처럼)보이다, ~인 것 같다   almost 거의

15.

정답 ④   **상** 중 하

그림에서 금요일에 해당하는 일기 예보는 구름모양이므로 구름이 낀(cloudy)이라고 표현해야 한다.

| 해석 |

A : 오늘은 화요일. 비가 오고 있습니다.

B : 금요일은 어떻습니까?

A : <u>잔뜩 흐린 날씨</u>가 될 것입니다.

④ cloudy : 구름이 잔뜩 낀, 흐린

① sunny : 화창한

② rainy : 비가 많이 오는

③ snowy : 눈이 많이 내리는

18.

정답 ④   상 **중** 하

대화가 이루어지는 곳은 상점(store)이다.

| 해석 |

A : 이것을 입어 봐도 될까요?

B : 물론이죠. 잘 어울리실 거예요.

④ store : 가게

① hotel : 호텔

② bank : 은행

③ airport : 공항

| 어휘와 표현 |

sure 확신하는

16.

정답 ④   상 중 **하**

이탈리아 요리라는 점, 빵 위에 치즈, 토마토, 야채, 고기가 올라간다는 점을 통해 '피자'임을 알 수 있다.

| 해석 |

이것은 치즈, 토마토, 야채와 고기가 위에 올라간 납작하고 둥근 빵으로 만들어진 이탈리아의 요리이다.

| 어휘와 표현 |

flat 평평한, 납작한   round 둥근   vegetable 야채   meat 고기

19.

정답 ①   **상** 중 하

빈칸 뒤에 특정한 장소에서 해야 할 일에 대해 설명하고 있으니 'rules'가 적절하다.

| 해석 |

나는 너에게 이곳의 <u>규칙</u>을 말해줄 것이다. 첫째, 너는 너의 방을 청소해야만 한다. 둘째, 너는 방에서 음식을 먹으면 안 된다. 다른 질문 있니?

| 어휘와 표현 |

place 장소   reason 이유, 까닭, 사유

17.

정답 ①   상 **중** 하

하늘이 상황에 따라 우리 눈에 다른 색깔로 보이는 현상을 설명한 글이다.

| 해석 |

이것은 때때로 색깔이 변한다. 맑은 날에는 매우 푸르다. 그리고 비오는 날에는 회색이 된다. 밤에는 거의 검은 색이다.

20.

정답 ③   **상** 중 하

'look like'는 '~처럼 보인다'는 뜻이다. 'He looks like a real person.(그는 진짜 사람처럼 보인다)'의 문장을 완성하기 위해서 빈칸에는 'like'가 들어가야 한다.

| 해석 |

Albert Hubo입니다. 그는 진짜 사람처럼 보입니다. 그는 걷고 말할 수 있습니다. 또한 그는 웃고 울 수도 있습니다. 그에

게 '안녕'이라고 말하세요. 그는 당신과 악수할 수도 있습니다.

| 어휘와 표현 |

laugh 웃다　shake hands 악수하다

21.

| 정답 ④ | | 상 중 **하** |

메모에는 받는 사람(Alice), 보낸 사람(David), 보낸 날짜(4월 10일), 메모의 내용인 시험 날짜(내일)만 기록되어 있다.

| 해석 |

- Alice에게
- David가
- 날짜 : 4월 10일
- 메시지 : 시험은 내일입니다.

22.

| 정답 ③ | | 상 **중** 하 |

문자를 보낸 사람은 Mina에게 주말에 계획이 없다면 함께 영화를 보러 가자고 제안하고 있다.

| 해석 |

안녕, Mina야. 너 혹시 일요일에 무슨 계획 있니? 나는 영화를 보러 가려고 해. 나랑 같이 갈 수 있니?

| 어휘와 표현 |

plan 계획　be going to ~을 할 셈이다　think about ~에 관해 생각하다

23.

| 정답 ③ | | 상 중 **하** |

| 해석 |

글의 흐름상 배열하면 다음과 같다.

(c) Jane, 나 안 좋은 소식이 있어.

(a) 뭔데?

(b) 내 개가 차 사고를 당했어.

(d) 오, 정말? 안됐다.

| 어휘와 표현 |

news 소식, 뉴스　car accident 자동차 사고

24.

| 정답 ④ | | **상** 중 하 |

부산의 날씨는 구름이 잔뜩 낀 흐린 날씨(cloudy)이다.

| 해석 |

안녕하십니까? 최근 따뜻한 날씨가 계속되고 있습니다. 그러나 오늘 날씨는 변화가 있을 것으로 보입니다. 서울은 여전히 맑고 따뜻하겠고 인천 역시 같겠습니다. 하지만 부산과 경주는 구름이 많이 낀 흐린 날씨를 보이겠습니다. 만약 대구에 계시다면 우산을 준비하셔야 하겠습니다.

| 어휘와 표현 |

warm 따뜻한, 따스한　However 하지만, 그러나　weather 기후　cloudy 흐린, 구름이 잔뜩 낀　umbrella 우산

25.

| 정답 ④ | | 상 **중** 하 |

| 해석 |

축구는 내가 가장 좋아하는 스포츠입니다. 재미 있고 신납니다. 나는 달리기와 차는 것을 좋아합니다. 나는 Dragon 팀에서 뛰고 있습니다. 삼촌이 팀을 코치합니다. 매주 화요일과 목요일에 연습합니다. 토요일에는 게임을 합니다.

| 어휘와 표현 |

soccer 축구　favorite 가장 좋아하는　run 뛰다　kick 발로 차다

사 회

01	③	02	②	03	④	04	②	05	②
06	②	07	④	08	③	09	①	10	②
11	②	12	④	13	①	14	①	15	①
16	③	17	①	18	④	19	④	20	②
21	③	22	②	23	②	24	③	25	④

01.

정답 ③ 　　　　　　　　　　　상 **중** 하

열대 우림 지역은 연중 높은 기온과 많은 강수량으로 밀림과 정글이 발달하였다. 이 지역은 이런 고온 다습한 기후를 이용한 벼농사가 발달하였다.
① 건조 지역의 농업에 관한 설명이다.
② 툰드라 지역의 주거지 모습에 관한 설명이다.
④ 건조지역의 주거지 모습에 관한 설명이다.

02.

정답 ② 　　　　　　　　　　　상 **중** 하

사하라 사막은 아프리카 대륙 북부에 있는 세계 최대의 사막으로 세계에서 가장 광대하고 건조도가 높은 사막이다. 사막의 남부의 경계는 명확하게 구분되어 있지 않고, 사막과 사바나 지대 사이에 넓고 건조한 스텝지대가 동서로 펼쳐져 있다.

03.

정답 ④ 　　　　　　　　　　　상 **중** 하

열대 사바나 기후 지역은 연중 고온이며 건기와 우기의 구별이 뚜렷하다. 우기에는 키가 큰 풀이 무성하게 자라 열대 초원을 형성하고 건기에는 풀이 말라 누런빛으로 변하고 나무가 드문드문 분포한다. 각종 초식 동물들이 많아 사파리 관광이 발달되어 있다.

04.

정답 ② 　　　　　　　　　　　상 **중** 하

태풍은 북태평양의 열대 해상에서 발생하는 저기압으로, 강한 바람과 많은 비를 동반하는 특징이 있다.

이러한 태풍으로 인해 무더위, 가뭄의 해소 및 적조 현상이나 오염물질이 해소되는 반면 풍수해 및 막대한 인명과 재산피해가 발생하기도 한다.
① 사막화는 사막 주변의 초원지역이 점차 사막처럼 변하는 현상으로 생활공간이 감소하고 황사가 발생하는 등의 피해가 발생한다.
③ 지구온난화는 화석연료 사용에 따른 이산화탄소 농도 증가로 지구의 연평균 기온이 상승하는 현상이다.
④ 가뭄은 강수량 부족 혹은 삼림파과 및 농경지 확대 등의 무분별한 개발로 인해 발생하여 농작물 및 식량 식수 등의 공급에 문제가 생기는 피해가 발생한다.

05.

정답 ② 　　　　　　　　　　　상 중 **하**

우리나라는 반도국이어서 대륙과 해양 진출 모두에 유리하다.

06.

정답 ② 　　　　　　　　　　　상 **중** 하

①, ③은 1차 산업, ④는 3차 산업에 속한다. 1차 산업은 자연에 직접 작용하는 산업분야로 자연으로부터 최종 생산물을 얻는 산업 활동이다. 농업, 어업, 목축업, 임업 등이 있다. 2차 산업은 1차 산업을 제외한 모든 물적 재화를 생산하는 산업으로 일반적으로 제조업을 의미한다. 3차 산업은 1차, 2차 산업에서 생산한 재화의 이동, 축적과 관련된 산업으로 재화의 흐름에서 마지막 단계에 위치한다. 도·소매업, 금융업, 운송업, 연구 개발업, 교육 서비스업, 보건업 등이 속한다.

07.

정답 ④ 　　　　　　　　　　　상 **중** 하

인종은 태어나면서부터 자연적으로 갖게 되는 귀속지위에 속하며, 간호사, 남편, 학생은 후천적인 노력을 통해 습득하는 성취지위에 속한다.

----

tip 귀속지위와 성취지위

- **귀속지위** : 태어나면서부터 자연적으로 가지게 된 지위로 남자, 여자, 한국인 등이 이에 속한다.
- **성취지위** : 후천적 노력의 결과로 얻어지는 지위로, 선생님, 엄마, 남편 등이

이에 속한다.

08.

| 정답 ③ | 상 **중** 하 |

어느 사회나 공통적으로 나타나는 문화현상은 보편성, 개별 사회의 환경 차이로 인해 각 사회의 문화가 다양하게 나타나는 것은 다양성이다.

09.

| 정답 ① | 상 **중** 하 |

(가)는 정보화, (나)는 세계화에 해당하는 사례이다.

---

tip 정보화, 산업화, 세계화

- **정보화** : 정보가 사회의 가장 중요한 자원이 되고, 정보를 중심으로 사회나 경제가 운영되고 발전되어 가는 것
- **산업화** : 생산활동의 분업화와 기계화로 2차 · 3차 산업의 비율이 높아지는 현상
- **세계화** : 세계 여러 나라가 정치, 경제, 사회, 문화, 과학 등 다양한 분야에서 서로 많은 영향을 주고받으면서 교류가 많아지는 현상

10.

| 정답 ② | 상 중 **하** |

서남아시아와 러시아, 베네수엘라가 주요 수출국이며, 우리나라와 일본, 미국이 주요 수입국인 자원은 석유이다.

11.

| 정답 ② | 상 **중** 하 |

석탄, 석유, 천연가스는 재생 불가능한 에너지 자원에 해당하여 자원 매장량에 한계가 있고, 가채 연수가 짧아 고갈의 문제가 있다. 또한 자원이 특정 지역에 편재되어 있어 자원 확보를 위한 경쟁이 치열하다는 특징이 있다.
①, ③, ④ 신 · 재생 에너지에 관한 설명이다.

12.

| 정답 ④ | **상** 중 하 |

제시문의 설명에 해당하는 '국가기관'은 '국무총리'이다. 국무총리는 대통령이 국회의 동의를 얻어 임명하며, 최고 심의 기구인 국무회의의 부의장으로서 행정각부를 총괄한다.

13.

| 정답 ① | 상 **중** 하 |

제시문에서 주어진 설명에 해당하는 단체는 시민단체에 해당한다. 시민단체는 공동체의 이념 실현을 위해 시민이 자발적으로 만든 단체로 사익이 아닌 공익을 추구한다는 점에서 이익집단과 차이가 있고 정권획득에 목적을 두고 있지 않다는 점에서 정당과 차이가 있다.
② 이익집단 : 집단적 특수 이익을 실현하기 위해 이해관계를 같이 하는 사람들이 모인 집단.
③ 정당 : 정권획득 및 정각 정책 실현을 목적으로 정치적 견해를 같이하는 사람들이 모인 단체
④ 언론 : 사실의 보도 및 국가 권력과 정책에 대한 비판, 감시 등을 위해 대중매체를 통해 여론을 형성하는 활동

14.

| 정답 ① | 상 **중** 하 |

② 권력 분립 : 국가의 기능을 분리하여 권력 기관 상호 간에 견제와 균형을 이루려는 원리이다.
③ 국민 자치 : 국민 주권의 원리에 따라 국민이 스스로 다스려야 한다는 원칙이다.
④ 국민 주권 : 국가의 의사를 결정하는 최고 권력인 주권이 국민에게 있다는 원리이다.

15.

| 정답 ① | 상 **중** 하 |

② 탈세 거래나 불법 거래는 정부가 측정할 수 없으므로 국내총생산에서 제외한다.
③ 시장에서 거래되는 재화와 서비스의 가치만 국내총생산에 포함된다.
④ 다른 상품을 생산하는 데 사용된 재료나 부품의 가치는 국

내총생산에서 제외한다.

16.

정답 ③   **상** 중 하

수요량과 공급량이 일치하는 점에서 시장 가격이 형성되므로 수요량과 공급량이 20개로 일치하는 300원이 균형가격이다.

---

tip 시장가격의 결정

- **수요량 = 공급량** : 시장 가격(균형 가격)과 균형 거래량 형성
- **수요량 〉 공급량** : 초과 수요로 인해 수요자 간의 경쟁이 발생해 균형 가격보다 높은 수준에서 가격이 결정됨(가격 상승)
- **수요량 〈 공급량** : 초과 공급으로 인해 공급자 간의 경쟁이 발생해 균형 가격보다 낮은 수준에서 가격이 결정됨(가격 하락)

17.

정답 ①   상 **중** 하

국민이 침해된 기본권을 구제받기 위해 청원·청구할 수 있는 청구권에는 청원권, 재판 청구권, 형사보상 청구권 등이 있다.

18.

정답 ④   상 중 **하**

신석기 시대부터 자기 부족의 기원을 특정 동식물과 연결시켜 그것을 숭배하는 토테미즘이 발달하였다.

---

tip 신석기 시대의 특징

- 신석기 시대 중기까지는 채집·어로 생활이 중심이었으나, 후기부터 농경생활이 시작되었다.
- 가락바퀴(방추차)나 뼈바늘(골침)로 옷이나 그물을 제작하였다.
- 혈연을 바탕으로 하는 씨족을 구성 단위로 하는 부족사회였다.
- 신앙이 원시 종교적 형태(애니미즘, 샤머니즘, 토테미즘)로 발전하였다.

19.

정답 ④   상 **중** 하

보기에서 설명한 풍습은 민며느리제와 골장제이다. 옥저는 지금의 함경남도 해안지대에서 두만강 일대에 걸쳐 존재했던 고대의 종족이다. 소녀가 10여 세가 되면 양가에서 서로 혼인할 것을 약속한 뒤, 소녀는 남자집에 보내졌다. 소녀가 장성해 처녀가 되면 다시 본가로 돌려보내지고, 처녀집에서는 돈을 요구하고 그것이 지불된 뒤에야 처녀는 신랑집으로 가게 되었다. 옥저의 장례풍속은 사람이 죽으면 시체를 풀이나 흙 등으로 덮어 임시로 가매장했다가 시체가 썩은 뒤, 뼈만 추려 목곽에 넣었다. 한 집안 사람은 한 목곽을 사용하였다. 죽은 사람의 모습을 새긴 나무 인형을 만들어 목곽 옆에 두어 그 숫자로서, 목곽 내의 죽은 사람의 수를 헤아릴 수 있었다.

20.

정답 ②   상 **중** 하

문벌귀족은 개국공신이나 지방호족 출신의 중앙 관료들로 신라 6두품의 유학자들이다. 성종 이후 중앙의 새로운 지배층으로 등장하여 여러 세대에 걸쳐 중앙에서 고위 관직자를 배출하며 문벌귀족을 형성하였다.

21.

정답 ③   **상** 중 하

영조는 군포 징수의 폐단으로 인한 농민의 부담을 줄여주기 위해 균역법을 실시하였다. 1년에 군포 2필을 징수하던 것을 1필로 줄이고, 부족분은 다른 여러 잡세 수입으로 보충하였다.
① **공납** : 지방에서 나는 특산물을 조정에 바치던 세금 제도
② **환곡** : 곡식을 사창에 저장하였다가 백성들에게 봄에 꾸어 주고 가을에 이자를 붙여 거두던 제도
④ **영정법** : 전세를 농사의 풍흉에 관계없이 토지 1결당 쌀 4~6두로 고정해서 징수하도록 한 법

22.

정답 ②   상 **중** 하

조선 전기에는 정부가 광산을 독점하였으나, 후기에는 정부의 허가 아래 민간인 채굴과 민간의 사채가 허용되었다.

---

tip 덕대제

조선 후기 경영 전문가인 덕대가 상인 물주에게 자본을 조달받아 채굴업자와 채굴 노동자 등을 고용하여 광물을 채굴하고 제련하는 것이 일반화되었다.

23.

정답 ②   상 **중** 하

① 임오군란 : 구식군인들이 민씨 정권의 고관들과 일본인 교관을 죽이고 포도청·의금부를 습격하여 일본 공사관을 불태운 사건이다.

③ 갑신정변 : 개화당이 일본 공사의 지원을 약속받고 우정국 개국 축하연을 이용해 사대당 요인을 살해하고 개화당 정부를 수립하여 개혁 요강을 마련하였다.

④ 갑오개혁 : 1894년 7월 초부터 1896년 2월 초까지 약 19개월간 3차에 걸쳐 추진된 일련의 개혁운동을 말한다. 을미사변을 계기로 추진된 제3차 개혁은 따로 분리하여 을미개혁이라고 부른다.

24.

정답 ③   상 **중** 하

독립운동가 윤봉길은 상하이 훙커우 공원에서 열린 행사에 폭탄을 던졌다.

① 김익상 : 1921년 조선 총독부에 폭탄을 던졌다.

② 김상옥 : 1923년 종로 경찰서에 폭탄을 던지고 자결하였다.

④ 나석주 : 1926년 동양척식 주식회사와 식산은행에 폭탄을 던지고 자결하였다.

25.

정답 ④   상 **중** 하

④는 4·19 혁명에 관한 내용이다. 4·19 혁명은 이승만 정권의 독재와 장기집권 및 탄압에 의해 발생한 것으로 학생과 시민을 중심으로 독재 정권을 무너뜨린 민주혁명이자 민주주의 발전의 토대가 되었다.

제⑤교시   # 과 학

01	④	02	②	03	③	04	④	05	③
06	②	07	①	08	②	09	③	10	④
11	①	12	②	13	①	14	②	15	①
16	②	17	③	18	②	19	①	20	②
21	②	22	②	23	④	24	③	25	①

01.

정답 ④   상 중 **하**

제시된 그래프의 1초당 이동 거리는 3m이다. 따라서 0~5초 동안 이동 거리는 15m가 된다.

tip 등속운동

- 등속 운동 : 속력이 변하지 않는 일정한 운동
- 등속 운동 그래프
  - 시간~이동거리 관계 그래프 : 같은 시간 동안 같은 거리를 이동하므로 원점을 지나는 직선 모양이 된다.
  - 시간~속력 관계 그래프 : 물체의 속력이 일정하므로 시간축에 나란히 직선이 된다.

02.

정답 ②   상 **중** 하

운동 에너지는 질량에 비례하고 물체의 속력의 제곱에 비례하므로, 질량이 2배, 속력이 2배 크다면 운동 에너지는 8배 크다.

03.

정답 ③   상 **중** 하

거울이나 수면 위에 물체가 비쳐 보이는 것은 빛의 반사에 해당한다. 빛의 반사란 직진하던 빛이 물체의 표면에 부딪친 후 되돌아 나오는 현상을 말한다.

04.

정답 ④   상 중 **하**

속력은 단위 시간 동안 물체가 이동한 거리이다.

$$\text{속력}(v) = \frac{\text{이동거리}(s)}{\text{걸린시간}(t)} = \frac{500\text{km}}{5\text{h}} = 100\text{km/h}$$

05.

지구 중력은 지구에서 멀어질수록 작아진다. 따라서 위로 올라갈수록 작아진다.

② 극지방에서의 중력이 적도 지방보다 크다.

④ 중력은 지구 중심방향, 즉 수평면에 연직방향을 향한다.

06.

병렬 회로에서는 회로가 나누어지기 전의 전하량과 다시 합쳐진 후의 전하량은 나누어진 후 두 도선에 흐르는 전하량의 합과 같다. (가)에 0.3A의 전류가 흐르므로 (나)에 흐르는 전류는 $0.5A - 0.3A = 0.2A$이다.

07.

주어진 설명에 해당하는 현상은 액화이다. 액화는 기체가 열을 방출하여 액체로 변하는 현상이다.

② 기화 : 액체가 열을 흡수하여 기체로 변하는 현상

③ 응고 : 액체가 열을 방출하여(냉각) 고체로 변하는 현상

④ 승화 : 고체가 열을 흡수하여 바로 기체가 되거나, 기체가 냉각되어 바로 고체가 되는 현상

08.

물질의 양이 많아질수록 끓는점에 도달하는 시간이 길어질 뿐 끓는점은 높아지지 않는다.

09.

③ CO_2 : 이산화탄소

① H_2 : 수소

② H_2O : 물

④ HCl : 염화수소

10.

제시문에서 설명하고 있는 혼합물의 분리 방법은 크로마토그래피를 이용한 분리에 해당한다.

① 용해도 차를 이용한 분리는 용매에 대한 용해도 차를 이용한 분리 또는 온도에 따른 용해도 차를 이용한 분리로 나뉜다.

② 끓는점 차를 이용한 분리는 증류와 분별 증류로 나뉜다. 증류의 경우 용액을 가열하여 끓어 나오는 기체를 냉각시켜 순수한 물질을 얻는 방법이며, 분별 증류는 용액을 여러 번 가열하여 각 물질이 끓는점에 따라 끓어 나오는 순서대로 증류에 의해 분리하는 방법이다.

③ 밀도 차를 이용한 분리는 밀도가 큰 물질은 가라앉고, 밀도가 작은 물질은 위로 떠오르는 현상을 이용한 고체 혼합물 분리와, 밀도가 큰 액체는 아래층에, 밀도가 작은 액체는 위층으로 분리되는 현상을 이용한 액체 혼합물의 분리로 나뉜다.

11.

산의 공통적인 성질은 산이 이온화하여 내놓는 수소 이온(H^+) 때문에 나타난다.

---

tip 산과 염기

모든 산성 물질은 공통적으로 물에 녹아 수소 이온(H^+)을 내놓는다. 이러한 성질 때문에 공통적으로 신맛을 내는 특성이 있다. 반면에 모든 염기는 물에 녹아 수산화 이온(OH^-)을 내놓는다. 따라서 공통적으로 쓴맛을 내거나 미끈미끈한 성질이 있다.

12.

신 김치에 달걀 껍데기를 넣어 김치의 신맛을 줄이는 것은 중화 반응의 예에 해당한다.

①, ③, ④ 산화 · 환원 반응에 해당한다.

---

tip 산화 · 환원 반응

산소와 결합하는 반응을 산화, 산소를 잃는 반응을 환원이라 한다. 산화 · 환원

반응은 따로 일어나는 반응이 아니라 항상 동시에 일어나서 한쪽이 산화되면 다른 한쪽은 환원된다.

13.

| 정답 ① | 상 **중** 하 |

식물의 구성 단계는 세포 → 조직 → 조직계 → 기관 → 개체이다.

14.

| 정답 ② | 상 중 **하** |

물관에 대한 설명이다.
① 체관 : 잎에서 광합성을 통해 만들어진 유기 양분이 이동하는 통로이다.
③ 표피 : 줄기 가장 바깥쪽의 한 층의 세포질이다.
④ 형성층 : 세포 분열이 활발하여 줄기의 부피 생장이 일어나는 부분이다.

15.

| 정답 ① | 상 중 **하** |

소화란 섭취한 음식물이 체내로 흡수될 수 있도록 작게 분해하는 과정으로 입, 위, 소장 등의 소화기관으로 구성되고, 소화기관은 소화관과 소화샘으로 구분된다.
④ 배설에 대한 설명에 해당한다.

16.

| 정답 ② | 상 **중** 하 |

감수 분열을 하지 않으면 세대를 거듭할수록 염색체의 수가 늘어난다. 따라서 감수분열은 세대가 거듭되어도 염색체 수를 일정하게 유지하는 역할을 한다.

---

tip 감수 분열

- 감수분열의 특징
  - 연속 2회 분열로 4개의 딸세포 형성(생식 세포)
  - 염색체 수 반감($2n \rightarrow n$)
  - 2가 염색체 형성

- 감수 분열의 의의
  - 염색체 수가 반감된 생식 세포를 형성하므로, 수정에 의해 만들어진 자손의 염색체 수가 어버이의 염색체 수와 동일하다.
  - 세대를 거듭해도 자손의 염색체 수가 일정하게 유지된다.

17.

| 정답 ③ | 상 **중** 하 |

소뇌 : 몸의 평형을 바르게 유지하기도 하고 여러 근육의 정상적인 긴장상태를 유지시키기 위한 정밀한 제어기관으로서 작용하고 있다.
① 대뇌 : 좌우 두 개의 반구로 이루어져 있으며, 고등한 정신 활동을 담당하는 중추이다.
② 간뇌 : 대뇌와 소뇌 사이에 존재하는 작은 뇌로 내장, 혈관과 같은 자율신경을 관리한다.
④ 척수 : 척추 내에 위치하는 중추신경의 일부분으로 뇌와 말초신경의 중간다리 역할을 하며 무릎 반사 운동의 중추이다.

18.

| 정답 ② | 상 중 **하** |

설명에 해당하는 기관은 수정관이다.
① 정소 : 음낭으로 둘러싸인 한 쌍의 기관으로, 정자를 만들고 남성 호르몬을 분비함
③ 전립선 : 정액을 이루는 물질을 만들어 분비
④ 요도 : 수정관과 연결되어 있으며, 정액이 몸 밖으로 나가는 통로

19.

| 정답 ① | **상** 중 하 |

혈액은 혈장, 혈구(적혈구, 백혈구, 혈소판)로 구성되어 있는데, 이 중 산소를 운반하는 기능을 담당하는 것은 A(적혈구)이다.
① A 적혈구 : 헤모글로빈의 작용으로 산소를 운반
② B 백혈구 : 아메바 운동으로 세균을 잡아먹는 식균 작용
③ C 혈장 : 여러 가지 영양소와 노폐물 및 이산화탄소를 운반, 체온 조절 작용
④ D 혈소판 : 상처가 났을 때 혈액을 굳게 하여 출혈 방지

20.

화살이 날아오는 방향이 풍향, 화살 깃은 풍속을 나타낸다.

tip 풍속

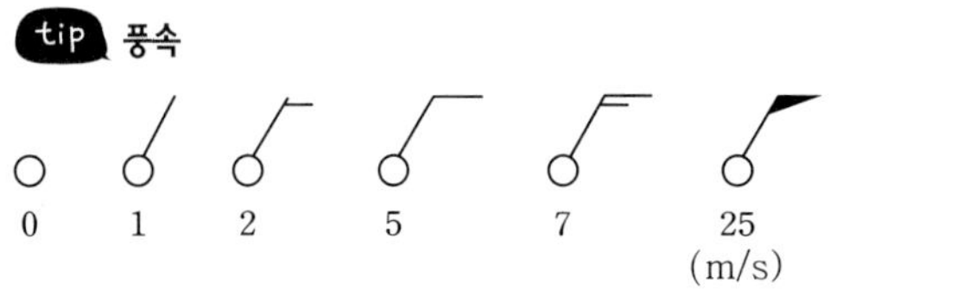

21.

산소와 영양 염류가 풍부한 것은 한류이다.

tip 한류와 난류의 구분

- 한류
  - 차가운 해류이다.
  - 고위도 → 저위도
  - 수온과 염분이 낮다.
  - 산소와 영양 염류가 풍부하다.
  - 청록색을 띤다.
  - 명태, 대구, 청어 등이 풍부하다.
- 난류
  - 따뜻한 해류이다.
  - 저위도 → 고위도
  - 수온과 염분이 높다.
  - 산소와 영양 염류가 적다.
  - 청남색(검은색)을 띤다.
  - 오징어, 고등어, 갈치 등이 풍부하다.

22.

대기권 중 성층권은 지표로부터 11~50km의 구간으로, 위로 갈수록 기온이 높아지며, 높이 20km 정도에 오존층이 있어 자외선을 흡수한다. 또한 기층이 안정되어 대류 현상이 일어나지 않아 비행기 항로로 이용되고 있다.

23.

현무암에 대한 설명이다. 현무암은 화성암으로 색이 어둡고 지표 근처에서 급속히 냉각되어 세립질이 작다.

① 사암 : 퇴적암으로 퇴적물이 쌓인 후 굳어져 만들어진 암석으로 사암의 주 퇴적물은 모래와 진흙이다.

② 역암 : 퇴적암의 일종으로 역암의 주 퇴적물은 자갈, 모래, 진흙이다. 주로 얕은 바다에 퇴적된다.

③ 석회암 : 퇴적암의 일종으로 석회암의 주 퇴적물은 석회질 물질이다.

24.

태양은 표면이 암석으로 되어 있지 않고, 수소와 헬륨과 같은 가벼운 기체로 이루어져 있다.

tip 태양

태양계에서 스스로 빛을 내는 유일한 천체인 태양의 지름은 약 140만 km이며, 이것은 지구의 109배에 해당한다. 태양은 주로 수소와 헬륨으로 구성되어 있지만, 그밖에 나트륨, 마그네슘, 철 등을 포함해서 70여 종의 기체 성분으로 되어 있다.

25.

구상 성단은 수만~수백만 개의 별이 공 모양으로 빽빽하게 밀집한 붉은 별들의 집단이다. 주로 100억 년 이상의 늙은 별들로 이루어져 있다.

② 산개 성단 : 은하계에 있는 별의 집단 중 수백 개에서 수천 개의 별들이 지름 수백 광년의 공간에 불규칙하게 모여 있는 것

③ 나선 은하 : 외부 은하의 하나로, 나선팔을 가지고 있는 은하

④ 암흑 성운 : 스스로는 빛나지 않으면서 배후의 별빛을 차단하여 실루엣으로 모습을 나타내는 성운

▌제⑥교시

도 덕

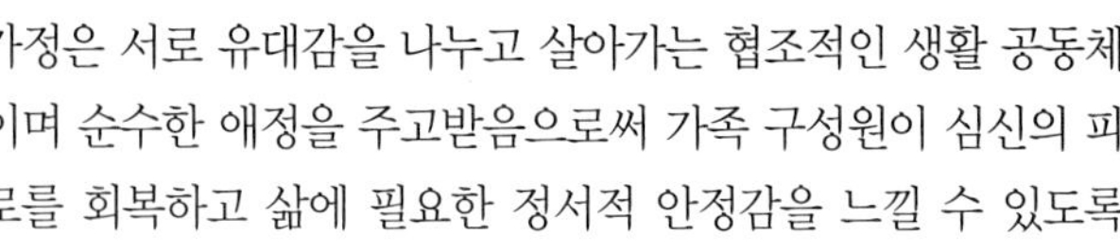

01	③	02	③	03	②	04	④	05	④
06	①	07	④	08	②	09	①	10	①
11	②	12	②	13	④	14	②	15	④
16	②	17	③	18	④	19	④	20	③
21	①	22	③	23	②	24	④	25	①

01.

> **정답 ③** 상 중 **하**

도덕이란 인간이 지켜야 할 도리 또는 바람직한 행동 기준으로, 개인의 양심에 따라 마땅히 지켜야 할 규범이 된다.

02.

> **정답 ③** 상 **중** 하

상상력을 개발하고 지식을 형성하기 위해 도덕적 성찰을 행하는 것이라 할 수 없다. 도덕적 성찰은 자신의 삶이나 행동에 대해 반성하는 것으로, 문제의 원인을 내 안에서 찾아보고 이를 개선하려는 것까지 포함한 것이다.

03.

> **정답 ②** 상 **중** 하

사이버 공간에서 일정한 자격을 갖고 있는 사람 누구든지 원하는 정보를 검색할 수 있는 특성은 개방성이다.
① 익명성 : 자신을 감출 수 있으며, 상대방이 누구인지도 알지 못함

04.

> **정답 ④** 상 중 **하**

A는 B와의 진솔한 대화를 통해 B의 입장을 이해하고 자신의 잘못된 행동을 반성해야 한다.

> **tip** **바람직한 친구관계 형성을 위한 태도**

• 상호 예의 지키기
• 편견과 선입견의 극복
• 관용의 자세
• 역지사지의 자세
• 진솔한 대화와 반성

05.

> **정답 ④** 상 **중** 하

가정은 서로 유대감을 나누고 살아가는 협조적인 생활 공동체이며 순수한 애정을 주고받음으로써 가족 구성원이 심신의 피로를 회복하고 삶에 필요한 정서적 안정감을 느낄 수 있도록 한다.

> **tip** **가정의 기능**

의식주 해결, 몸과 마음의 휴식, 사회생활의 출발점, 자녀의 성격과 인격 형성

06.

> **정답 ①** 상 **중** 하

주어진 제시문은 상부상조의 전통 중 향약에 대한 설명이다. 향약은 상부상조와 권선징악을 목적으로 한 양반들이 만든 자치규약을 말한다.
② 계 : 예로부터 내려오는 독특한 민간 협동 자치 단체로, 친목과 공제를 목적으로 하고 있지만 도로보수나 서당운영 등 마을 전체를 위한 공공사업도 시행한다.
③ 두레 : 농번기에 일손을 돕기 위해 조직된 민간 협동 조직 체제로, 농사일에 많은 일손이 필요할 때 한 집에서 한 사람씩 동원되었다.
④ 품앗이 : 일손이 모자랄 때 이웃 간에 서로 도와가며 일을 해주고 일로써 갚은 노동 교환을 내용으로 하는 공동 작업을 말한다.

07.

> **정답 ④** 상 중 **하**

사생활은 개인의 사사로운 일상생활 또는 그것을 남에게 침해받지 않을 권리를 말한다. 정보화 사회가 되며 이런 사생활 침해 문제가 사회 문제로 인식되고 있는데, 개인의 정보를 허락 없이 공개하거나 인터넷에 유포하는 행위는 사생활 침해에 해당한다.

08.

남북의 군비 증강과 상호 간의 비난은 남북관계를 악화시킨다.

09.

갈등은 욕구나 이해관계의 차이, 가치관의 차이, 구조적 갈등, 사실관계의 갈등 등이 원인이며, 갈등을 회피하기보다는 적극적으로 해결하는 자세가 필요하다.

10.

개성이란 다른 사람과 구분할 수 있는 자기만의 고유한 특성을 말한다. 외면적인 것에는 외모, 목소리, 옷차림, 걸음걸이, 예술활동 등이 있고, 내면적인 것에는 성격, 취미, 소질, 특기 등이 있다. 일시적으로 좋아하는 것은 '유행'이다.

11.

과학기술의 발달에 따른 혜택을 일부 부유층이나 특정인이 독점하는 것은 바람직하지 않다.

12.

봉사활동은 타인 또는 사회를 위해 노력하는 행동으로서 대가를 바라지 않는 순수한 실천 행위이다. 또한 한결같은 마음으로 지속적으로 실천하며, 스스로가 다른 사람을 돕고자 하는 마음에서 나오는 행위이다.

13.

우리 민족의 권리가 가장 중요하다는 사고방식은 인간 존중을 해칠 수 있다.

14.

행복하기 위해서 인간은 인간다운 삶을 살아야 하며, 인간다운 삶은 생물학적 차원의 삶을 넘어 도덕적 차원의 삶을 살 때 비로소 실현된다. 인간은 당위를 알고 따를 수 있는 존재이므로 삶의 책임감을 자각하고 인간으로서 마땅히 해야 할 일들을 실천하며 살고자 노력해야 한다.

15.

청렴은 성품과 행실이 높고 맑으며 탐욕이 없는 것으로, 공직자는 청렴결백한 자세로 부정부패를 멀리해야 한다.

---

tip 청렴

부끄러움이 없는 깨끗한 마음씨를 가지고 직분을 다하는 것. 공직자의 자세

16.

성차별은 남성 혹은 여성에 대한 고정적인 생각 때문에 여성 혹은 남성에게 불이익을 주는 행동을 말한다. 따라서 ②는 성차별의 사례로 볼 수 없다.

17.

지문에서 갖고 있는 문화 인식 태도는 자기의 문화가 다른 문화보다 우월하다고 믿고, 자기 문화의 기준에 따라 다른 문화를 평가하는 자문화 중심주의이다. 따라서 문화의 다양성을 인정하는 문화 상대주의적 태도가 필요하다.

18.

타인 존중이란 다른 사람의 가치관과 개성, 생활습관, 이해관계 등을 인정하고 그들의 생각과 감정을 이해하며, 또한 다른 사람이 어려움을 겪을 때 이를 외면하지 않는 것이다.

19.

정답 ④	상 중 **하**

세계평화를 위협하는 원인으로는 정치적 탄압, 종교적 박해, 빈곤, 부정부패가 있다.

tip 세계평화의 위협 요인

전쟁, 빈곤과 기아, 환경 파괴, 정치적 탄압과 부패, 종교적 박해

20.

정답 ③	상 **중** 하

종교는 사람이 자신의 유한성을 인식하고, 죽음을 넘어 자신의 삶을 가치 있게 만들도록 노력하는데 큰 역할을 한다. 따라서 현실의 삶에서 중요하게 여기는 부, 권력, 명예 등을 이루기 위한 답을 제시한다는 것과는 거리가 멀다.

21.

정답 ①	상 **중** 하

인간의 힘으로는 해결할 수 없는 자연 재해로 인한 피해규모가 크기 때문에 전 지구적 차원에서 협력의 중요성이 증가하고 있다.

22.

정답 ③	상 **중** 하

뒷부분에 있는 할머니의 말에서 인간이 시간적 제약을 받는 존재임을 알 수 있다. 인간은 아무리 피하려고 해도 누구나 늙고 병들며, 결국에는 죽는다. 영원히 살 수 없으며, 한 번 지나온 인생을 되돌아 갈 수도 없고, 미래의 일을 알 수도 없다.

23.

정답 ②	상 중 **하**

자신의 죽음을 원망하며 비관하기보다는 죽음을 겸허히 받아들이고 자신의 삶을 돌아보는 것이 죽음을 맞이하는 태도로 적절하다.

24.

정답 ④	**상** 중 하

인간다운 삶을 살기 위해서는 본능적인 욕망을 절제하고 정신적인 가치를 추구해야하고, 자연과 조화를 이루어 순리에 따르는 삶을 살아야한다. 또한 다른 사람의 입장을 존중하고 배려하며 감정적으로 행동하지 않고 평상심을 유지하는 등 마음을 다스려야 한다.

25.

정답 ①	상 **중** 하

주어진 제시문에서 설명하는 현상은 물질만능주의이다. 물질만능주의는 돈을 가장 소중한 것으로 여겨 지나치게 돈에 집착하는 태도이다.

② **외모지상주의** : 외모를 중심에 두는 사고방식
③ **학벌중심주의** : 학벌을 중심으로 판단하는 태도
④ **생명경시풍조** : 생명을 가볍게 여기는 태도

정답 및 해설

■ 제①교시　국 어

01	③	02	①	03	③	04	②	05	②
06	④	07	③	08	④	09	①	10	④
11	②	12	②	13	④	14	④	15	②
16	③	17	③	18	④	19	②	20	②
21	①	22	④	23	①	24	③	25	②

01.

정답 ③　　　　상 중 **하**

'공감하며 말하기'는 상대방의 상황을 이해하고 그에 적절한 반응을 하는 것이다. 따라서 대화 상황에서 ㉠에 들어갈 말로 가장 적절한 것은 '괜찮아, 다음에는 잘할 수 있을 거야.'이다.

---

tip 공감적 대화의 방법

• 상대방이 처한 상황을 이해한다.
• 상대방의 마음과 정서를 고려하여 적절한 표현을 사용한다.

02.

정답 ①　　　　상 **중** 하

토론은 집단과 집단 사이의 의사소통이므로 ㉠에 해당하는 상호작용의 예가 아니다.

03.

정답 ③　　　　상 **중** 하

음절의 맨 앞에 오는 'ㅇ'은 소리가 없고, 'ㅘ'는 이중모음이므로 '약관'의 음운은 'ㅑ+ㄱ+ㄱ+ㅘ+ㄴ'으로 5개이다.

04.

정답 ②　　　　상 **중** 하

"철수야, 생일 추카해."의 문장에서 '추카'는 '축하'의 두 음운 'ㄱ'과 'ㅎ'이 만나 'ㅋ'으로 바뀌게 된 음운 축약의 현상이다. 이와 같은 현상이 일어난 것은 '낙하[나카]'이다.
① 국물[궁물] : 자음동화
③ 해돋이[해도지] : 구개음화
④ 솔+나무 → 소나무 : 음운 탈락

---

tip 음운의 축약

• 두 음운이 만나 한 음운으로 줄어드는 현상
• 자음축약 : 예사소리 'ㄱ, ㄷ, ㅂ, ㅈ'와 'ㅎ'이 만나 축약되어 'ㅋ, ㅌ, ㅍ, ㅊ'으로 바뀌는 현상
　예 맏형[마텽], 넓히다[널피다], 낳자[나차]
• 모음축약 : 두 모음이 만나 하나의 음절로 줄어드는 현상
　예 보아서 → 봐서, 되어 → 돼

05.

정답 ②　　　　**상** 중 하

뜻을 가진 가장 작은 말의 단위를 형태소라고 하는데, 보기에서 한 개의 형태소로만 이루어진 단어는 '나무, 스스로, 시나브로'이다.
ㄴ. 돌 + 다리
ㄷ. 검 + 붉 + 다
ㄹ. 산 + 토끼

06.

정답 ④　　　　상 **중** 하

'그는 밥을 먹었다.'와 '그는 학교에 갔다.'의 2개의 문장이 접속

어미 '-고'에 의해 연결된 것이므로 홑문장이 아닌 겹문장이다.

tip 문장의 종류

• **홑문장** : 주어와 서술어의 관계가 한 번 나타나는 문장
  예 영희는 학생이다.
• **겹문장** : 주어와 서술어의 관계가 두 번 이상 나타나는 문장
  예 봄이 오면 꽃이 핀다.('봄이 온다.' + '그러면 꽃이 핀다.')

07.

정답 ③　　　　　　　　상 중 **하**

밑줄 친 '에서, 는, 이, 이다'는 모두 조사이다. 조사는 독립적으로 쓰일 수 없다는 특징이 있다.

08.

정답 ④　　　　　　　　상 **중** 하

제시한 자료는 한국사람들의 바람직하지 못한 여러 가지 생활 습관이다. 이를 개선하기 위한 캠페인을 전개하고자 할 때 그 문안으로 적절한 것은 여유에 관한 것이어야 한다. 따라서 정답은 ④이다.

09.

정답 ①　　　　　　　　상 **중** 하

'예상독자를 누구로 할 것인가?'는 계획하기 단계에서 고려할 사항이다.

tip 글쓰기의 계획단계에서 고려할 사항

글의 주제, 글의 목적, 예상 독자

10.

정답 ④　　　　　　　　상 중 **하**

주어진 제시문은 전체적으로 텔레비전의 긍정적인 면에 대해 이야기하고 있다. 그러나 ㉣은 텔레비전의 부정적인 면을 언급하며 글의 통일성을 깨뜨리고 있다.

[11~13]

11.

정답 ②　　　　　　　　상 **중** 하

'봄'은 통일의 시대를, '아름다운 논밭'은 조국을 각각 상징한다.

12.

정답 ②　　　　　　　　상 **중** 하

'고운 봄의 향기'에 나타나는 심상은 후각적 심상으로 봄의 포근함을 표현하고 있다.

13.

정답 ④　　　　　　　　**상** 중 하

이 시에서 '남해'와 '북녘'은 모두 한반도를 둘러싼 외부 세력의 힘을 나타낸다.

[14~15]

14.

정답 ④　　　　　　　　상 **중** 하

윗글의 3문단에서 한지의 장점을 양지와의 비교를 통해 제시하고 있다.

15.

정답 ②　　　　　　　　상 중 **하**

(라)에 직접적으로 언급되었다.

16.

정답 ③　　　　　　　　상 중 **하**

주어진 글은 음성과 문자의 특성을 대조하는 방식으로 설명하고 있다. 이와 같은 설명 방법은 (다)의 '한지'와 '양지'를 대조하는 부분에서 나타나고 있다.

[17~19]

17.

정답 ③　　　　　　　　　　　　　상 **중** 하

'양반전'은 조선 시대의 양반을 풍자하는 소설로 전지적 작가 시점으로 서술되었다.
①, ② 인물 간의 갈등이나 섬세한 심리 묘사는 나타나지 않는다.
④ 「양반전」의 공간적 배경은 강원도 정선군으로 초월적 공간이 아니다.

18.

정답 ④　　　　　　　　　　　　　상 중 **하**

서술자가 등장인물의 생각을 서술하고 있으므로 3인칭 전지적 작가시점이 사용되었다.

19.

정답 ②　　　　　　　　　　　　　**상** 중 하

ⓒ은 양반의 아내로, 생활 능력이 없는 남편을 노골적으로 질타하고 있다. 따라서 양반의 가난을 부도덕한 세상의 탓으로 보고 이를 안타깝게 여긴다는 진술은 적절하지 않다.

[20~22]

20.

정답 ②　　　　　　　　　　　　　상 중 **하**

② 아닌 밤중에 홍두깨 : 별안간 엉뚱한 말이나 행동을 하거나 뜻밖의 일을 당한다는 뜻
① 소 잃고 외양간 고친다 : 소를 도둑맞은 다음에서야 빈 외양간의 허물어진 데를 고치느라 수선을 떤다는 뜻으로, 일이 이미 잘못된 뒤에는 손을 써도 소용이 없음을 비꼬는 말
③ 가까운 남이 먼 친척보다 낫다 : 이웃끼리 서로 친하게 지내다 보면 먼 곳에 있는 일가보다 더 친하게 되어 서로 도우며 살게 된다는 것을 이르는 말
④ 하나를 보면 열을 안다 : 일부만 보고 전체를 미루어 안다는 말

21.

정답 ①　　　　　　　　　　　　　상 중 **하**

이 소설은 서술자를 1인칭 주인공 어린아이인 '나'로 설정하여 때 묻지 않은 어린아이의 시선으로 물질 만능주의 어른들의 왜곡된 모습을 선명하게 부각시키고 있다.

22.

정답 ④　　　　　　　　　　　　　상 중 **하**

글에서 '민들레꽃'은 척박한 땅에서도 싹을 틔우는 모습을 통해 희망, 생명력, 생명 등을 상징하고 있지만, 자기희생에 관한 내용은 글에 나타나 있지 않다.

[23~25]

23.

정답 ①　　　　　　　　　　　　　상 중 **하**

제시된 글은 한복을 제재로 한복이란 무엇인지를 정의하고 남녀 한복의 특징에 대해 설명하여 한복의 중요성을 인식시키고자 하는 설명문으로 주로 정보 전달을 목적으로 한다.

24.

정답 ③　　　　　　　　　　　　　상 **중** 하

(나) 단락은 '한편'이라고 시작하며 여자 한복의 특징을 남자의 한복과 비교하여 설명하고 있다. 따라서 이는 두 가지의 상황을 말할 때 한 가지의 상황을 말한 다음 다른 상황에 대해 말하는 것이므로 앞에서는 '남자 한복의 특징'에 대해 언급했음을 알 수 있다.

25.

정답 ②　　　　　　　　　　　　　상 **중** 하

한복을 입을 때에는 속옷을 잘 갖추어 입은 후 저고리와 바지 또는 치마를 입었다.

제②교시　수 학

01	③	02	③	03	④	04	④	05	②
06	②	07	②	08	③	09	③	10	①
11	③	12	②	13	①	14	①	15	①
16	④	17	③	18	②	19	④	20	④

01.

정답 ③　　　　　　　　상 **중** 하

80을 소인수분해하면 $80 = 16 \times 5 = 2^4 \times 5$이다.

따라서 $a = 4$, $b = 1$이므로 $a - b = 3$이다.

02.

정답 ③　　　　　　　　상 중 **하**

주어진 수를 큰 수부터 순서대로 나열하면

$9, 7, 3, 0, -1, -5$

따라서 가장 큰 수와 가장 작은 수의 합은

$9 + (-5) = 4$

$\therefore 4$

03.

정답 ④　　　　　　　　상 **중** 하

$-3x + 8$에 $x = 5$를 대입하면

$(-3) \times 5 + 8 = -15 + 8 = -7$

04.

정답 ④　　　　　　　　상 **중** 하

$x + y = 5 \cdots ㉠$

$-x + 2y = 1 \cdots ㉡$

㉠ + ㉡을 하면

$3y = 6$, $y = 2$

$y = 2$를 식에 대입하면

$x + 2 = 5$, $x = 5 - 2$

$x = 3$

$\therefore x = 3$, $y = 2$

---

tip 연립방정식의 풀이와 활용

- **대입법** : 연립방정식의 한 방정식을 어느 한 미지수에 관하여 풀고, 이것을 다른 방정식에 대입하여 해를 구하는 방법
- **가감법** : 연립방정식의 두 식을 더하거나 빼서 한 미지수를 소거하여 해를 구하는 방법
- **복잡한 연립방정식의 풀이**
  - 괄호가 있으면 괄호부터 푼다.
  - 계수가 분수나 소수이면 양변에 적당한 수를 곱하여 정수로 고쳐서 푼다.

05.

정답 ②　　　　　　　　상 중 **하**

좌표평면 위의 점 P의 x좌표는 -3, y좌표는 x축 위에 있으므로 0이다.

$\therefore \mathrm{P}(-3, 0)$

06.

정답 ②　　　　　　　　상 중 **하**

순환소수 숫자의 배열이 되풀이되는 한 부분을 순환마디라고 한다. $0.04040404\cdots$에서 04가 반복되고 있다.

07.

정답 ②　　　　　　　　상 **중** 하

주어진 삼각형은 3cm와 4cm 사이가 $70°$이므로 이와 동일한 삼각형을 찾으면 된다.

따라서 주어진 삼각형과 합동인 것은 ②이다.

---

tip 삼각형의 합동 조건

- 대응하는 세 변의 길이가 각각 같을 때
- 대응하는 두 변의 길이가 각각 같고, 그 끼인각의 크기가 같을 때
- 대응하는 한 변의 길이가 같고, 그 양 끝 각의 크기가 각각 같을 때

08.

정답 ③　　　　　　　　상 중 **하**

이차함수 $y = a(x - p)^2 + q$의 그래프의 꼭짓점의 좌표는 (p, q)이다. 따라서 $y = 2(x - 4)^2 + 3$의 그래프의 꼭짓점의

좌표는 $(4, 3)$이다.

09.

$(x-7)(x+2)$
$=x^2+2x-7x-14$
$=x^2-5x-14$

---

tip 곱셈공식

- $(a+b)(a-b)=a^2-b^2$
- $(a\pm b)^2=a^2\pm 2ab+b^2$

10.

$3x-1<8$
$3x<9,\ x<3$

11.

점 $(2, 3)$은 일차함수 $y=\dfrac{1}{2}x+a$ 위의 점이므로 대입해보면

$3=\dfrac{1}{2}\times 2+a,\ 3=1+a,\ a=2$

---

tip 일차함수에서 기울기 구하기

- $(기울기)=\dfrac{y값의\ 증가량}{x값의\ 증가량}$
- $y=ax+b$에서 x의 계수 a가 기울기이다.

12.

A에서 B로 가는 방법이 2가지이고, B에서 C로 가는 방법이 3가지이므로
$\therefore\ 2\times 3=6(가지)$

13.

$8\times\overline{CD}=48$
$\therefore\ \overline{CD}=6(cm)$
△BCD가 직각삼각형이므로 피타고라스 정리를 이용하면
$\overline{BD}^2=8^2+6^2=100$
$\therefore\ \overline{BD}=10(cm)$

14.

△ABE에서
$\overline{BE}=\sqrt{\overline{AB}^2-\overline{AE}^2}=\sqrt{13^2-12^2}=\sqrt{25}=5$
$(\square ABCD의\ 넓이)$
$=4\times(\triangle ABE의\ 넓이)+(\square EFGH의\ 넓이)$
$13^2=4\times\left(\dfrac{1}{2}\times 5\times 12\right)+(\square EFGH의\ 넓이)$
$169=120+(\square EFGH의\ 넓이)$
$\therefore\ (\square EFGH의\ 넓이)=169-120=49$

15.

어떤 수를 제곱해서 24가 나오는 수를 24의 제곱근이라고 한다.
따라서 $\pm\sqrt{24}=\pm\sqrt{2^2\times 6}=\pm 2\sqrt{6}$

16.

$x^2+2x-8=0$
$(x+4)(x-2)=0$
$x+4=0$ 또는 $x-2=0$
$\therefore\ x=2,\ -4$

17.

정답 ③　　　　　　　　　　　상 중 하

이차함수 $y=(x-2)^2+1$의 그래프는 y절편인 점 $(0,\ 5)$를 지난다.

① 아래로 볼록하다.

② 직선 $x=2$를 축으로 한다.

④ 꼭짓점의 좌표는 $(2,\ 1)$이다.

---

tip　이차함수 $y=a(x-p)^2+q$의 그래프

이차함수 $y=ax^2$의 그래프를 x축의 방향으로 p만큼, y축의 방향으로 q만큼 평행이동한 그래프이다. 점 $(p,\ q)$를 꼭짓점으로 하고, 직선 $x=p$를 축으로 하는 포물선이다.

18.

정답 ②　　　　　　　　　　　상 중 하

$$3\sqrt{5\times6}\div\sqrt{3}=3\sqrt{30}\div\sqrt{3}$$
$$=3\sqrt{\frac{30}{3}}$$
$$=3\sqrt{10}$$

19.

정답 ④　　　　　　　　　　　상 중 하

$\overline{AD}=\overline{AF}=2$, $\overline{CF}=\overline{CE}=3$, $\overline{BE}=\overline{BD}=5$

삼각형 ABC의 둘레의 길이는

$\overline{AD}+\overline{AF}+\overline{CF}+\overline{CE}+\overline{BE}+\overline{BD}$
$=2+2+3+3+5+5$
$=20(\text{cm})$

20.

정답 ④　　　　　　　　　　　상 중 하

$\overline{OE}$를 그으면

$\angle AOE=2\angle ADE=2\times20°=40°$

$\angle BOE=2\angle BCE=2\times30°=60°$

$\therefore \angle x=\angle AOE+\angle BOE$
$=40°+60°$
$=100°$

01	①	02	③	03	③	04	③	05	④
06	①	07	②	08	③	09	④	10	④
11	②	12	④	13	③	14	①	15	③
16	①	17	①	18	③	19	③	20	③
21	③	22	④	23	②	24	④	25	①

01.

정답 ①　　　　　　　　　　　상 중 하

korean(국어), history(역사), music(음악), math(수학), science(과학)는 모두 과목(subject)을 나타내는 말이다.

① subject : 학과, 과목

② color : 색

③ country : 국가, 나라

④ season : 계절

---

tip　계절(season) 관련 단어

- spring 봄
- summer 여름
- fall/autumn 가을
- winter 겨울

02.

정답 ③　　　　　　　　　　　상 중 하

③ 반의어 관계의 단어이다.

①, ②, ④ 유의어 관계의 단어이다.

③ 묻다 – 답하다

① 시작하다

② 감정

④ 큰

03.

정답 ③　　　　　　　　　　　상 중 하

B는 꽃이 있는 모자를 사고 싶어 하므로 ③이 적절하다.

| 해석 |

A : 도와드릴까요?

B : 네, 저는 꽃이 있는 모자를 사고 싶어요.

| 어휘와 표현 |

cap 모자   flower 꽃

04.

| 정답 ③  상 중 하 |

B가 말하는 he는 A의 아버지를 지칭하므로 이는 do의 3인칭 단수 현재형인 does로 받아야 한다.

| 해석 |

A : 나 중국으로 떠나. 베이징에 계시는 아버지께서 내가 방문하길 원하셔.

B : 오, 그러시니?

| 어휘와 표현 |

china 중국   Beijing 베이징   visit 방문하다

[05~06]

05.

| 정답 ④  상 중 하 |

B가 시간으로 답하고 있으므로 길이나 시간을 물을 때 쓰는 표현인 how long으로 물어야 한다.

| 해석 |

A : 하루에 기타를 얼마나 치니?

B : 한 시간 정도.

④ how long : (길이, 시일) 얼마나, 몇 시간/달/년 등

① many : 몇 개(수량)

② much : 얼마, 어느 정도

③ about : (누구 혹은 무엇에 대한 질문으로) ~은 어때?

06.

| 정답 ①  상 중 하 |

빈칸 뒤에 특정한 장소에서 해야 할 일에 대해 설명하고 있으니 'rules'가 적절하다.

| 해석 |

나는 너에게 이곳의 규칙을 말해줄 것이다. 첫째, 너는 너의 방을 청소해야만 한다. 둘째, 너는 방에서 음식을 먹으면 안 된다. 다른 질문 있니?

| 어휘와 표현 |

place 장소   reason 이유, 까닭, 사유

07.

| 정답 ②  상 중 하 |

'나'는 아침을 먹기 전 산책을 한다.

| 해석 |

나는 아침 6시 30분에 일어납니다. 나는 보통 아침을 먹기 전에 산책을 합니다. 나는 학교에 버스를 타고 갑니다. 방과 후 나는 친구들과 야구를 합니다. 나는 학교에서 9시에 집으로 돌아옵니다.

| 어휘와 표현 |

take a walk 산책하다   breakfast 아침밥, 아침 식사
baseball 야구

08.

| 정답 ③  상 중 하 |

Sam이 눈 오는 날에 하는 운동이므로 운동 계획표에서 눈 오는 날 부분만 확인해 보면 ③이다.

| 해석 |

날씨	비 오는 날	해 뜨는 날	구름 낀 날	눈 오는 날
운동	볼링	수영	농구	스키

09.

| 정답 ④  상 중 하 |

화요일부터 금요일까지는 오전 9시~오후 9시 30분까지, 주말엔 오전 10시 30분~오후 5시까지 입장이 가능하며 월요일엔 문을 열지 않는다.

10.

| 정답 ④ 상 중 하 |

며칠 동안 머물렀냐고 물었으므로 시간으로 답해야 한다.

| 해석 |

A : 그곳에 며칠 동안 머물렀니?

B : 이틀 동안
① 고마워.
② 기차로.
③ 얼마나 좋을까!

11.

정답 ②   상 중 **하**

새로 생긴 식당에서 식사한 B는 식당에 매우 불만족해 속상한 상태이다.

| 해석 |

A : 새로운 식당은 어땠니?
B : 끔찍했어. 서빙은 느리고, 수프는 식어있고, 심지어 웨이 터도 형편없었어.
A : 저런, 나는 가지 말아야겠다.
② upset : 속상한, 마음이 상한
① satisfied : 만족하는, 만족스러운
③ excited : 신이 난, 들뜬, 흥분한
④ happy : 행복한, 기쁜

| 어휘와 표현 |

restaurant 식당, 레스토랑   **terrible** 끔찍한, 심한 **service** 서비스   **soup** 수프   **waiter** 종업원, 웨이터

12.

정답 ④   상 **중** 하

①·②·③은 제안에 대한 수락이고, ④는 자신의 감정을 표 현한 말이다.
① 왜 안 되겠어?
② 그래. 가자.
③ 좋은 생각이야!
④ 나는 지금 슬퍼.

13.

정답 ③   상 중 **하**

| 해석 |

③ Alice는 전화하고 있다.
① Tom은 소파에서 자고 있다.
② Bill은 샌드위치를 먹고 있다.

④ Susan은 책을 읽고 있다.

| 어휘와 표현 |

sleep 자다   **sofa** 소파   **sandwich** 샌드위치

14.

정답 ①   상 **중** 하

| 해석 |

어제는 나의 어머니의 생신이었다. 아침에 나는 집을 청소(④) 했다. 나의 어머니와 나는 쇼핑(②)을 하고 식당에서 저녁을 먹었다(③). 우리는 좋은 시간을 가졌다.

| 어휘와 표현 |

birthday 생일   **clean** 청소하다   **go shopping** 물건을 사러 가다, 쇼핑하다   **have a good time** 좋은 시간을 보내다

15.

정답 ③   상 **중** 하

나의 주말 집 'dacha'를 소개하는 글이다.
① 나의 취미
② 최고의 숲
④ 야생화를 찾는 방법

| 해석 |

이것은 'dacha'이다. 이것은 나의 주말 집이다. 이것은 숲 속 에 있다. 나는 그곳에서 야생화를 꺾을 수 있다. 산책을 할 수 도 있다. 나는 항상 그곳에서 멋진 시간을 보낸다.

| 어휘와 표현 |

weekend 주말   **pick** 꺾다, 선택하다   **take a walk** 산책 하다   **great** 멋진, 위대한

16.

정답 ①   상 **중** 하

| 해설 |

나의 남자친구는 20살이고 나의 나이는 알 수 없다.

| 해석 |

나의 남자친구에 대해 소개할게. 그는 20살이야. 그는 아주 똑 똑해. 그의 이름은 봉수야. 그는 나에게 매우 친절해. 그래서 나는 그가 매우 좋아.

| 어휘와 표현 |

kind 친절한, 다정한   smart 똑똑한, 영리한

17.

여동생 Sally를 소개하는 글이다.

② 여동생을 칭찬하기 위해

③ 여동생을 불평하기 위해

④ 여동생에게 감사하기 위해

| 해석 |

그녀는 나의 여동생 Sally이다. 그녀는 매우 귀엽다. 그녀는 스포츠를 좋아하며 음악을 싫어한다. 그녀의 꿈은 운동선수가 되는 것이다.

| 어휘와 표현 |

dislike 싫어하다   athlete 운동선수

18.

살고 있는 도시에 대한 것은 알 수 없다.

| 해석 |

나의 이름은 인호입니다. 나는 열세 살입니다. 나는 중학생입니다. 내가 좋아하는 과목은 영어입니다. 나는 축구를 좋아합니다. 나의 가족은 5명입니다.

| 어휘와 표현 |

subject 주제 · 문제, 학과 · 과목

19.

A의 질문에 대한 대답을 살펴보면 B는 버스 안에서 전시회 입장표를 잃어버려서 가지 못했음을 알 수 있다.

| 해석 |

A : 지난주 토요일 전시회는 어땠어?

B : 전시회에 못 갔어. 버스에서 전시회 입장표를 잃어버렸거든.

| 어휘와 표현 |

exhibition 전시회   saturday 토요일

20.

A는 지금 학교에 도착했으므로 대화가 이루어지는 장소는 학교이다. 또한 여성을 정중히 부르는 말(ma'am)을 사용하여 상대방은 선생님임을 유추할 수 있다.

| 해석 |

A : 죄송해요, 선생님. 늦었습니다. 학교에 오기 전에 의사선생님을 뵙고(진료를 받고) 왔어요.

B : Jay, 벌써 10시다. 다음부턴 나에게 먼저 전화해라.

| 어휘와 표현 |

ma'am (여성을 정중히 부르는 말) 부인, 선생님   see a doctor 의사에게 보이다   before coming 오기 전에

21.

| 해석 |

글의 흐름상 배열하면 다음과 같다.

(c) 안녕하세요. 어디가십니까?

(a) 서울역에 세워주세요.

(b) 다 왔습니다. 4,000원입니다.

(d) 고생하셨어요. 안녕히가세요.

| 어휘와 표현 |

station 역   effort 노력, 수고

22.

글에서 식사를 마쳤지만 지갑이 없어 나중에 와서 지불할 것을 제안했지만 거절당한 I의 당황스러움을 느낄 수 있다.

| 해석 |

내가 막 점심을 마치자 웨이터가 나에게 계산서를 가져왔다. 그런데 나는 내 지갑을 찾을 수가 없었다. 나는 웨이터에게 다시 돌아와서 지불하면 안 되겠냐고 물었다. 웨이터는 안 된다고 대답했다.

| 어휘와 표현 |

waiter 종업원, 웨이터   bring 가져오다, 데려오다   bill 고지서, 청구서, 계산서   wallet 지갑   pay 지불하다, 내다

23.

정답 ②　　　　　　　　　　　　상 **중** 하

제이가 외출해서 언제 돌아올지 알 수 없으므로 메모를 남겨 놓겠다는 대화 내용이다. 그러므로 대화의 흐름상 (b), (a), (c)의 순으로 배열되어야 한다.

| 해석 |

제이와 통화할 수 있을까요?

(a) 오, 언제쯤 돌아올까요?

(b) 미안하구나, 나갔어.

(c) 잘 모르겠는데. 메모 남겨 놓을까?

| 어휘와 표현 |

speak to ~와 이야기를 하다, 통화하다　**sure** 확신하는, 분명한　**take a message** 메시지를 받다, 메시지를 남겨 놓다

24.

정답 ④　　　　　　　　　　　　상 **중** 하

건강을 위한 생활 습관에 대해 이야기하고 있으므로 ④가 가장 적절하다.

| 해석 |

당신은 당신의 건강을 위해 무엇을 하고 있습니까? 당신은 아침 식사를 해야 하고 규칙적으로 운동을 해야 합니다. 그리고 매일 밤 충분한 잠을 자야 합니다.

| 어휘와 표현 |

health 건강　**regularly** 규칙적으로　**enough** 충분한

25.

정답 ①　　　　　　　　　　　　상 **중** 하

사람들에게는 우표를 모으거나 식물을 기르는 등의 저마다 각기 다른 취미가 있다는 것이 글의 요지이다. ③번은 글의 내용과는 일치하나 글의 전체 내용을 포괄하지 못한다.

| 해석 |

많은 사람들은 저마다 취미가 있다. 어떤 사람들은 우표를 수집한다. 그리고 다른 사람들은 식물을 기른다. 어떤 사람들은 스스로 옷을 만든다. 그리고 어떤 사람들은 모자를 만든다.

| 어휘와 표현 |

hobby 취미　**collect** 수집하다　**stamp** 우표, 도장, 스탬프　**raise** 키우다, 기르다, 재배하다　**plant** 식물, 초목　**clothes** 옷, 의복

제④교시　　사 회

01	④	02	②	03	③	04	④	05	①
06	②	07	③	08	④	09	①	10	②
11	②	12	④	13	③	14	②	15	①
16	④	17	④	18	④	19	③	20	④
21	④	22	①	23	④	24	④	25	④

01.

정답 ④　　　　　　　　　　　　상 중 **하**

밑줄 친 (가)에 들어갈 단어는 위성도시이다. 우리나라의 위성도시는 성남(주거 분담), 과천(행정 분담), 안산(공업) 등이 있다.

④ 부산은 위성도시에 해당하지 않는다.

02.

정답 ②　　　　　　　　　　　　상 **중** 하

주어진 제시문은 사막화에 대해 설명하고 있다. 사막화는 사막 주변의 초원지역이 점차 사막처럼 변하는 현상으로 오랜 가뭄, 과도한 농경지 개간 및 목축 등이 원인이 돼서 발생한다. 이렇게 발생한 사막화는 생활공간을 감소시키고 황사 등의 피해를 야기한다.

① 산성비 : 대기오염물질이 대기 중의 수증기와 만나 황산이나 질산으로 변하면서 비에 흡수된 것

③ 태풍 : 북태평양의 열대 해상에서 발생하는 저기압으로, 강한 바람과 많은 비를 동반

④ 지구 온난화 : 화석연료 사용에 따른 이산화탄소 농도 증가로 지구의 연평균 기온이 상승하는 현상

03.

정답 ③　　　　　　　　　　　　상 **중** 하

제시된 내용은 툰드라 기후의 생활 모습이다. 툰드라 기후는 최난월 0~10℃에 해당되는 지역으로, 여름이 짧고 겨울이 길며, 북극해 연안과 그린란드 해안 지역에 분포한다.

① 스텝 기후 : 연강수량 250~500mm 미만의 스텝 지역에서 나타나는 기후. 사막 기후 다음으로 건조한 기후이며, 초원 기후라고도 한다.

② 사막 기후 : 주로 내륙의 아열대고기압에서 발달하는 건조

한 기후로, 식물이 거의 자라지 못한다.
④ 열대 우림 기후 : 일 년 내내 기온이 높고 강수량이 많아 후덥지근한 날씨가 지속되는 기후로, 밀림이 발달한다.

04.

관광은 경제적 행동으로서 소비와 지출이 발생한다. 지역경제를 활성화 시키는 긍정적 영향 뿐 아니라 성수기의 교통 체증과 혼잡, 식생 파괴 및 야생 동식물의 감소, 생태계 변화, 산림 파괴로 인한 산사태, 토양 침식 등의 부정적 영향도 미친다.

05.

독도는 우리나라 가장 동쪽에 위치하는 화산섬으로 동도와 서도 등 89개 부속 도서로 구성되며, 한류와 난류의 교차로 조경 수역이 형성되는 황금어장이자 자원의 보고(심층수, 메탄 하이드레이트 매장 등)이다.

06.

자원의 가치는 시대와 장소, 경제 상황, 기술 발달 등에 따라 달라지는데, 이는 자원의 특성 중 하나인 가변성에 해당한다.
① 태양열, 지열, 풍력과 같은 천연 자원은 재생이 가능하지만, 석탄, 석유, 천연가스와 같은 천연 자원은 재생이 불가능하다.
③ 노동력, 기술 등의 인적 자원은 넓은 의미의 자원에 포함된다.
④ 최근 인구의 증가와 개발도상국의 산업화, 생활수준의 향상 등으로 에너지 자원의 소비량이 증가하고 있다.

07.

신 · 재생 에너지 : 태양, 바람, 물, 지열, 생물 유기체 등을 이용한 친환경적이고 재생 가능한 에너지를 의미한다. 신 · 재생에너지는 석유와 석탄과 같은 화석 연료의 사용으로 인해 나타난 환경문제들을 해결할 수 있는 대체 자원으로서 관심을 받

고 있다.

08.

주어진 그림은 의원내각제의 정부형태에 관한 그림이다. 의원내각제는 의회 다수당이 행정부(내각)을 구성하여 정책을 수행하는 정부형태로 권력 융합적인 정부 형태이며, 행정부가 이원적으로 구성(총리/대통령)된다는 특징이 있다. 또한 의원과 각료 겸직이 가능하다.
① 의원내각제는 권력 융합적인 정부 형태이다.
② 의원내각제는 의회뿐 아니라 정부도 법률안 제출권을 갖는다는 점에서 대통령제와 차이가 있다.
③ 의원내각제는 입법부가 행정부를 상대로 내각 불신임권을, 행정부는 입법부를 상대로 의회 해산권을 행사할 수 있다.

tip 대통령제

입법부 · 행정부 · 사법부 상호간에 견제와 균형을 통해서 권력의 집중을 방지하고 국민의 자유와 권리를 최대한 보장하는 현대 민주국가의 정부형태로 의회와 대통령을 국민에 의해 선출하는 방식이다.

09.

선거는 투표를 통해 의사를 결정하는 절차로 대표자를 뽑는다.

tip 정치 참여의 방법

• 오프라인 참여 방법 : 선거, 국민 투표, 청원, 민원, 독자 투고, 시민 단체나 이익 집단 가입, 서명, 캠페인, 주민 회의, 집회 및 시위 등
• 온라인 참여 방법 : 전자 투표, 사이버 토론, 온라인 서명, 사이버 캠페인 등

10.

주어진 제시문은 헌법재판소의 권한 중 탄핵 심판권에 해당하는 설명이다. 헌법재판소는 헌법의 해석과 관련된 정치적 사건과 국회에서 만든 법률 등을 사법적 절차에 따라 심판하는 헌법 재판 기관이다.
① 위헌 법률 심판권 : 법원의 위헌 심사 제청이 있는 경우 법률

의 위헌 여부를 심판

③ **권한 쟁의 심판권** : 국가 기관 상호간이나 국가 기관과 지방 자치 단체 간에 권한과 의무에 관해 다툼이 있는 경우 헌법재판소가 이를 조정하기 위해 행하는 심판

④ **정당 해산 심판권** : 정당의 목적이나 활동이 민주적 기본 질서에 위배될 때 정부는 헌법재판소에 그 정당의 해산을 제소 할 수 있음

11.

정답 ②	상 중 **하**

기회비용을 고려하여 소비하고, 수입의 범위 내에서 가계부를 정리하여 계획적인 소비를 하며, 수입보다 소비를 더 적게 해야 한다.

12.

정답 ④	**상** 중 하

가격과 공급량은 서로 같은 방향으로 움직인다. 즉 가격이 하락하면 공급량은 감소하고, 가격이 상승하면 공급량은 증가한다.

- -

tip 수요와 공급의 변화 요인

• **수요의 변화**
  – **수요 변동의 의미** : 상품의 가격이 변동하지 않아도 수요 자체의 크기가 변화하는 현상
  – **수요 변동의 요인** : 소비자의 소득, 연관 상품(대체재, 보완재)의 가격, 소비자의 기호나 수, 미래에 대한 예상 등
• **공급의 변화**
  – **공급 변동의 의미** : 상품의 가격이 변동하지 않아도 공급 자체의 크기가 변화하는 현상
  – **공급 변동의 요인** : 생산 비용의 변화, 기술 혁신, 세금이나 보조금 혜택, 미래에 대한 예상 등

- -

13.

정답 ③	상 **중** 하

① **국민 주권** : 국가의 의사를 결정하는 최고 권력인 주권이 국민에게 있다는 원리이다.

② **국민 자치** : 국민 주권의 원리에 따라 국민이 스스로 다스려야 한다는 원칙이다.

④ **권력 분립** : 국가의 기능을 분리하여 권력 기관 상호 간에 견제와 균형을 이루려는 원리이다.

14.

정답 ②	**상** 중 하

① **대체재** : 서로 다른 재화에서 같은 효용을 얻을 수 있는 재화이다.

③ **보완재** : 함께 사용하면 더 큰 효용을 얻을 수 있는 재화이다.

④ **외부효과** : 어떤 경제활동과 관련하여 다른 사람에게 의도하지 않은 혜택이나 손해를 가져다주면서도 이에 대한 대가를 받지 않고 비용도 지불하지 않은 상태를 말한다.

15.

정답 ①	상 중 **하**

가격이 상승하게 되면 소비자는 수요를 줄이고, 판매자는 공급을 늘리게 된다. 따라서 수요량은 감소하고 공급량은 증가한다.

16.

정답 ④	상 **중** 하

구성원들이 얼굴을 마주하며 친밀감을 느끼는 집단은 1차 집단에 해당한다.

17.

정답 ④	상 **중** 하

삼한은 신지, 읍차 등으로 불리는 군장들이 정치를 맡았으며, 제사장은 소도라는 특별 구역에 머무르면서 제천 행사를 담당하는 제정 분리 사회였다.

18.

정답 ④	상 **중** 하

제시된 그림은 각각 움집과 빗살무늬 토기이다. 농경 생활을 시작한 신석기 시대부터는 정착 생활이 이루어졌고, 토기를 이용하여 음식을 조리 · 저장하였다.

19.

고구려의 제17대 왕인 소수림왕의 업적에 해당하는 내용이다.

tip 소수림왕의 업적

- **불교 공인** : 372년에 불교를 고구려의 국가 종교로 인정함
- **태학 설립** : 태학이라는 학교를 설립하여 학문을 가르치고 인재들을 양성함
- **율령 반포** : 나라의 법인 율령을 반포하여 사회 질서를 확립함

20.

① 민전 : 백성이 소유해 경작하는 토지이다.

② 공신전 : 고려 · 조선시대에 국가 또는 왕실에 특별한 공훈이 있는 사람에게 수여한 토지이다.

③ 관료전 : 관리들이 관직에 복무하는 대가로 받은 토지이다. 조세만을 받을 수 있으며 농민을 지배할 권한은 없고 관직에서 물러나면 국가에 반납해야 한다. 반면 귀족들이 받았던 녹봉의 일종인 녹읍은 농민을 지배할 수 있었다.

21.

고려 시대에 몽고의 침입을 부처의 힘으로 막기 위해 팔만대장경을 조판하였다. 삼별초의 대몽 항쟁은 13세기 고려가 몽골에 대항하여 최후까지 항쟁한 대표적인 사례이다. 고려의 공민왕은 14세기 후반 원 · 명 교체기를 기회로 삼아 원의 영향력에서 벗어나기 위하여 반원 개혁정치를 폈다. 대외적으로는 반원 자주정책을 추구하고, 대내적으로는 권문세족을 억압하는 정치를 실시했다.

22.

직전법은 토지 세습의 증가로 신진 관리에게 줄 토지가 부족해지면서 시행되었다. 현직 관리에게만 수조권을 지급하는 직전법은 사전의 증가를 막아 국가 재정의 수입을 확대하는 것이 목적이었다.

23.

일본은 3 · 1 운동에 나타난 민족적 저항과 국제적 여론의 악화를 의식해 문화통치를 시행하였다.

24.

광주 학생 항일 운동은 약 5개월 동안 전국의 학생 54000여 명이 참여함으로써 3 · 1 운동 이후 최대의 민족 운동으로 발전하였다.

25.

운요호 사건(1875) 이후에 일본과 체결한 근대적 조약은 강화도 조약이다. 병인양요(1866)는 흥선 대원군의 가톨릭 탄압으로 프랑스 함대가 강화도를 침범한 사건이다.

제⑤교시

과 학

01	②	02	①	03	③	04	④	05	①
06	②	07	②	08	②	09	③	10	②
11	③	12	①	13	②	14	③	15	③
16	③	17	④	18	④	19	④	20	②
21	①	22	④	23	④	24	④	25	④

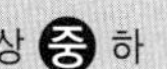 **파동**

- **골** : 잔잔한 '평형 상태'에서 가장 낮은 지점
- **진폭** : 평형점 0에서 마루나 골까지 높이
- **파장** : 마루와 마루 또는 골에서 골까지 거리
- **주기** : 마루에서 다음 마루가 생길 때까지 1회 진동 시간
- **진동수** : 1초 동안 진동한 횟수

01.

정답 ②　　　　　상 **중** 하

축구공을 발로 찰 때 순간적으로 모양이 찌그러지면서 동시에 운동 상태가 변한다.
①, ④ 운동 상태만 변화한다.
③ 모양 변화만 나타난다.

02.

정답 ①　　　　　상 중 **하**

제시문에서 설명하는 힘은 마찰력이다. 마찰력은 물체와 접촉면 사이에서 물체의 운동을 방해하며, 물체의 운동 방향과 반대로 작용한다. 또한 물체의 무게가 무거울수록, 접촉면이 거칠수록 크다.
② **전기력** : 전기를 띤 물체 사이에 작동하는 힘
③ **자기력** : 자석과 자석 또는 자석과 금속 간에 작용하는 힘
④ **탄성력** : 변형된 물체가 원래의 모양으로 되돌아가려는 힘

03.

정답 ③　　　　　상 **중** 하

롤러코스터가 아래에서 위로 올라갈 때 운동 에너지가 위치 에너지로 전환되고, 위에서 아래로 내려갈 때 위치에너지가 운동 에너지로 전환된다. 따라서 아래에서 위로 올라가는 지점인 CD가 운동 에너지가 위치 에너지로 전환되는 구간이다.

04.

정답 ④　　　　　상 **중** 하

A : 마루, B : 파장, C : 골, D : 진폭 

05.

정답 ①　　　　　상 **중** 하

평행한 빛이 렌즈를 지나 굴절할 때 볼록렌즈를 지나면 빛이 한 점에 모이게 되고, 오목렌즈를 지나면 빛이 퍼져 나간다.

06.

정답 ②　　　　　상 **중** 하

전압＝전류×저항
저항＝전압/전류＝$220V/4A＝55Ω$

07.

정답 ②　　　　　상 **중** 하

전하량＝전류의 세기×전류가 통과한 시간
　　　＝$2A×10초＝20C$

08.

정답 ②　　　　　상 **중** 하

두 극 사이의 전위 차이를 '전위차' 또는 '전압'이라고 한다.

09.

정답 ③　　　　　상 중 **하**

바람이 불면 새로운 공기가 공급되므로 증발이 잘 일어난다.
① 흐린 날보다 맑은 날 증발이 잘 일어난다.
② 증발은 기온이 높을수록 잘 일어난다.
④ 이슬은 공기 중의 수증기가 차가운 물체의 표면에 응결하여 맺힌 물방울이다.

10.

정답 ②　　　　　　　　　　　상 **중** 하

그림의 장치는 거름 장치이다. 거름 장치를 통해 소금과 모래, 소금과 황을 분리할 수 있다.

11.

정답 ③　　　　　　　　　　　상 **중** 하

A, B, C는 끓는점이 같으므로 같은 종류의 물질이며, 끓기 시작할 때까지 걸리는 시간이 길수록 질량이 많은 것이다. 따라서 밀도는 A~C 모두 같고, 질량은 A<B<C 순으로 많다.

12.

정답 ①　　　　　　　　　　　상 중 **하**

밀도가 다르고 두 액체가 서로 섞이지 않는 혼합물은 분별 깔때기나 스포이트를 이용하여 분리한다. 물과 에탄올은 끓는점의 차이를 이용하여 분리한다.
② 물과 식용유의 액체 혼합물에서 물이 아래층, 식용유가 위층에 위치한다.
③ 물과 사염화탄소의 액체 혼합물에서 물이 위층, 사염화탄소가 아래층에 위치한다.
④ 물과 에테르의 액체 혼합물에서 물이 아래층, 에테르가 위층에 위치한다.

13.

정답 ②　　　　　　　　　　　상 **중** 하

원자 번호는 원자핵 속의 양성자 수이므로, 원자 번호는 9임을 알 수 있다.
① (−)전하의 양이 더 많은 음이온이다. 모든 음이온은 비금속 원자의 이온이다.
③ 전자를 1개 얻어서 형성된 이온이다.
④ (+)전하의 양이 9이고, (−)전하의 양이 10이다.

14.

정답 ③　　　　　　　　　　　**상** 중 하

식물의 수정과정을 순서대로 나열하면 (나) → (라) → (다) →

(가)이다.

15.

정답 ③　　　　　　　　　　　상 **중** 하

제시문은 미토콘드리아에 대해 설명하고 있다.
① 핵 : 생명 활동의 중심으로 생명 활동을 조절하고 생물의 특성을 결정, 유전물질을 포함
② 세포벽 : 핵을 둘러싸고 있는 막, 세포를 보호하고 세포 안팎의 물질 이동을 조절
④ 엽록체 : 식물세포에만 있는 것으로, 햇빛을 받아 광합성이 일어나는 장소

16.

정답 ③　　　　　　　　　　　상 **중** 하

(가)에 들어갈 알맞은 말은 산소이다. 산소는 광합성 이후 생성되는 물질로 식물 자신의 호흡에 이용되며, 나머지는 기공을 통해 방출한다.

17.

정답 ④　　　　　　　　　　　**상** 중 하

대장은 길이가 약 1.5m로 소장보다 굵으며 맹장, 결장, 직장으로 구성되어 있다. 소화 효소가 없어 소화 작용은 일어나지 않는다. 수분이 흡수되어 찌꺼기는 대변이 된다. 대장균과 같은 세균이 살고 있으며, 셀룰로오스와 같이 소화되지 않은 물질을 분해하며 이 때 가스가 발생한다.

18.

정답 ④　　　　　　　　　　　상 **중** 하

① 체세포 분열이다.
② 식물 세포, 동물 세포에서 모두 일어난다.
③ 세포 한 개가 분열하여 네 개가 된다.

19.

정답 ④   상 **중** 하

고무막을 당기는 것은 들숨일 때의 상태를 나타낸다. 들숨일 때 가슴 안쪽의 압력이 낮아진다.

① 갈비뼈가 올라간다.

② 가로막이 내려간다.

③ 가슴 내부의 부피가 증가한다.

20.

정답 ②   상 중 **하**

단층은 지층이 횡압력이나 장력을 받아서 어긋난 지질 구조를 말한다.

① 퇴적된 모양이다.

③ 습곡이다. 습곡은 수평으로 쌓인 지층이 횡압력을 받아 휘어져 주름진 모양의 지질 구조를 말한다.

④ 부정합이다. 호수나 바다 밑에서 만들어진 지층이 융기하여 물 밖으로 나오면 지층이 침식된다. 이 침식면을 부정합면이라고 하며, 부정합면을 경계로 이웃하고 있는 위·아래의 지층의 사이에는 시간적으로 오랜 간격이 있게 된다.

21.

정답 ①   **상** 중 하

화성암은 마그마나 용암이 식어서 굳어져 형성되며, 마그마가 식는 위치와 속도에 따라 심성암과 화산암으로 구분된다.

②, ③ 퇴적암에 관한 설명이다.

④ 변성암에 관한 설명이다.

22.

정답 ④   상 **중** 하

A는 황해 난류, B는 북한 한류, C는 동한 난류, D는 구로시오 해류이다. 구로시오 해류는 우리나라 쪽으로 북상하는 난류이다.

① A는 난류, B는 한류이다.

② B는 리만 해류에서 갈라져 나와 동해로 흐르는 북한 한류이다.

③ C는 구로시오 해류에서 갈라져 나와 동해로 흐르는 동한

난류이다.

23.

정답 ④   상 **중** 하

1등성인 별은 6등성인 별보다 5등성이 작다. 등급이 작을수록 밝고, 5등성의 차이는 약 100배의 밝기 차이가 난다. 따라서 1등성이 6등성에 비해서 100배 밝다.

---

tip   **실시 등급**

- 별의 등급 표시
  - 눈으로 관측할 때 가장 밝은 별이 1등성, 가장 어두운 별이 6등성
  - 1등성보다 밝으면 0, -1, -2등성
  - 6등성보다 어두우면 7, 8, 9등성
- 별의 밝기와 등급
  - 1등성은 6등성보다 100배 밝다.
  - 1등급 사이의 밝기 차는 약 2.5배(별의 밝기 차 $= 2.5^{등급차}$)

24.

정답 ④   상 중 **하**

목성은 태양계에서 가장 큰 행성으로 많은 위성을 가지고 있고, 희미한 고리를 가지고 있다. 빠른 자전으로 인한 가로줄 무늬와 대기의 소용돌이에 의한 붉은 점(대적점)이 관측된다.

25.

정답 ②   상 **중** 하

우리 은하는 태양계를 비롯하여 별, 성단, 성운으로 이루어진 천체들의 집단이다.

도 덕

01	②	02	④	03	③	04	②	05	③
06	④	07	④	08	②	09	①	10	①
11	②	12	③	13	④	14	②	15	③
16	①	17	②	18	③	19	④	20	①
21	③	22	①	23	④	24	①	25	②

01.

정답 ②　　　　　　　　　　　상 중 **하**

친구와의 갈등을 해결하기 위해서는 친구의 입장을 고려하며 열린 마음을 가지고 진솔하게 대화하려는 자세가 필요하다. 또한 가깝고 친한 친구일수록 기본적인 예절을 지키려고 노력해야 한다.

02.

정답 ④　　　　　　　　　　　상 중 **하**

인격은 한 개인이 사람으로서의 가치를 지니기 위해 필요한 정신적 자격, 품격, 인품 등을 의미한다. 따라서 책임감, 예의범절, 겸손함 등이 필요하다.

03.

정답 ③　　　　　　　　　　　상 **중** 하

예절은 사람들의 생활 방식 속에서 오랫동안 지켜져 내려온 습관적인 규범으로 원만한 인간관계를 유지하기 위한 규범이다. 예절의 형식은 시대나 지역, 상대방에 따라 다르게 나타난다.
④ 예절은 공통적으로 상대방을 존중하는 정신을 바탕으로 한다.

04.

정답 ②　　　　　　　　　　　상 중 **하**

합리적 소비란 비용과 편익을 고려한 소비이고, 윤리적 소비란 자신의 소비행위가 사회적으로 미치는 영향을 고려한 소비이다. 따라서 올바른 소비생활로 볼 수 있다.

05.

정답 ③　　　　　　　　　　　상 **중** 하

사회가 복잡해지고 고도의 경쟁과 개인주의로 인한 불안감이 증가하면서 가정에서 이루어지는 애정의 기능, 정서적 안정 및 휴식의 기능은 전통적 사회보다 현대 사회에서 그 중요성이 더욱 커지고 있다.

06.

정답 ④　　　　　　　　　　　상 **중** 하

삶의 목적은 이루고자 하는 일이나 삶의 방향을 뜻하며 개인이 추구하는 가치가 반영되어 있다. 따라서 삶의 목적은 저절로 이루어지는 것이 아니라, 끊임없는 노력을 통하여 이루어야 한다.

tip 삶의 목적의 중요성

• 삶의 푯대
– 인생의 방향을 결정하는 중요한 길목에서 올바른 방향을 제시함
– 뚜렷한 목적 없이 살아간다면 얻는 것 없이 시간을 낭비하고 후회하는 삶을 살게 됨
• 삶의 버팀목
– 어려움을 극복하게 해주는 원동력이 됨
– 사람들이 많은 실패에도 끝없이 도전하는 것은 뚜렷한 삶의 목적이 있었기 때문임

07.

정답 ④　　　　　　　　　　　상 **중** 하

사이버 공간에서 타인의 저작물을 창작자의 승낙 없이 복제하거나 사용할 경우 손해배상 혹은 형사처벌 등의 책임을 질 수 있다.

08.

정답 ②　　　　　　　　　　　**상** 중 하

사회·문화적 동질성 회복을 위해서 통일이 이루어져야 한다. 따라서 ②는 옳지 않다.

09.

정답 ① 상 **중** 하

인간은 혼자서 살아갈 수 없기 때문에 다른 사람들과 함께 살아가기 위해 사회 속에서 언어, 지식, 생활 습관, 가치관 등을 배운다. 따라서 보기는 인간의 특성 중 사회적 존재에 대한 설명이다.

10.

정답 ① 상 **중** 하

② 군사비 지출을 늘리고 있다.
③ 북한 주민은 인터넷을 사용할 수 있지만 외부로는 연결되지 않는다.
④ 경제특구나 개방지역 등 제한적인 지역에서만 시장경제제도를 도입하였다.

11.

정답 ② 상 **중** 하

도덕적 자율성은 자신의 행동이 상대방에게 미치는 영향을 고려하여 행동하는 것이다.
① 선의지는 사람으로 하여금 도덕적인 행동을 적극적으로 실천할 수 있게 도와준다.
③ 자기 스스로 정한 도덕원칙을 적극적으로 실천해야 한다. 단, 도덕 원칙은 보편성을 지녀야 한다.

12.

정답 ③ 상 중 **하**

자아존중감이 낮은 사람은 스트레스에 대한 대처능력이 약하고 대인관계나 자아실현에 어려움을 겪는다.

13.

정답 ④ 상 **중** 하

문화 교류 및 체험의 필요성은 새로운 문화를 접함으로써 기존 양식의 파괴와 재해석, 그리고 새로운 창조를 위한 풍부한 자양분을 얻을 수 있다. 따라서 ④는 적절하지 않다.

14.

정답 ② 상 **중** 하

사람은 일을 함으로써 개인적으로는 생계를 유지하고 자신의 능력을 확인하며, 자아실현을 할 수 있다. 또한 사회적으로는 사회를 유지하고 발전시키며 사회구성원으로서의 역할을 수행한다.

15.

정답 ③ 상 중 **하**

주어진 제시문은 '경청'에 관해 설명하고 있다.
① 관용 : 자신의 주장만 내세우지 않고 나와 다른 의견일지라도 상대방의 생각과 가치를 존중
② 예의 : 타인에 대한 존중의 마음을 상황에 맞게 일정 형식으로 표현
④ 인내 : 상대방의 잘못이나 실수를 참고 이해해주는 것

16.

정답 ① **상** 중 하

제시문과 같이 주장하고 있는 사상가는 '칸트'이다. 칸트는 인간을 언제나 수단이 아닌 목적으로 대우해야 한다고 주장하였다. 또한 이성적이고 자율적인 인간은 보편적인 도덕 법칙을 의식할 수 있음을 강조하였다.

17.

정답 ② 상 **중** 하

유리 천장은 직장에서 대다수의 여성들, 소수 인종, 성적 소수자들이 영향력 있고 수입이 많은 자리를 갖지 못하게 하는 장애물이다.

18.

정답 ③ 상 중 **하**

사람마다 능력이나 노력 정도가 다르므로 모든 사람에게 결과의 평등을 보장하는 것은 옳지 않다.

19.

정답 ④	상 **중** 하

제시문은 '청소년 문화'를 저항문화의 관점에서 바라보고 있다.

① **미성숙한 문화** : 청소년 문화는 성인문화를 모방한 것에 불과한 미성숙한 문화이다.

② **기성 문화** : 기성세대(어른들)의 문화

③ **대안 문화** : 새롭고 독립적인 영역을 창출함으로써 기존의 잘못된 문화의 대안이 된다.

> **tip 청소년 문화의 특징**
>
> • **청소년 문화** : 청소년이 공유하는 청소년만의 생활양식과 행동·사고방식을 의미하며 감각적·자극적인 것을 선호하며, 기존 문화와 차별되는 독창적이고 진취적인 문화를 형성한다는 특징을 갖는다.

20.

정답 ①	상 중 **하**

제시된 글에서 태섭이는 은영이의 입장을 생각해 보지 않고 이야기를 하였다. 따라서 태섭이에게는 상대방의 입장을 생각해 보는 태도가 필요하다.

21.

정답 ③	상 **중** 하

문화 사대주의는 다른 사회의 문화가 자신이 속한 문화보다 우월하다고 믿고 무비판적으로 그것을 숭상하며, 자신의 문화에 대해서는 낮게 평가하는 태도를 말한다. 보기 글은 중국 글자인 한자를 동경하는 것이므로 문화 사대주의의 예이다.

22.

정답 ①	상 **중** 하

최대 다수의 최대 행복이라는 말은 공리주의를 대표하는 명언이다. 공리주의자에게는 최대 다수가 최대 행복을 느끼게 하는 행동이 선하고 정의로운 행동이라고 본다. 그러나 사익을 우선시하는 견해를 가진 사람들은 기본적으로 삶을 살아가는 이유가 개인의 행복을 위해서라고 본다.

23.

정답 ④	상 중 **하**

비폭력으로 얻고자 하는 것은 다음 다툼을 위한 준비가 아니라 평화이다.

24.

정답 ①	상 **중** 하

마음을 다스리지 못하면 충동적으로 행동하게 되고 다른 사람과 갈등을 일으키기 쉽다. 따라서 긍정적인 마음을 가지고 다른 사람을 존중하고 배려하며 인격을 수양해야 한다.

25.

정답 ②	**상** 중 하

플라톤의 이상 국가와 유학의 대동 사회는 공통적으로 지도자의 도덕성을 중시하였다. 또한 그리스도교의 천국이나 불교의 극락은 죽음과 고통으로부터의 해방을 주었다.

> **tip 플라톤의 이상 국가**
>
> • **의미** : 이성과 지혜를 갖춘 철학자가 통치하는 철인(哲人) 통치 국가
> • **목표** : 통치, 방위, 생산을 담당하는 각 계급이 자기에게 주어진 계급의 역할에 최선을 다하고, 지혜·용기·절제의 덕이 서로 조화를 이루어 '정의의 덕'이 실현된 정의로운 국가

> **tip 유학의 대동 사회**
>
> • **의미** : 사람이 천지 만물과 서로 융합하여 한 덩어리가 됨
> • **목표** : 모든 사람의 신분이 평등하고 재화가 공평하게 분배되며, 인륜이 구현되는 이상 사회

Better a diamond with a flaw than a pebble without.
흠집 없는 조약돌보다는 흠집 있는 다이아몬드가 낫다.

– 공자(Confucius)

좋은 결과 있길 SISCOM이 응원합니다.

시스컴

중졸

검정고시 모의고사

정답 및 해설

OMR 카드

중학교 졸업학력 검정고시 모의고사 답안지

성명(한글):　　　　　　제 (　　) 교시　　　　　과목명:

감독관 작성란
감독관 확인
서 명
결시자 표기
0
(※ 결시자일 경우만 감독관이 표기)

※ **결시자의** 답안지는 감독관이 직접성명, 교시, 수험번호, (1), (2) 와 교시 표기란 및 결시자 표기란에 반드시 컴퓨터용 싸인 펜으로 표기하시기 바랍니다.

수 험 번 호

(1)

(2) 수험번호 (1)과 일치되도록 표기하시오

교시 표기란: ① ② ③ ④ ⑤ ⑥

문항	답		란	
1	①	②	③	④
2	①	②	③	④
3	①	②	③	④
4	①	②	③	④
5	①	②	③	④
6	①	②	③	④
7	①	②	③	④
8	①	②	③	④
9	①	②	③	④
10	①	②	③	④

문항	답		란	
11	①	②	③	④
12	①	②	③	④
13	①	②	③	④
14	①	②	③	④
15	①	②	③	④
16	①	②	③	④
17	①	②	③	④
18	①	②	③	④
19	①	②	③	④
20	①	②	③	④
21	①	②	③	④
22	①	②	③	④
23	①	②	③	④
24	①	②	③	④
25	①	②	③	④

<답안지 작성요령>

1. 성명과 과목명은 응시원서에 기재된 내용과 동일하게 기재하세요.
2. 교시 표기란에는 해당교시의 번호에 ●표 하세요.
3. 수험번호 (1)란에는 아라비아 숫자를 기입하고 (2)란에는 해당번호에 ●표 하세요.
4. 반드시 컴퓨터용 흑색 수성 싸인펜을 사용하여 문항별로 정답 하나만을 해당번호에 아래 보기㉠ 과 같이 명확하게 표기해야 하며, 보기㉡과 같이 잘못 표기하거나 다음의 경우는 무효처리될 수 있 습니다.
   - 동일문항에 컴퓨터용 흑색 수성 싸인펜 표기(아래 보기㉠) 외에 기타의 필기구(컴퓨터용 수성 싸인펜 포함)로 아래 보기㉡과 같이 이중 표기한 경우
   - 이미 표기한 것을 수정 또는 칼로 긁는 등 답안지를 훼손시킨 경우

※ 보기: ㉠ 정상답안 표기: ① ② ● ④　　㉡ 무효처리 답안 표기: ◑ ◓ ◐ ⊗ ◒

시스컴 SISCOM

[주의] 본 답안지는 실전 연습용이므로 실제와는 다소 차이가 있을 수 있습니다.

OMR 카드

중학교 졸업학력 검정고시 모의고사 답안지

성명(한글):　　　　　제 (　　) 교시　　　　　과목명:

감독관 작성란

감독관 확인
서 명
결시자 표기
O
(※ 결시자일 경우만 감독관이 표기)

※ **결시자의 답안지는** 감독관이 직접성명, 교시, 수험번호, (1), (2) 와 교시 표기란 및 결시자 표기란에 반드시 컴퓨터용 싸인펜으로 표기하시기 바랍니다.

수 험 번 호

(1)						
(2) 수험번호 (1)과 일치되도록 표기하시오	①	①	①	①	①	①
	②	②	②	②	②	②
	③	③	③	③	③	③
	④	④	④	④	④	④
	⑤	⑤	⑤	⑤	⑤	⑤
	⑥	⑥	⑥	⑥	⑥	⑥
	⑦	⑦	⑦	⑦	⑦	⑦
	⑧	⑧	⑧	⑧	⑧	⑧
	⑨	⑨	⑨	⑨	⑨	⑨
	⓪	⓪	⓪	⓪	⓪	⓪

교시 표기란

① ② ③ ④ ⑤ ⑥

문항	답 란			
1	①	②	③	④
2	①	②	③	④
3	①	②	③	④
4	①	②	③	④
5	①	②	③	④
6	①	②	③	④
7	①	②	③	④
8	①	②	③	④
9	①	②	③	④
10	①	②	③	④

문항	답 란			
11	①	②	③	④
12	①	②	③	④
13	①	②	③	④
14	①	②	③	④
15	①	②	③	④
16	①	②	③	④
17	①	②	③	④
18	①	②	③	④
19	①	②	③	④
20	①	②	③	④
21	①	②	③	④
22	①	②	③	④
23	①	②	③	④
24	①	②	③	④
25	①	②	③	④

<답안지 작성요령>

1. 성명과 과목명은 응시원서에 기재된 내용과 동일하게 기재하세요.
2. 교시 표기란에는 해당교시의 번호에 ●표 하세요.
3. 수험번호 (1)란에는 아라비아 숫자를 기입하고 (2)란에는 해당번호에 ●표 하세요.
4. 반드시 컴퓨터용 흑색 수성 싸인펜을 사용하여 문항별로 정답 하나만을 해당번호에 아래 보기㉠과 같이 명확하게 표기해야 하며, 보기㉡과 같이 잘못 표기하거나 다음의 경우는 무효처리될 수 있습니다.
   - 동일문항에 컴퓨터용 흑색 수성 싸인펜 표기(아래 보기㉠) 외에 기타의 필기구(컴퓨터용 수성 싸인펜 포함)로 아래 보기㉡과 같이 이중 표기한 경우
   - 이미 표기한 것을 수정 또는 칼로 긁는 등 답안지를 훼손시킨 경우

※ 보기: ㉠ 정상답안 표기: ① ② ● ④　　㉡ 무효처리 답안 표기: ◐ ◑ ❘ ⊗ ⦸

[주의] 본 답안지는 실전 연습용이므로 실제와는 다소 차이가 있을 수 있습니다.

OMR 카드

중학교 졸업학력 검정고시 모의고사 답안지

성명(한글):　　　　제 (　　　) 교시　　　　과목명:

감독관 작성란

감독관 확인
서 명
결시자 표기
0
(※ 결시자일 경우만 감독관이 표기)

※ **결시자의** 답안지는 감독관이 직접성명, 교시, 수험번호, (1), (2)와 교시 표기란 및 결시자 표기란에 반드시 컴퓨터용 싸인펜으로 표기하시기 바랍니다.

수 험 번 호

(1)						
(2) 수험번호 (1)과 일치되도록 표기하시오	①	①	①	①	①	①
	②	②	②	②	②	②
	③	③	③	③	③	③
	④	④	④	④	④	④
	⑤	⑤	⑤	⑤	⑤	⑤
	⑥	⑥	⑥	⑥	⑥	⑥
	⑦	⑦	⑦	⑦	⑦	⑦
	⑧	⑧	⑧	⑧	⑧	⑧
	⑨	⑨	⑨	⑨	⑨	⑨
	⓪	⓪	⓪	⓪	⓪	⓪

교시 표기란

① ② ③ ④ ⑤ ⑥

문항 / 답 란

문항	답			란
1	①	②	③	④
2	①	②	③	④
3	①	②	③	④
4	①	②	③	④
5	①	②	③	④
6	①	②	③	④
7	①	②	③	④
8	①	②	③	④
9	①	②	③	④
10	①	②	③	④

문항	답			란
11	①	②	③	④
12	①	②	③	④
13	①	②	③	④
14	①	②	③	④
15	①	②	③	④
16	①	②	③	④
17	①	②	③	④
18	①	②	③	④
19	①	②	③	④
20	①	②	③	④
21	①	②	③	④
22	①	②	③	④
23	①	②	③	④
24	①	②	③	④
25	①	②	③	④

<답안지 작성요령>

1. 성명과 과목명은 응시원서에 기재된 내용과 동일하게 기재하세요.
2. 교시 표기란에는 해당교시의 번호에 ●표 하세요.
3. 수험번호 (1)란에는 아라비아 숫자를 기입하고 (2)란에는 해당번호에 ●표 하세요.
4. 반드시 컴퓨터용 흑색 수성 싸인펜을 사용하여 문항별로 정답 하나만을 해당번호에 아래 보기㉠과 같이 명확하게 표기해야 하며, 보기㉡과 같이 잘못 표기하거나 다음의 경우는 무효처리될 수 있습니다.
   - 동일문항에 컴퓨터용 흑색 수성 싸인펜 표기(아래 보기㉠) 외에 기타의 필기구(컴퓨터용 수성 싸인펜 포함)로 아래 보기㉡과 같이 이중 표기한 경우
   - 이미 표기한 것을 수정 또는 칼로 긁는 등 답안지를 훼손시킨 경우

※ 보기: ㉠ 정상답안 표기: ① ② ● ④　　　㉡ 무효처리 답안 표기: ⊙ ⊘ ⊕ ⊗ ⊖

시스컴 SISCOM

[주의] 본 답안지는 실전 연습용이므로 실제와는 다소 차이가 있을 수 있습니다.

OMR 카드

중학교 졸업학력 검정고시 모의고사 답안지

성명(한글) :　　　　　제 (　　) 교시　　　　　과목명 :

감독관 작성란

감독관 확인
서 명
결시자 표기
O
(※ 결시자일 경우만 감독관이 표기)

※ **결시자의 답안지는** 감독관이 직접성명, 교시, 수험번호, (1), (2) 와 교시 표기란 및 결시자 표기란에 반드시 컴퓨터용 싸인펜으로 표기하시기 바랍니다.

수 험 번 호

(1)

(2) 수험번호(1)과 일치되도록 표기하시오

①	①	①	①	①	①
②	②	②	②	②	②
③	③	③	③	③	③
④	④	④	④	④	④
⑤	⑤	⑤	⑤	⑤	⑤
⑥	⑥	⑥	⑥	⑥	⑥
⑦	⑦	⑦	⑦	⑦	⑦
⑧	⑧	⑧	⑧	⑧	⑧
⑨	⑨	⑨	⑨	⑨	⑨
⓪	⓪	⓪	⓪	⓪	⓪

교시 표기란

① ② ③ ④ ⑤ ⑥

답란

문항	답 란			
1	①	②	③	④
2	①	②	③	④
3	①	②	③	④
4	①	②	③	④
5	①	②	③	④
6	①	②	③	④
7	①	②	③	④
8	①	②	③	④
9	①	②	③	④
10	①	②	③	④

문항	답 란			
11	①	②	③	④
12	①	②	③	④
13	①	②	③	④
14	①	②	③	④
15	①	②	③	④
16	①	②	③	④
17	①	②	③	④
18	①	②	③	④
19	①	②	③	④
20	①	②	③	④
21	①	②	③	④
22	①	②	③	④
23	①	②	③	④
24	①	②	③	④
25	①	②	③	④

<답안지 작성요령>

1. 성명과 과목명은 응시원서에 기재된 내용과 동일하게 기재하세요.
2. 교시 표기란에는 해당교시의 번호에 ●표 하세요.
3. 수험번호 (1)란에는 아라비아 숫자를 기입하고 (2)란에는 해당번호에 ●표 하세요.
4. 반드시 컴퓨터용 흑색 수성 싸인펜을 사용하여 문항별로 정답 하나만을 해당번호에 아래 보기㉠과 같이 명확하게 표기해야 하며, 보기㉡과 같이 잘못 표기하거나 다음의 경우는 무효처리될 수 있습니다.
   - 동일문항에 컴퓨터용 흑색 수성 싸인펜 표기(아래 보기㉠) 외에 기타의 필기구(컴퓨터용 수성 싸인펜 포함)로 아래 보기㉡과 같이 이중 표기한 경우
   - 이미 표기한 것을 수정 또는 칼로 긁는 등 답안지를 훼손시킨 경우
※ 보기 : ㉠ 정상답안 표기 : ① ② ● ④　　㉡ 무효처리 답안 표기 : ◑ ◍ ◑ ⊗ ◒

[주의] 본 답안지는 실전 연습용이므로 실제와는 다소 차이가 있을 수 있습니다.

OMR 카드

중학교 졸업학력 검정고시 모의고사 답안지

성명(한글):　　　　　제 (　　) 교시　　　　　과목명:

감독관 작성란

감독관 확인
서 명
결시자 표기
0
(※ 결시자일 경우만 감독관이 표기)

※ **결시자**의 답안지는 감독관이 직접성명, 교시, 수험번호, (1), (2) 와 교시 표기란 및 결시자 표기란에 반드시 컴퓨터용 싸인펜으로 표기하시기 바랍니다.

수 험 번 호

수험번호 (1)과 일치되도록 표기하시오

교시 표기란

① ② ③ ④ ⑤ ⑥

문항	답 란			
1	①	②	③	④
2	①	②	③	④
3	①	②	③	④
4	①	②	③	④
5	①	②	③	④
6	①	②	③	④
7	①	②	③	④
8	①	②	③	④
9	①	②	③	④
10	①	②	③	④

문항	답 란			
11	①	②	③	④
12	①	②	③	④
13	①	②	③	④
14	①	②	③	④
15	①	②	③	④
16	①	②	③	④
17	①	②	③	④
18	①	②	③	④
19	①	②	③	④
20	①	②	③	④
21	①	②	③	④
22	①	②	③	④
23	①	②	③	④
24	①	②	③	④
25	①	②	③	④

<답안지 작성요령>

1. 성명과 과목명은 응시원서에 기재된 내용과 동일하게 기재하세요.
2. 교시 표기란에는 해당교시의 번호에 ●표 하세요.
3. 수험번호 (1)란에는 아라비아 숫자를 기입하고 (2)란에는 해당번호에 ●표 하세요.
4. 반드시 컴퓨터용 흑색 수성 싸인펜을 사용하여 문항별로 정답 하나만을 해당번호에 아래 보기㉠과 같이 명확하게 표기해야 하며, 보기㉡과 같이 잘못 표기하거나 다음의 경우는 무효처리될 수 있습니다.
   - 동일문항에 컴퓨터용 흑색 수성 싸인펜 표기(아래 보기㉠) 외에 기타의 필기구(컴퓨터용 수성 싸인펜 포함)로 아래 보기㉡과 같이 이중 표기한 경우
   - 이미 표기한 것을 수정 또는 칼로 긁는 등 답안지를 훼손시킨 경우

※ 보기: ㉠ 정상답안 표기: ① ② ● ④　　㉡ 무효처리 답안 표기: ⊘ ◑ ◨ ⊗ ⊙

[주의] 본 답안지는 실전 연습용이므로 실제와는 다소 차이가 있을 수 있습니다.

시스컴 SISCOM

OMR 카드

중학교 졸업학력 검정고시 모의고사 답안지

성명(한글) :　　　　　제 (　　　) 교시　　　　　과목명 :

감독관 작성란

감독관 확인
서 명
결시자 표기
0
(※ 결시자일 경우만 감독관이 표기)

※ **결시자의 답안지**는 감독관이 직접성명, 교시, 수험번호, (1), (2) 와 교시 표기란 및 결시자 표기란에 반드시 컴퓨터용 싸인펜으로 표기하시기 바랍니다.

수 험 번 호

(1)

(2) 수험번호 (1)과 일치되도록 표기하시오

①	①	①	①	①	①
②	②	②	②	②	②
③	③	③	③	③	③
④	④	④	④	④	④
⑤	⑤	⑤	⑤	⑤	⑤
⑥	⑥	⑥	⑥	⑥	⑥
⑦	⑦	⑦	⑦	⑦	⑦
⑧	⑧	⑧	⑧	⑧	⑧
⑨	⑨	⑨	⑨	⑨	⑨
⓪	⓪	⓪	⓪	⓪	⓪

교시 표기란

① ② ③ ④ ⑤ ⑥

답란

문항	답 란			
1	①	②	③	④
2	①	②	③	④
3	①	②	③	④
4	①	②	③	④
5	①	②	③	④
6	①	②	③	④
7	①	②	③	④
8	①	②	③	④
9	①	②	③	④
10	①	②	③	④

문항	답 란			
11	①	②	③	④
12	①	②	③	④
13	①	②	③	④
14	①	②	③	④
15	①	②	③	④
16	①	②	③	④
17	①	②	③	④
18	①	②	③	④
19	①	②	③	④
20	①	②	③	④
21	①	②	③	④
22	①	②	③	④
23	①	②	③	④
24	①	②	③	④
25	①	②	③	④

<답안지 작성요령>

1. 성명과 과목명은 응시원서에 기재된 내용과 동일하게 기재하세요.
2. 교시 표기란에는 해당교시의 번호에 ●표 하세요.
3. 수험번호 (1)란에는 아라비아 숫자를 기입하고 (2)란에는 해당번호에 ●표 하세요.
4. 반드시 컴퓨터용 흑색 수성 싸인펜을 사용하여 문항별로 정답 하나만을 해당번호에 아래 보기㉠과 같이 명확하게 표기해야 하며, 보기㉡과 같이 잘못 표기하거나 다음의 경우는 무효처리될 수 있습니다.
   - 동일문항에 컴퓨터용 흑색 수성 싸인펜 표기(아래 보기㉠) 외에 기타의 필기구(컴퓨터용 수성 싸인펜 포함)로 아래 보기㉡과 같이 이중 표기한 경우
   - 이미 표기한 것을 수정 또는 칼로 긁는 등 답안지를 훼손시킨 경우

※ 보기 : ㉠ 정상답안 표기 : ① ② ● ④　　㉡ 무효처리 답안 표기 : ◐ ◑ ❙ ⊗ ⊘

[주의] 본 답안지는 실전 연습용이므로 실제와는 다소 차이가 있을 수 있습니다.

OMR 카드

중학교 졸업학력 검정고시 모의고사 답안지

성명(한글) :　　　　　　제 (　　) 교시　　　　　과목명 :

감독관 작성란

감독관 확인
서 명
결시자 표기
0
(※ 결시자일 경우만 감독관이 표기)

※ **결시자의** 답안지는 감독관이 직접성명, 교시, 수험번호, (1), (2) 와 교시 표기란 및 결시자 표기란에 반드시 컴퓨터용 싸인펜으로 표기하시기 바랍니다.

수 험 번 호

(1)

(2) 수험번호 (1)과 일치되도록 표기하시오

①	①	①	①	①	①
②	②	②	②	②	②
③	③	③	③	③	③
④	④	④	④	④	④
⑤	⑤	⑤	⑤	⑤	⑤
⑥	⑥	⑥	⑥	⑥	⑥
⑦	⑦	⑦	⑦	⑦	⑦
⑧	⑧	⑧	⑧	⑧	⑧
⑨	⑨	⑨	⑨	⑨	⑨
⓪	⓪	⓪	⓪	⓪	⓪

교시 표기란

① ② ③ ④ ⑤ ⑥

문항	답 란
1	① ② ③ ④
2	① ② ③ ④
3	① ② ③ ④
4	① ② ③ ④
5	① ② ③ ④
6	① ② ③ ④
7	① ② ③ ④
8	① ② ③ ④
9	① ② ③ ④
10	① ② ③ ④

문항	답 란
11	① ② ③ ④
12	① ② ③ ④
13	① ② ③ ④
14	① ② ③ ④
15	① ② ③ ④
16	① ② ③ ④
17	① ② ③ ④
18	① ② ③ ④
19	① ② ③ ④
20	① ② ③ ④
21	① ② ③ ④
22	① ② ③ ④
23	① ② ③ ④
24	① ② ③ ④
25	① ② ③ ④

<답안지 작성요령>

1. 성명과 과목명은 응시원서에 기재된 내용과 동일하게 기재하세요.
2. 교시 표기란에는 해당교시의 번호에 ●표 하세요.
3. 수험번호 (1)란에는 아라비아 숫자를 기입하고 (2)란에는 해당번호에 ●표 하세요.
4. 반드시 컴퓨터용 흑색 수성 싸인펜을 사용하여 문항별로 정답 하나만을 해당번호에 아래 보기㉠과 같이 명확하게 표기해야 하며, 보기㉡과 같이 잘못 표기하거나 다음의 경우는 무효처리될 수 있습니다.
   - 동일문항에 컴퓨터용 흑색 수성 싸인펜 표기(아래 보기㉠) 외에 기타의 필기구(컴퓨터용 수성 싸인펜 포함)로 아래 보기㉡과 같이 이중 표기한 경우
   - 이미 표기한 것을 수정 또는 칼로 긁는 등 답안지를 훼손시킨 경우

※ 보기: ㉠ 정상답안 표기: ① ❷ ❸ ④　　㉡ 무효처리 답안 표기: ◑ ⓞ ◐ ⊗ ⓥ

[주의] 본 답안지는 실전 연습용이므로 실제와는 다소 차이가 있을 수 있습니다.

OMR 카드

중학교 졸업학력 검정고시 모의고사 답안지

성명(한글) :　　　　　　　제 (　　　) 교시　　　　　과목명 :

감독관 작성란

감독관 확인
서 명
결시자 표기
O
(※ 결시자일 경우만 감독관이 표기)

※ **결시자의 답안지는** 감독관이 직접성명, 교시, 수험번호, (1), (2) 와 교시 표기란 및 결시자 표기란에 반드시 컴퓨터용 싸인펜으로 표기하시기 바랍니다.

수 험 번 호

(1)

(2) 수험번호 (1)과 일치되도록 표기하시오

1	1	1	1	1	1
2	2	2	2	2	2
3	3	3	3	3	3
4	4	4	4	4	4
5	5	5	5	5	5
6	6	6	6	6	6
7	7	7	7	7	7
8	8	8	8	8	8
9	9	9	9	9	9
0	0	0	0	0	0

교시 표기란

① ② ③ ④ ⑤ ⑥

답란

문항	답　란
1	① ② ③ ④
2	① ② ③ ④
3	① ② ③ ④
4	① ② ③ ④
5	① ② ③ ④
6	① ② ③ ④
7	① ② ③ ④
8	① ② ③ ④
9	① ② ③ ④
10	① ② ③ ④

문항	답　란
11	① ② ③ ④
12	① ② ③ ④
13	① ② ③ ④
14	① ② ③ ④
15	① ② ③ ④
16	① ② ③ ④
17	① ② ③ ④
18	① ② ③ ④
19	① ② ③ ④
20	① ② ③ ④
21	① ② ③ ④
22	① ② ③ ④
23	① ② ③ ④
24	① ② ③ ④
25	① ② ③ ④

<답안지 작성요령>

1. 성명과 과목명은 응시원서에 기재된 내용과 동일하게 기재하세요.
2. 교시 표기란에는 해당교시의 번호에 ●표 하세요.
3. 수험번호 (1)란에는 아라비아 숫자를 기입하고 (2)란에는 해당번호에 ●표 하세요.
4. 반드시 컴퓨터용 흑색 수성 싸인펜을 사용하여 문항별로 정답 하나만을 해당번호에 아래 보기㉠과 같이 명확하게 표기해야 하며, 보기㉡과 같이 잘못 표기하거나 다음의 경우는 무효처리될 수 있습니다.
　- 동일문항에 컴퓨터용 흑색 수성 싸인펜 표기(아래 보기㉠) 외에 기타의 필기구(컴퓨터용 수성 싸인펜 포함)로 아래 보기㉡과 같이 이중 표기한 경우
　- 이미 표기한 것을 수정 또는 칼로 긁는 등 답안지를 훼손시킨 경우
※ 보기 : ㉠ 정상답안 표기 : ① ② ● ④　　㉡ 무효처리 답안 표기 : ◐ ◑ ◒ ⊗ ⦸

[주의] 본 답안지는 실전 연습용이므로 실제와는 다소 차이가 있을 수 있습니다.

OMR 카드

중학교 졸업학력 검정고시 모의고사 답안지

성명(한글):　　　　　제 (　　) 교시　　　　　과목명:

감독관 작성란
감독관 확인
서 명
결시자 표기
0
(※ 결시자일 경우만 감독관이 표기)

※ **결시자**의 답안지는 감독관이 직접성명, 교시, 수험번호, (1), (2) 와 교시 표기란 및 결시자 표기란에 반드시 컴퓨터용 싸인펜으로 표기하시기 바랍니다.

수 험 번 호					
(1)					
(2) ① ① ① ① ① ①
② ② ② ② ② ②
③ ③ ③ ③ ③ ③
④ ④ ④ ④ ④ ④
⑤ ⑤ ⑤ ⑤ ⑤ ⑤
⑥ ⑥ ⑥ ⑥ ⑥ ⑥
⑦ ⑦ ⑦ ⑦ ⑦ ⑦
⑧ ⑧ ⑧ ⑧ ⑧ ⑧
⑨ ⑨ ⑨ ⑨ ⑨ ⑨
⓪ ⓪ ⓪ ⓪ ⓪ ⓪

수험번호 (1)과 일치되도록 표기하시오

교시 표기란
①
②
③
④
⑤
⑥

문항	답 란			
1	①	②	③	④
2	①	②	③	④
3	①	②	③	④
4	①	②	③	④
5	①	②	③	④
6	①	②	③	④
7	①	②	③	④
8	①	②	③	④
9	①	②	③	④
10	①	②	③	④

문항	답 란			
11	①	②	③	④
12	①	②	③	④
13	①	②	③	④
14	①	②	③	④
15	①	②	③	④
16	①	②	③	④
17	①	②	③	④
18	①	②	③	④
19	①	②	③	④
20	①	②	③	④
21	①	②	③	④
22	①	②	③	④
23	①	②	③	④
24	①	②	③	④
25	①	②	③	④

<답안지 작성요령>

1. 성명과 과목명은 응시원서에 기재된 내용과 동일하게 기재하세요.
2. 교시 표기란에는 해당교시의 번호에 ●표 하세요.
3. 수험번호 (1)란에는 아라비아 숫자를 기입하고 (2)란에는 해당번호에 ●표 하세요.
4. 반드시 컴퓨터용 흑색 수성 싸인펜을 사용하여 문항별로 정답 하나만을 해당번호에 아래 보기㉠과 같이 명확하게 표기해야 하며, 보기㉡과 같이 잘못 표기하거나 다음의 경우는 무효처리될 수 있습니다.
   - 동일문항에 컴퓨터용 흑색 수성 싸인펜 표기(아래 보기㉠) 외에 기타의 필기구(컴퓨터용 수성 싸인펜 포함)로 아래 보기㉡과 같이 이중 표기한 경우
   - 이미 표기한 것을 수정 또는 칼로 긁는 등 답안지를 훼손시킨 경우

※ 보기: ㉠ 정상답안 표기: ① ② ● ④　　　㉡ 무효처리 답안 표기: ◑ ⓪ ❶ ⊗ ◒

[주의] 본 답안지는 실전 연습용이므로 실제와는 다소 차이가 있을 수 있습니다.

시스컴 SISCOM

OMR 카드

중학교 졸업학력 검정고시 모의고사 답안지

성명(한글):　　　　제 (　　) 교시　　　　과목명:

감독관 작성란
감독관 확인
서 명
결시자 표기
0
(※ 결시자일 경우만 감독관이 표기)

※ **결시자의 답안지**는 감독관이 직접성명, 교시, 수험번호, (1), (2) 와 교시 표기란 및 결시자 표기란에 반드시 컴퓨터용 싸인펜으로 표기하시기 바랍니다.

수 험 번 호						
(1)						
(2) 수험번호 (1)과 일치되도록 표기하시오	①	①	①	①	①	①
	②	②	②	②	②	②
	③	③	③	③	③	③
	④	④	④	④	④	④
	⑤	⑤	⑤	⑤	⑤	⑤
	⑥	⑥	⑥	⑥	⑥	⑥
	⑦	⑦	⑦	⑦	⑦	⑦
	⑧	⑧	⑧	⑧	⑧	⑧
	⑨	⑨	⑨	⑨	⑨	⑨
	⓪	⓪	⓪	⓪	⓪	⓪

교시 표기란
①
②
③
④
⑤
⑥

문항	답 란			
1	①	②	③	④
2	①	②	③	④
3	①	②	③	④
4	①	②	③	④
5	①	②	③	④
6	①	②	③	④
7	①	②	③	④
8	①	②	③	④
9	①	②	③	④
10	①	②	③	④

문항	답 란			
11	①	②	③	④
12	①	②	③	④
13	①	②	③	④
14	①	②	③	④
15	①	②	③	④
16	①	②	③	④
17	①	②	③	④
18	①	②	③	④
19	①	②	③	④
20	①	②	③	④
21	①	②	③	④
22	①	②	③	④
23	①	②	③	④
24	①	②	③	④
25	①	②	③	④

<답안지 작성요령>

1. 성명과 과목명은 응시원서에 기재된 내용과 동일하게 기재하세요.
2. 교시 표기란에는 해당교시의 번호에 ●표 하세요.
3. 수험번호 (1)란에는 아라비아 숫자를 기입하고 (2)란에는 해당번호에 ●표 하세요.
4. 반드시 컴퓨터용 흑색 수성 싸인펜을 사용하여 문항별로 정답 하나만을 해당번호에 아래 보기㉠과 같이 명확하게 표기해야 하며, 보기㉡과 같이 잘못 표기하거나 다음의 경우는 무효처리될 수 있습니다.
   - 동일문항에 컴퓨터용 흑색 수성 싸인펜 표기(아래 보기㉠) 외에 기타의 필기구(컴퓨터용 수성 싸인펜 포함)로 아래 보기㉡과 같이 이중 표기한 경우
   - 이미 표기한 것을 수정 또는 칼로 긁는 등 답안지를 훼손시킨 경우
※ 보기 : ㉠ 정상답안 표기: ① ② ● ④　　㉡ 무효처리 답안 표기: ⊙ ◑ ◐ ⊗ ⊘

[주의] 본 답안지는 실전 연습용이므로 실제와는 다소 차이가 있을 수 있습니다.

OMR 카드

중학교 졸업학력 검정고시 모의고사 답안지

성명(한글):　　　　　제 (　　) 교시　　　　　과목명:

감독관 작성란
감독관 확인
서 명
결시자 표기
0
(※ 결시자일 경우만 감독관이 표기)

※ **결시자**의 답안지는 감독관이 직접성명, 교시, 수험번호, (1), (2) 와 교시 표기란 및 결시자 표기란에 반드시 컴퓨터용 싸인펜으로 표기하시기 바랍니다.

수 험 번 호

수험번호 (1)과 일치되도록 표기하시오

(1)						
(2)	①	①	①	①	①	①
	②	②	②	②	②	②
	③	③	③	③	③	③
	④	④	④	④	④	④
	⑤	⑤	⑤	⑤	⑤	⑤
	⑥	⑥	⑥	⑥	⑥	⑥
	⑦	⑦	⑦	⑦	⑦	⑦
	⑧	⑧	⑧	⑧	⑧	⑧
	⑨	⑨	⑨	⑨	⑨	⑨
	⓪	⓪	⓪	⓪	⓪	⓪

교시 표기란

① ② ③ ④ ⑤ ⑥

문항	답 란				문항	답 란			
1	①	②	③	④	11	①	②	③	④
2	①	②	③	④	12	①	②	③	④
3	①	②	③	④	13	①	②	③	④
4	①	②	③	④	14	①	②	③	④
5	①	②	③	④	15	①	②	③	④
6	①	②	③	④	16	①	②	③	④
7	①	②	③	④	17	①	②	③	④
8	①	②	③	④	18	①	②	③	④
9	①	②	③	④	19	①	②	③	④
10	①	②	③	④	20	①	②	③	④
					21	①	②	③	④
					22	①	②	③	④
					23	①	②	③	④
					24	①	②	③	④
					25	①	②	③	④

<답안지 작성요령>

1. 성명과 과목명은 응시원서에 기재된 내용과 동일하게 기재하세요.
2. 교시 표기란에는 해당교시의 번호에 ●표 하세요.
3. 수험번호 (1)란에는 아라비아 숫자를 기입하고 (2)란에는 해당번호에 ●표 하세요.
4. 반드시 컴퓨터용 흑색 수성 싸인펜을 사용하여 문항별로 정답 하나만을 해당번호에 아래 보기㉠과 같이 명확하게 표기해야 하며, 보기㉡과 같이 잘못 표기하거나 다음의 경우는 무효처리될 수 있습니다.
   - 동일문항에 컴퓨터용 흑색 수성 싸인펜 표기(아래 보기㉠) 외에 기타의 필기구(컴퓨터용 수성 싸인펜 포함)로 아래 보기㉡과 같이 이중 표기한 경우
   - 이미 표기한 것을 수정 또는 칼로 긁는 등 답안지를 훼손시킨 경우

※ 보기: ㉠ 정상답안 표기: ① ❷ ❸ ④　　㉡ 무효처리 답안 표기: ◐ ⊙ ❙ ⊗ ◑

[주의] 본 답안지는 실전 연습용이므로 실제와는 다소 차이가 있을 수 있습니다.

OMR 카드

중학교 졸업학력 검정고시 모의고사 답안지

성명(한글) :　　　　　제 (　　) 교시　　　　　과목명 :

감독관 작성란

감독관 확인
서 명
결시자 표기
0
(※ 결시자일 경우만 감독관이 표기)

※ **결시자의 답안지는** 감독관이 직접성명, 교시, 수험번호, (1), (2) 와 교시 표기란 및 결시자 표기란에 반드시 컴퓨터용 싸인펜으로 표기하시기 바랍니다.

수 험 번 호

(1)

(2) 수험번호 (1)과 일치되도록 표기하시오

①	①	①	①	①	①
②	②	②	②	②	②
③	③	③	③	③	③
④	④	④	④	④	④
⑤	⑤	⑤	⑤	⑤	⑤
⑥	⑥	⑥	⑥	⑥	⑥
⑦	⑦	⑦	⑦	⑦	⑦
⑧	⑧	⑧	⑧	⑧	⑧
⑨	⑨	⑨	⑨	⑨	⑨
⓪	⓪	⓪	⓪	⓪	⓪

교시 표기란

① ② ③ ④ ⑤ ⑥

문항	답 란
1	① ② ③ ④
2	① ② ③ ④
3	① ② ③ ④
4	① ② ③ ④
5	① ② ③ ④
6	① ② ③ ④
7	① ② ③ ④
8	① ② ③ ④
9	① ② ③ ④
10	① ② ③ ④

문항	답 란
11	① ② ③ ④
12	① ② ③ ④
13	① ② ③ ④
14	① ② ③ ④
15	① ② ③ ④
16	① ② ③ ④
17	① ② ③ ④
18	① ② ③ ④
19	① ② ③ ④
20	① ② ③ ④
21	① ② ③ ④
22	① ② ③ ④
23	① ② ③ ④
24	① ② ③ ④
25	① ② ③ ④

<답안지 작성요령>

1. 성명과 과목명은 응시원서에 기재된 내용과 동일하게 기재하세요.
2. 교시 표기란에는 해당교시의 번호에 ●표 하세요.
3. 수험번호 (1)란에는 아라비아 숫자를 기입하고 (2)란에는 해당번호에 ●표 하세요.
4. 반드시 컴퓨터용 흑색 수성 싸인펜을 사용하여 문항별로 정답 하나만을 해당번호에 아래 보기㉠과 같이 명확하게 표기해야 하며, 보기㉡과 같이 잘못 표기하거나 다음의 경우는 무효처리될 수 있습니다.
   - 동일문항에 컴퓨터용 흑색 수성 싸인펜 표기(아래 보기㉠) 외에 기타의 필기구(컴퓨터용 수성 싸인펜 포함)로 아래 보기㉡과 같이 이중 표기한 경우
   - 이미 표기한 것을 수정 또는 칼로 긁는 등 답안지를 훼손시킨 경우
   ※ 보기 : ㉠ 정상답안 표기 : ① ② ● ④　　㉡ 무효처리 답안 표기 : ⨀ ① ① ⊗ ④

OMR 카드

중학교 졸업학력 검정고시 모의고사 답안지

성명(한글):　　　　　제 (　　) 교시　　　　　과목명:

감독관 작성란

감독관 확인
서 명
결시자 표기
0
(※ 결시자일 경우만 감독관이 표기)

※ **결시자**의 답안지는 감독관이 직접성명, 교시, 수험번호, (1), (2)와 교시 표기란 및 결시자 표기란에 반드시 컴퓨터용 싸인펜으로 표기하시기 바랍니다.

수 험 번 호

수험번호 (1)과 일치되도록 표기하시오

(1)

(2) ① ② ③ ④ ⑤ ⑥ ⑦ ⑧ ⑨ ⓪

교시 표기란
① ② ③ ④ ⑤ ⑥

문항	답 란
1	① ② ③ ④
2	① ② ③ ④
3	① ② ③ ④
4	① ② ③ ④
5	① ② ③ ④
6	① ② ③ ④
7	① ② ③ ④
8	① ② ③ ④
9	① ② ③ ④
10	① ② ③ ④

문항	답 란
11	① ② ③ ④
12	① ② ③ ④
13	① ② ③ ④
14	① ② ③ ④
15	① ② ③ ④
16	① ② ③ ④
17	① ② ③ ④
18	① ② ③ ④
19	① ② ③ ④
20	① ② ③ ④
21	① ② ③ ④
22	① ② ③ ④
23	① ② ③ ④
24	① ② ③ ④
25	① ② ③ ④

<답안지 작성요령>

1. 성명과 과목명은 응시원서에 기재된 내용과 동일하게 기재하세요.
2. 교시 표기란에는 해당교시의 번호에 ●표 하세요.
3. 수험번호 (1)란에는 아라비아 숫자를 기입하고 (2)란에는 해당번호에 ●표 하세요.
4. 반드시 컴퓨터용 흑색 수성 싸인펜을 사용하여 문항별로 정답 하나만을 해당번호에 아래 보기㉠과 같이 명확하게 표기해야 하며, 보기㉡과 같이 잘못 표기하거나 다음의 경우는 무효처리될 수 있습니다.
   - 동일문항에 컴퓨터용 흑색 수성 싸인펜 표기(아래 보기㉠) 외에 기타의 필기구(컴퓨터용 수성 싸인펜 포함)로 아래 보기㉡과 같이 이중 표기한 경우
   - 이미 표기한 것을 수정 또는 칼로 긁는 등 답안지를 훼손시킨 경우

※ 보기: ㉠ 정상답안 표기: ① ② ● ④　　㉡ 무효처리 답안 표기: ◑ ◐ ◑ ⊗ ◒

[주의] 본 답안지는 실전 연습용이므로 실제와는 다소 차이가 있을 수 있습니다.

OMR 카드

중학교 졸업학력 검정고시 모의고사 답안지

성명(한글):　　　　　제 (　　) 교시　　　　　과목명:

감독관 작성란

감독관 확인
서 명
결시자 표기
0
(※ 결시자일 경우만 감독관이 표기)

※ **결시자의** 답안지는 감독관이 직접성명, 교시, 수험번호, ⑴, ⑵ 와 교시 표기란 및 결시자 표기란에 반드시 컴퓨터용 싸인펜으로 표기하시기 바랍니다.

수 험 번 호

(1)

(2) 수험번호 ⑴과 일치되도록 표기하시오

① ② ③ ④ ⑤ ⑥ ⑦ ⑧ ⑨ ⓪

교시 표기란

① ② ③ ④ ⑤ ⑥

문항	답 란			
1	①	②	③	④
2	①	②	③	④
3	①	②	③	④
4	①	②	③	④
5	①	②	③	④
6	①	②	③	④
7	①	②	③	④
8	①	②	③	④
9	①	②	③	④
10	①	②	③	④

문항	답 란			
11	①	②	③	④
12	①	②	③	④
13	①	②	③	④
14	①	②	③	④
15	①	②	③	④
16	①	②	③	④
17	①	②	③	④
18	①	②	③	④
19	①	②	③	④
20	①	②	③	④
21	①	②	③	④
22	①	②	③	④
23	①	②	③	④
24	①	②	③	④
25	①	②	③	④

<답안지 작성요령>

1. 성명과 과목명은 응시원서에 기재된 내용과 동일하게 기재하세요.
2. 교시 표기란에는 해당교시의 번호에 ●표 하세요.
3. 수험번호 ⑴란에는 아라비아 숫자를 기입하고 ⑵란에는 해당번호에 ●표 하세요.
4. 반드시 컴퓨터용 흑색 수성 싸인펜을 사용하여 문항별로 정답 하나만을 해당번호에 아래 보기㉠과 같이 명확하게 표기해야 하며, 보기㉡과 같이 잘못 표기하거나 다음의 경우는 무효처리될 수 있습니다.
   - 동일문항에 컴퓨터용 흑색 수성 싸인펜 표기(아래 보기㉠) 외에 기타의 필기구(컴퓨터용 수성 싸인펜 포함)로 아래 보기㉡과 같이 이중 표기한 경우
   - 이미 표기한 것을 수정 또는 칼로 긁는 등 답안지를 훼손시킨 경우

※ 보기: ㉠ 정상답안 표기: ① ② ● ④　　㉡ 무효처리 답안 표기: ◖ ◑ ◐ ⊗ ◓

[주의] 본 답안지는 실전 연습용이므로 실제와는 다소 차이가 있을 수 있습니다.

OMR 카드

중학교 졸업학력 검정고시 모의고사 답안지

성명(한글):　　　　　제 (　　　) 교시　　　　　과목명:

감독관 작성란

감독관 확인
서 명
결시자 표기
0
(※ 결시자일 경우만 감독관이 표기)

※ **결시자**의 답안지는 감독관이 직접성명, 교시, 수험번호, (1), (2) 와 교시 표기란 및 결시자 표기란에 반드시 컴퓨터용 싸인펜으로 표기하시기 바랍니다.

수 험 번 호

수험번호 (1)과 일치되도록 표기하시오

(1)					
(2) ①	①	①	①	①	①
②	②	②	②	②	②
③	③	③	③	③	③
④	④	④	④	④	④
⑤	⑤	⑤	⑤	⑤	⑤
⑥	⑥	⑥	⑥	⑥	⑥
⑦	⑦	⑦	⑦	⑦	⑦
⑧	⑧	⑧	⑧	⑧	⑧
⑨	⑨	⑨	⑨	⑨	⑨
⓪	⓪	⓪	⓪	⓪	⓪

교시 표기란

① ② ③ ④ ⑤ ⑥

문항	답 란			
1	①	②	③	④
2	①	②	③	④
3	①	②	③	④
4	①	②	③	④
5	①	②	③	④
6	①	②	③	④
7	①	②	③	④
8	①	②	③	④
9	①	②	③	④
10	①	②	③	④

문항	답 란			
11	①	②	③	④
12	①	②	③	④
13	①	②	③	④
14	①	②	③	④
15	①	②	③	④
16	①	②	③	④
17	①	②	③	④
18	①	②	③	④
19	①	②	③	④
20	①	②	③	④
21	①	②	③	④
22	①	②	③	④
23	①	②	③	④
24	①	②	③	④
25	①	②	③	④

<답안지 작성요령>

1. 성명과 과목명은 응시원서에 기재된 내용과 동일하게 기재하세요.
2. 교시 표기란에는 해당교시의 번호에 ●표 하세요.
3. 수험번호 (1)란에는 아라비아 숫자를 기입하고 (2)란에는 해당번호에 ●표 하세요.
4. 반드시 컴퓨터용 흑색 수성 싸인펜을 사용하여 문항별로 정답 하나만을 해당번호에 아래 보기㉠과 같이 명확하게 표기해야 하며, 보기㉡과 같이 잘못 표기하거나 다음의 경우는 무효처리될 수 있습니다.
   - 동일문항에 컴퓨터용 흑색 수성 싸인펜 표기(아래 보기㉠) 외에 기타의 필기구(컴퓨터용 수성 싸인펜 포함)로 아래 보기㉡과 같이 이중 표기한 경우
   - 이미 표기한 것을 수정 또는 칼로 긁는 등 답안지를 훼손시킨 경우
※ 보기: ㉠ 정상답안 표기: ① ② ● ④　　㉡ 무효처리 답안 표기: ⊘ ◑ ◐ ⊗ ◓

[주의] 본 답안지는 실전 연습용이므로 실제와는 다소 차이가 있을 수 있습니다.

OMR 카드

중학교 졸업학력 검정고시 모의고사 답안지

성명(한글):　　　　　제 (　　　) 교시　　　　　과목명:

감독관 작성란
감독관 확인
서 명
결시자 표기
0
(※ 결시자일 경우만 감독관이 표기)

※ **결시자의 답안지는** 감독관이 직접성명, 교시, 수험번호, (1), (2) 와 교시 표기란 및 결시자 표기란에 반드시 컴퓨터용 싸인펜으로 표기하시기 바랍니다.

수 험 번 호

(1)

(2) 수험번호 (1)과 일치되도록 표기하시오

교시 표기란
①
②
③
④
⑤
⑥

문항	답 란
1	① ② ③ ④
2	① ② ③ ④
3	① ② ③ ④
4	① ② ③ ④
5	① ② ③ ④
6	① ② ③ ④
7	① ② ③ ④
8	① ② ③ ④
9	① ② ③ ④
10	① ② ③ ④

문항	답 란
11	① ② ③ ④
12	① ② ③ ④
13	① ② ③ ④
14	① ② ③ ④
15	① ② ③ ④
16	① ② ③ ④
17	① ② ③ ④
18	① ② ③ ④
19	① ② ③ ④
20	① ② ③ ④
21	① ② ③ ④
22	① ② ③ ④
23	① ② ③ ④
24	① ② ③ ④
25	① ② ③ ④

<답안지 작성요령>

1. 성명과 과목명은 응시원서에 기재된 내용과 동일하게 기재하세요.
2. 교시 표기란에는 해당교시의 번호에 ●표 하세요.
3. 수험번호 (1)란에는 아라비아 숫자를 기입하고 (2)란에는 해당번호에 ●표 하세요.
4. 반드시 컴퓨터용 흑색 수성 싸인펜을 사용하여 문항별로 정답 하나만을 해당번호에 아래 보기㉠ 과 같이 명확하게 표기해야 하며, 보기㉡과 같이 잘못 표기하거나 다음의 경우는 무효처리될 수 있습니다.
   - 동일문항에 컴퓨터용 흑색 수성 싸인펜 표기(아래 보기㉠) 외에 기타의 필기구(컴퓨터용 수성 싸인펜 포함)로 아래 보기㉡과 같이 이중 표기한 경우
   - 이미 표기한 것을 수정 또는 칼로 긁는 등 답안지를 훼손시킨 경우

※ 보기 : ㉠ 정상답안 표기 : ① ② ● ④　　㉡ 무효처리 답안 표기 : ◐ ◑ ❘ ⊗ ◍

[주의] 본 답안지는 실전 연습용이므로 실제와는 다소 차이가 있을 수 있습니다.

OMR 카드

중학교 졸업학력 검정고시 모의고사 답안지

성명(한글):　　　　　　제 (　　) 교시　　　　　과목명:

감독관 작성란
감독관 확인
서 명
결시자 표기
0
(※ 결시자일 경우만 감독관이 표기)

※ **결시자의** 답안지는 감독관이 직접성명, 교시, 수험번호, (1), (2) 와 교시 표기란 및 결시자 표기란에 반드시 컴퓨터용 싸인펜으로 표기하시기 바랍니다.

수 험 번 호						
(1)						
(2) 수험번호 (1) 과 일 치 되 도 록 표 기 하 시 오	①	①	①	①	①	①
	②	②	②	②	②	②
	③	③	③	③	③	③
	④	④	④	④	④	④
	⑤	⑤	⑤	⑤	⑤	⑤
	⑥	⑥	⑥	⑥	⑥	⑥
	⑦	⑦	⑦	⑦	⑦	⑦
	⑧	⑧	⑧	⑧	⑧	⑧
	⑨	⑨	⑨	⑨	⑨	⑨
	⓪	⓪	⓪	⓪	⓪	⓪

교시 표기란
①
②
③
④
⑤
⑥

문항	답 란			
1	①	②	③	④
2	①	②	③	④
3	①	②	③	④
4	①	②	③	④
5	①	②	③	④
6	①	②	③	④
7	①	②	③	④
8	①	②	③	④
9	①	②	③	④
10	①	②	③	④

문항	답 란			
11	①	②	③	④
12	①	②	③	④
13	①	②	③	④
14	①	②	③	④
15	①	②	③	④
16	①	②	③	④
17	①	②	③	④
18	①	②	③	④
19	①	②	③	④
20	①	②	③	④
21	①	②	③	④
22	①	②	③	④
23	①	②	③	④
24	①	②	③	④
25	①	②	③	④

<답안지 작성요령>

1. 성명과 과목명은 응시원서에 기재된 내용과 동일하게 기재하세요.
2. 교시 표기란에는 해당교시의 번호에 ●표 하세요.
3. 수험번호 (1)란에는 아라비아 숫자를 기입하고 (2)란에는 해당번호에 ●표 하세요.
4. 반드시 컴퓨터용 흑색 수성 싸인펜을 사용하여 문항별로 정답 하나만을 해당번호에 아래 보기㉠ 과 같이 명확하게 표기해야 하며, 보기㉡과 같이 잘못 표기하거나 다음의 경우는 무효처리될 수 있 습니다.
   - 동일문항에 컴퓨터용 흑색 수성 싸인펜 표기(아래 보기㉠) 외에 기타의 필기구(컴퓨터용 수성 싸인펜 포함)로 아래 보기㉡과 같이 이중 표기한 경우
   - 이미 표기한 것을 수정 또는 칼로 긁는 등 답안지를 훼손시킨 경우

※ 보기: ㉠ 정상답안 표기: ① ② ● ④　　　㉡ 무효처리 답안 표기: ◐ ◑ ◍ ⊗ ◒

[주의] 본 답안지는 시점 연습용이므로 실제와는 다소 차이가 있을 수 있습니다

OMR 카드

중학교 졸업학력 검정고시 모의고사 답안지

성명(한글):　　　　　제 (　　) 교시　　　　　과목명:

감독관 작성란
감독관 확인
서 명
결시자 표기
O
(※ 결시자일 경우만 감독관이 표기)

※ **결시자의** 답안지는 감독관이 직접성명, 교시, 수험번호, (1), (2) 와 교시 표기란 및 결시자 표기란에 반드시 컴퓨터용 싸인펜으로 표기하시기 바랍니다.

수 험 번 호

수험번호 (1)과 일치되도록 표기하시오

(1)

(2)
①	①	①	①	①	①
②	②	②	②	②	②
③	③	③	③	③	③
④	④	④	④	④	④
⑤	⑤	⑤	⑤	⑤	⑤
⑥	⑥	⑥	⑥	⑥	⑥
⑦	⑦	⑦	⑦	⑦	⑦
⑧	⑧	⑧	⑧	⑧	⑧
⑨	⑨	⑨	⑨	⑨	⑨
⑩	⑩	⑩	⑩	⑩	⑩

교시 표기란

① ② ③ ④ ⑤ ⑥

문항	답 란
1	① ② ③ ④
2	① ② ③ ④
3	① ② ③ ④
4	① ② ③ ④
5	① ② ③ ④
6	① ② ③ ④
7	① ② ③ ④
8	① ② ③ ④
9	① ② ③ ④
10	① ② ③ ④

문항	답 란
11	① ② ③ ④
12	① ② ③ ④
13	① ② ③ ④
14	① ② ③ ④
15	① ② ③ ④
16	① ② ③ ④
17	① ② ③ ④
18	① ② ③ ④
19	① ② ③ ④
20	① ② ③ ④
21	① ② ③ ④
22	① ② ③ ④
23	① ② ③ ④
24	① ② ③ ④
25	① ② ③ ④

<답안지 작성요령>

1. 성명과 과목명은 응시원서에 기재된 내용과 동일하게 기재하세요.
2. 교시 표기란에는 해당교시의 번호에 ●표 하세요.
3. 수험번호 (1)란에는 아라비아 숫자를 기입하고 (2)란에는 해당번호에 ●표 하세요.
4. 반드시 컴퓨터용 흑색 수성 싸인펜을 사용하여 문항별로 정답 하나만을 해당번호에 아래 보기㉠과 같이 명확하게 표기해야 하며, 보기㉡과 같이 잘못 표기하거나 다음의 경우는 무효처리될 수 있습니다.
   - 동일문항에 컴퓨터용 흑색 수성 싸인펜 표기(아래 보기㉠) 외에 기타의 필기구(컴퓨터용 수성 싸인펜 포함)로 아래 보기㉡과 같이 이중 표기한 경우
   - 이미 표기한 것을 수정 또는 칼로 긁는 등 답안지를 훼손시킨 경우

※ 보기: ㉠ 정상답안 표기: ① ② ● ④　　㉡ 무효처리 답안 표기: ⊙ ◑ ❶ ⊗ ⊘

[주의] 본 답안지는 실전 연습용이므로 실제와는 다소 차이가 있을 수 있습니다